中央级公益性科研院所基本科研业务费专项

U0671069

转企改制后
大学出版企业发展研究

主 编 张其友 李桂福

北京师范大学出版集团
BEIJING NORMAL UNIVERSITY PUBLISHING GROUP
北京师范大学出版社

图书在版编目（CIP）数据

转企改制后大学出版企业发展研究 / 张其友，李桂福
主编．—北京：北京师范大学出版社，2012.1
ISBN 978-7-303-13710-7

Ⅰ．①转…　Ⅱ．①张…①李…　Ⅲ．①高等学校—出版
社—企业发展—研究—中国　Ⅳ．①G239.22

中国版本图书馆CIP数据核字（2011）第 220817 号

出版发行：北京师范大学出版社 www.bnup.com.cn
　　　　　北京新街口外大街 19 号
　　　　　邮政编码：100875
印　　刷：北京市易丰印刷有限责任公司
经　　销：全国新华书店
开　　本：170 mm × 230 mm
印　　张：14
字　　数：220 千字
版　　次：2012 年 1 月第 1 版
印　　次：2012 年 1 月第 1 次印刷
定　　价：27.80 元

策划编辑：杜永生　　　　　　责任编辑：杜永生
美术编辑：高　霞　　　　　　装帧设计：高　霞
责任校对：李　菡　　　　　　责任印制：孙文凯

前　言

　　2009年年初，新闻出版总署和教育部关于大学出版社转企改制的文件中明确指出，到2009年年底我国大学出版社转企改制应全部完成。转企后的大学出版社面对诸多的问题，需要认真梳理，转企后的大学出版社如何在激烈的市场竞争环境中谋求新的发展，重塑市场主体，如何更好地为所在大学的教学科研服务，已成为全国大学出版社必须面对和认真研究的问题，也成为全国出版行业中广受关注的一个重要课题。北京师范大学出版科学研究院的教师和研究人员适时提出了"转企改制后大学出版企业发展研究"的课题，并向中国新闻出版研究院申请"中央级公益性科研院所基本科研业务费专项资金资助项目"，该课题的立项得到了中国新闻出版研究院领导和科研部门的大力支持。

　　该课题自立项以来，课题组认真学习、领会了党和国家文化体制改革的精神，确定了课题的基本思路、时间表、路线图和任务书，在此基础上组织了隆重的开题报告会及第一次全体课题组成员会议，在此次会议上由课题组负责人宣布了草拟的课题分工情况和课题进度表，经课题组全体人员认真讨论后，将"转企改制后大学出版企业发展研究"课题分为五个子课题，分别是：

　　1. "大学出版企业与大学的关系"　李桂福　曹巍　易安静　杨飞；

　　2. "大学出版企业组织结构的优化及内部控制制度建设"　张其友　杨莹；

　　3. "大学出版企业的发展模式与竞争战略"　张其友　温才妃；

　　4. "大学出版企业资本经营战略"　杜永生　梁志国；

　　5. "大学出版企业的数字化和网络化建设"　李桂福　高东风　卢金路。

　　根据课题的内容结构情况，我们将课题组全体人员分为五个小组，同时，对如何落实课题进度时间表的问题也进行了认真的讨论，经讨论大家认为，一定要按任务书的要求在一年时间内（即从2010年5月开始，到2011年5月）完成。接到课题组的分工任务，各子课题组积极认真开展各项研究活动，课题组在一年内先后召开了六次全体研究人员会议，专门研究课题进展过程中的具体问题。该课题组成员先后采访过新闻出版总署的有关领导、大学出版社的主管部门领导以及数十位大学出版社社长和大学出版社的资深编审，还采访过部分地方出版社的领导和科研人员。同时，课题组成员查阅了大量的资料，对所有的大学出版社都发放了调查问卷，部分课题组成员参加了新闻出版总署举办的有关转企改制的培训班、中国数字出版博览会论坛以及产业发展论坛进行学习。为使课题能顺利进展，所有参与研究的人员都做出了积极的努力。

经过课题组全体成员的艰苦努力，"转企改制后大学出版企业发展研究"的课题今天终于完成了。相信它能为大学出版社的发展提供有益的借鉴和帮助。

《转企改制后大学出版企业发展研究》报告形成后，我们请中国出版集团总裁聂震宁、中国新闻出版科学研究院院长郝振省、中央编译出版社社长和龚三位专家对《转企改制后大学出版企业发展研究》报告进行了审核。专家们就"报告"提出了中肯的意见，课题组认真学习和研究了专家们的意见，对"报告"做了一定的修改。在此我们一并向三位专家的劳动，表示由衷的感谢。

该书是在《转企改制后大学出版企业发展研究》报告的基础上，按着出版的格式及要求对其做了一些局部的调整和修改，最后由该课题组执行组长李桂福审定。

由于我们水平有限，在整个研究过程中可能还会有很多不足，在报告的撰写上也会有不少缺陷，成书后也会有疏漏，希望出版业的同行以及出版行业的研究人员不吝赐教。

作　者
2011 年 10 月

目　　录

第一部分　大学出版社与大学关系研究

第二部分　转制背景下我国大学出版企业发展战略研究

第三部分 大学出版企业资本运营研究

第四部分　大学出版企业数字化建设的现状及策略研究

第五部分　我国大学出版企业的组织结构优化建设

第六部分 我国集团化大学出版企业内部控制研究

第一部分

大学出版社与大学关系研究

　　作为大学学术事业的重要组成部分，大学出版社从创立伊始便一直秉持着传播学术文化的使命，始终坚守着推动教育出版、学术出版和专业出版发展的历史重任，为增强我国文化软实力做出了巨大的贡献。经过几十年的逐步发展，如今，大学出版社已成为与中央部委出版社、地方出版社并驾齐驱的三大重要出版力量之一。然而大学出版社最初的发展并不是一帆风顺的，当我们追根溯源，回顾以往时，我们看到的是一番艰辛而曲折的成长历程。

1.1 我国大学出版社概述

1.1.1 我国大学出版社的发展历史回顾

1.1.1.1 我国近现代大学出版活动

作为大学学术事业的重要组成部分，大学出版社从创立伊始便一直秉持着传播学术文化的使命，始终坚守着推动教育出版、学术出版和专业出版发展的历史重任，为增强我国文化软实力做出了巨大的贡献。经过几十年的逐步发展，如今，大学出版社已成为与中央部委出版社、地方出版社并驾齐驱的三大重要出版力量之一。然而大学出版社最初的发展并不是一帆风顺的，当我们追根溯源，回顾以往时，我们看到的是一番艰辛而曲折的成长历程。

我国大学出版的历史可以上溯到成立于 1862 年的京师同文馆。清政府自鸦片战争后，深感在与帝国主义列强交涉时，由于文字隔阂、语言不通而受到欺蒙，逐步认识到了解和学习西方的必要性，在此种现实背景下遂成立培养翻译人员的"洋务学堂"——同文馆。该馆隶属于总理衙门，课程设置最初只有英文、法文、俄文，后陆续增加德文、日文、天文、化学、物理、算学、万国公法等。同文馆是清代最早培养译员的洋务学堂，同时也是最早从事出版翻译的机构。1872 年拟订的八年课程计划，主要任务有学习西方文理知识和译书两项。该馆附设印书处和翻译处，由教员和优秀学员共同翻译西方各学科著作，曾先后编译、出版了自然科学和国际法、经济学书籍二十余种。1902 年，同文馆并入中国第一所现代意义上的大学——京师大学堂，京师大学堂专设有编书处和译书局，专门从事大学教材和学术作品的编写、翻译和出版。这些活动可以算得上是近代以来大学出版事业的雏形。

与此同时，1898 年成立的南洋公学译书院也可视为近代以来的早期大学出版机构。1896 年，上海交通大学的前身南洋公学在盛宣怀等知识分子疾呼人才匮乏的舆论环境中创建起来。作为我国早期的新式学校之一，南洋公学创建之始就秉持"学习中国传统的经史大义为基本，学习西方各国的科学技艺为指归"的教学理念，这也是当时"中学为体，西学为用"的政治理念在教学领域的实践。但问题是当时国内存有的介绍西方各国科学技艺方面的书籍可谓少之又少，因此翻译一批高水准、反映西方先进科技的书籍便迫在眉睫。南洋公学译书院便是在这种教材急缺的教学环境下以及"变法图强"和"师夷长技以自强"的社会背景下应运而生，对此，《南洋公学章程》曾记叙："师范院及中上两院学生本有翻译课程，另设译书院一所，选诸生之有学识而能文者，将图书院购藏东西各国新出之书课，另择要翻译，陆续刊行。"南洋公学译书院是南洋公学的附属机构，经费和办公场所均由南洋公学提供，工作人员也由学校任免和支付薪酬。南洋公学译书院具有浓厚的官办性质，它的出现是时代需求的结果。在南洋公学译书院成立之后，其他一些译书院也陆续出现，它们共同支撑起了我国近代史上的大学出版事业。

在新中国成立以前，我国大学出版史上第一家以大学出版社名称命名的出版机构是成立于 1929 年的南开大学出版社，但于 1936 年 10 月因日本侵略华北地区而停办，直到 1983 年经中华人民共和国国家教委和文化部批准，才恢复重建。

1.1.1.2　我国当代大学出版活动

1. 当代大学出版的涓涓细流

1949 年新中国成立后，国内出现的首家大学出版社是 1955 年成立的中国人民大学出版社。1950 年中国人民大学成立出版处，1953 年在原出版科、印刷厂、出纳组和油印股的基础上成立中国人民大学教材出版处，作为学校内部出版机构，教材出版处主要负责学校教材的出版、印刷和发行工作，但并不能面向社会公开发行教材。1954 年在由高等教育部隆重召开的中国人民大学教学经验讨论会上，教育部提出由人民大学推荐一批教材公开出版，但当时的社会出版力量无法及时完成这一任务，而人大教材出版处有足够的出版能力，在此情况下，人民大学出版社应运而生。1966年人民大学出版社受"文化大革命"冲击，1970 年被迫停办，职工也被分到北京人民出版社、北京市教育局、北京语言学院、北京师范大学等单位，直到 1978 年该社才恢复出版业务。

1957 年成立的华东师范大学出版社是新中国成立后的第二家大学出版社，但因国民经济调整而于 1959 年停办，直到 1980 年才复社。两家大学出版社的成立都以服务教育与学术为宗旨，在一定程度上缓解了当时教材匮乏、学术著作出版难的局面。

2. 当代大学出版业的逐步形成(20 世纪 80 年代至 90 年代中)

20 世纪 80 年代至 90 年代，是大学出版社成立的高潮时期。除了人民大学出版社和华东师范大学出版社恢复建制外，在 1979 年至 1980 年短短两年的时间内，有七家大学出版社建立，分别是 1979 年成立的北京大学出版社、外语教学与研究出版社、上海外语教育出版社，1980 年成立的清华大学出版社、复旦大学出版社、华中科技大学出版社、北京师范大学出版社。1981 年至 1982 年，武汉大学出版社和中央广播电视大学出版社成立，1986 年年底大学出版社的数目已经达到了 73 家，基本涵盖了综合类、理工科类、师范类等各种类型。1995 年，大学出版社增加到了 100 家，年出书品种也达到了 17000 余种。

这个时期的大学出版社总体处于初步成长的阶段，它们大多数是通过紧紧抓住所背倚的大学资源，依靠教材教辅来支撑出版社的发展，此时教育改革的大背景给它们的成长提供了良好的机遇。同时伴随着改革开放的大浪潮，许多大学出版社从一成立便开始面向市场，因此市场意识较强，这一点让它们在以后的发展中获益良多。

3. 当代大学出版业的迅猛发展(20 世纪 90 年代中至 2007 年)

这个时期的大学出版业，最突出的特点是发展十分迅速。2006 年全国大学出版社的数目增至 102 家，占全国出版社总数的 17.6%；出书总品种达到 50473 种，占当年全国出书总品种的 21.6%；出版总码洋达到 120 亿元，占全国出版总码洋的 18.5%；大学出版实现销售收入 66 亿元，利润 18 亿元，出版社平均销售码洋为 1.5 亿元，销售收入为 8781.96 万元，税前利润为 1702.92 万元。到 2007 年时，全国大学出版社出书总品种已达到 80280 种，占全国出版图书总品种的 27.1%。出版总码洋达到 187.23 亿元，销售总码洋为 168.38 亿元。

在经历了 20 世纪 90 年代的初步发展后，这个时期的大学出版业开始走向成熟。大学出版社内部开始出现分化，一部分依靠自身的努力成为强社大社，如北京大学出版社、中国人民大学出版社、清华大学出版社，2007 年，有将近 10 家大学出版社的出书总码洋超过 5 亿；另一部分大学出版社开始探索"专、精、尖"之路，并逐步形成了自身特色，如北京语言大学出版社、北京航空航天大学出版社、中国矿业大学出版社等。这时期的大学出版社开始从教材出版逐步转向学术出版，在如何使自身特色与市场顺利接轨的问题上有更多的思考和尝试。

4. 当代大学出版社步入历史发展新阶段——转企改制（2007年—2010年）

大学出版社的体制改革是在国家实施的文化体制改革的时代大背景下开展的。纵观世界，文化作为一种软实力，已成为国家实力和竞争力的有机组成部分，在综合国力竞争中占据着越来越突出的地位，对经济建设、政治建设和社会建设的影响力也越来越大。要发展先进文化、提高文化生产力、增强文化产业和文化事业的整体实力，在我国当前的形势下，推进文化体制改革势在必行。出版业是我国社会主义文化事业的重要组成部分，出版体制改革自然是文化体制改革的重要环节，出版体制改革能否顺利推进并取得成果，关系到文化体制改革的全局。而作为我国出版业重要力量之一的大学出版社，无疑又是出版体制改革的重要对象。大学出版社能否积极地参与体制改革，在实践中探索出适合高校出版单位的发展体制，是关系到出版体制改革和文化体制改革能否顺利完成的重要环节。

除此之外，大学出版社体制改革也是其自身发展的内在要求和必然选择。改革开放以来，我国出版业生存和发展的体制环境、经济基础、社会条件等发生了巨大的变化。高校出版单位与其他出版单位一样，产业特征逐步凸显，以市场为导向，创新体制、转换机制、面向市场、增强活力的要求日益强烈。而高校出版单位长期以来实行"事业单位，企业化管理"的体制，这种体制是特定时代的产物，在当时的历史条件下曾经产生了积极作用，但随着时代的发展变化，这种体制带来了一些新问题，并逐渐阻碍高校出版单位的进一步发展。产权不清晰、责权不明确，缺乏长远的发展规划，"事业单位，企业化管理"使其承担着事业单位的义务，却享受不到事业单位的待遇；承担着企业自负盈亏的责任，却享受不了企业的自主经营权，从而陷入"非企非事"的尴尬。很显然，这种旧体制已经严重影响和制约了高校出版单位的发展和壮大。只有通过体制改革，才能使高校出版单位真正成为市场竞争的主体，才能使其进一步焕发活力，增强竞争力。

在"遵循社会主义精神文明建设的特点和规律，适应社会主义市场经济发展的要求，妥善处理文化的意识形态和产业属性的关系，坚持社会主义先进文化的前进方向，坚持为人民服务、为社会主义服务"的大宗旨下，

2007 年，大学出版社拉开了转企改制的序幕。第一批转企试点的高校出版社包括清华大学出版社、外语教学与研究出版社、中国人民大学出版社、中央广播电视大学出版社、北京大学出版社等 18 所大学出版社。第一批保留事业体制试点的高校出版社为东北林业大学出版社。

2008 年在总结第一批试点经验、立足高校出版社单位发展的实际情况下，第二次高校出版体制改革工作会议确定了北京语言大学出版社、南京大学出版社等 61 所大学出版社为第二批实施高校出版体制改革的单位。此举标志着我国高校出版社转企改制已从试点进入全面推进阶段。

2009 年教育部与新闻出版总署联合召开高校出版社体制改革座谈会。在总结前两批高校出版社体制改革经验的基础上，第三批高校出版社体制改革工作全面启动。

时至 2009 年年底，除保留事业体制的少数几家出版社外，其余高校出版社已基本完成了体制改革工作，改革的成效也逐步显现。首先，转制后的大学出版社增强了经营自主权，建立起了与我国出版产业发展要求相适应的运行体制和管理机制，确立了企业的市场主体地位，在竞争中更富有活力。其次，改制后的大学出版社，产品结构和资本结构不断升级，图书选题更加优化，图书再版重印率提高，经济实力和资产总量显著上升。以第一批试点的 19 家大学出版社为例，2007 年的出书品种较 2006 年增长了 12.28%，重印率达到 64.7%，平均总资产增长率在 13% 以上，平均净资产收益率保持在 20% 左右。

1.1.2 我国大学出版社的生长环境探析

相较于中央部委出版社和地方出版社，我国大学出版社是在一个特殊环境下成长并迅速发展起来的。

首先，国家对教育事业发展的重视是大学出版社诞生的社会环境。在结束十年的文化浩劫之后，国家逐渐步入正常发展的轨道。提倡教育、培养人才成为党和政府文化建设的重中之重，多层次、多规格、多形式的高等教育事业便蓬勃发展起来，随之而来的是在校师生人数的激增和对教科书、参考书需求量的猛涨，而当时的出版力量显然缺乏满足这一市场的能力。为了解决这一突出矛盾，凭借着丰富的作者资源和深厚的学术积淀，大学出版社的出现便顺理成章了。教育事业既催生了大学出版社的产生，同时又在持续地滋养着大学出版社的发展。20 世纪 90 年代后期开始的高校扩招为大学出版社提供了一个不断增大的市场，使大学出版社的发展后劲十足。

其次，我国大学出版社很早就面向市场，参与市场的竞争。在大学出版社的早期，母体大学在为其提供了必要的办公场所、机器设备以及少量资金之后，大学出版社便依靠着这份原始资本开始"自谋生路"了。一方面要"自负盈亏"，另一方面还要向学校上缴"利润"，这份沉重的生存压力迫使大学出版社开始直面市场，从市场中找寻出路。然而市场的需求是多样的，而服务教学科研的办社宗旨却限制了它们的出书范围，在这种情况下，大学出版社充分挖掘自身的资源和特色，出版了大量教材教辅，并成为支撑其发展的重要经济支柱。通过教材出版来获取利润，在具备一定的经济基础的前提下，开始出版那些学术价值高而收益低的学术著作，这种"曲线救国"的出版方针使得大学出版社在坚守自身服务宗旨的前提下，还取得了良好的经济效益。凭借着此种出版方向，大学出版社走出了最初的生存困境。

再次，我国大学出版社从一开始创立便享受税收优惠政策，这也是其生长环境的特殊之处。从 1988 年开始，国家规定高校出版社作为校办企业享受国家税收优惠，免征企业所得税。此外，为了支持文教科技事业的发展，对高等学校的教材、科技类图书实行营业税先征后退政策。在转企改制的过程中，国家继续实行针对高校出版社的税收优惠政策。这些优惠税收政策在大学出版社的成长壮大过程中无疑发挥了巨大的扶持作用。

回顾大学出版社发展的漫漫历程，我们会发现，"为高校服务，为社会服务"是其一贯的追求，这一理念萌芽于最初的同文馆，并历经岁月磨砺而愈加坚定。美国约翰·霍布斯金大学的校长吉尔曼曾将大学出版社的设立视为"大学最崇高的职责之一"，原因是它能让象牙塔中的学术文化播撒到更广阔的天地。在 21 世纪的今天，我们充分相信大学出版社将会更好地履行这种职责，"以大气魄、大气派，引领社会的文化潮流"。

1.2　大学出版社与大学的关系之一
——"文化学术"篇

1.2.1　概述

　　大学出版社的发展历经"学术性事业单位""事业单位，企业化管理"及目前的"转企改制"三个阶段，在这三次历史性的发展变革中，大学出版社从最初的事业单位转变成了现今的经营性企业，尽管其身份发生了翻天覆地的变化，然而在这巨变的背后也有着不变的坚持，那就是大学出版社对"大学精神"一以贯之的守望和对学术出版理念执著坚定的践行。大学深厚的学术资源、高质量的作者资源和稳定的读者市场支撑着大学出版社的发展，推动着大学出版社的持续向前，而与此同时，大学出版社也成为大学教学科研成果的重要展示平台，扩大了大学的社会影响，延伸了大学的无形边界。正是在这份相得益彰的和谐中，大学与大学出版社两者相互促进，实现了良性的互动发展。

1.2.2　为高校教学科研服务的立社宗旨

　　高校是大学出版社生存的土壤，为高校的教学与科研服务是大学出版社与生俱来的使命与职责。1983 年在文化部、教育部联合发布的《关于建立大学出版社审批情况》中明确指明了大学出版社的出书范围：立足本校、发挥各自的优势和特色，出好教材和本校教师的著作；同时，根据各有关主管部门确定的分工和安排，出版其他有关的高等学校的教材、教学参考书、工具书、古籍整理书和科研著作。此文件将"出版教材、学术著作"定位为大学出版社的发展方向和发展任务。而 1986 年在国家教育委员会和国家出版局联合发布的《高等学校出版社工作若干问题的暂行规定》第一章第五条中也明确写道："高校出版社要把出版教材、教学参考书及其他教学用书放在首位；要根据我国高等教育多层次、多规格及多种办学形式发展的需要，紧密结合教学改革和科学研究工作，有计划地出版各种教学用书"。此外第六条补充道："高校出版社要把出版科学著作作为重要任务，重视出版专家、学者的学术著作；鼓励中青年教师著书立说，积极出版其中有见地和有价值的著作。"类似阐述此后曾多次出现在政府下发的其他相关文件中。由此可知，作为一支重要的出版力量，自诞生之日起，大学出版社便肩负起服务教育、服务学术、服务社会的历史责任，坚守着推动教育出版、学术出版和专业出版的历史使命，以其出版的高质量、高水平的教材和学术著作能动地为学校的教学和科研工作服务。

三十多年的发展历程，大学出版社用实践充分证明了它们对这份责任和使命的坚守和履行。在大学出版社的各类出版物中，直接服务于高校教学、科研和学科建设的出版物占了绝大多数。早在 1998 年，就有相关调查数据显示，在大学出版社出版的 14.95 万种图书中，各级各类教材占 60%，国家重点大学出版社的教材比例高达 70% 左右，高等教育和基础教育构成了大学出版社主要的利润来源。《中国高校出版社发展报告》的调查结果显示：2004 年全国大学出版社税前纯利润构成比例分别是社会教育 4%，职业成人教育 7%，高等教育 33%，学术著作 2%，一般图书 10%，基础教育 44%。这组数据从侧面清晰地反映出教材出版在大学出版社中所占据的分量。由于受众面窄，有些专业教材的出版是完全亏损，但出于教学的需要，出版社依然坚定地出版此类教材。如北京航空航天大学出版社出版的一些专业性教材，由于读者仅限于北航的学生，有时候印数低至 80 本，即便如此，北京航空航天大学出版社也积极地出版这些教材，这无疑是对学校教学的巨大支持。

大学出版社出版的高质量、高水平的教材和学术著作服务了大学的教学科研工作，积极迅速地将学校教师的科研理论成果介绍给了社会，从而促进了科研成果向现实生产力的转化，在这个过程中，部分出版社自身也逐步做大做强成了名社强社。目前一些发展很好的大学出版社，无疑都在教材出版和学术出版领域做得非常出色。如外语教学与研究出版社，根据时代环境和市场需求开发系列英语教材，覆盖幼儿、小学、初中、高中、大学等各个层面，将英语词典、考试英语、留学英语、综合英语、专项英语尽收囊中。北京师范大学出版社乘着新一轮基础教育课程改革的"东风"，将基础教育教材、职业教育教材和高等教育教材作为出版社的三大重要支柱做细做强，从而迅速崛起为全国基础教育教材出版领域的新秀。北京大学出版社在学术出版领域的贡献有目共睹，出版的一系列学术专著，如《中华文明史》《中国思想之渊源》《中国哲学简史》等深受读者喜爱，产生了广泛而深刻的社会影响，深厚的学术积淀使得学术出版几近成为北京大学出版社的代名词。近年来，异军突起的广西师范大学出版社在学术出版方面更是做得风生水起，其出版的学术著作涉及哲学、美学、法学、政治、社会学、人类学、宗教学等学科，出版了诸如《中国当代艺术年鉴》《在淮河边上讲中国历史》《跨世纪学人文存》《人类学与社会学五讲》《中国文学史的理论维度》等优秀作品。

秉持为教学科研服务的出版理念，一方面整合优质的教学资源为大学的广大师生服务；另一方面出版优质学术著作，将学校的科研成果介绍给大学围墙外的广阔社会，大学出版社的这一功能定位无疑将对大学的发展产生积极的推动作用。

然而正如新闻出版总署柳斌杰署长所说的那样，"大学出版社是生长在大学这片沃土上的"，在看到大学出版社对大学发展的积极作用时，我们也不能忽视大学深厚的学术土壤在大学出版社的发展过程中所发挥的至关重要的作用。正是基于对所在大学这座学术"矿山"的深入挖掘，大学出版社的发展才有了源源不断的出版资源。而在大学出版社的发展方向上，正是大学的"独特性"决定了大学出版社的"专业性"。我们于 2010 年开展的一项关于大学出版社与所在大学关系的问卷调查结果显示：29.79％的大学出版社拥有的特色和品牌与所在大学具有的优势学科的相关度"非常高"，42.55％的大学出版社拥有的特色和品牌与所在大学具有的优势学科的相关度"较高"。所在大学的学科专业优势为大学出版社提供了替代性低、特色性明显的选题资源。如华南理工大学出版社充分整合所在大学的历史文化资源，出版了《华南理工大学教育思想文集》《华南理工大学教授名录》《历史的足迹——关于华南理工大学的新闻报道》以及"华南理工大学名师丛书"等系列著作。中国矿业大学出版社依据所在大学的特色，走"专、精、特"的发展之路，出版了系列教材："全国首套中小煤矿安全培训统编教材"、"国家专业技术人才知识更新工程煤炭行业培训教材"、"全国煤炭高职高专（成人）'十一五'规划教材"、"'煤矿瓦斯涌出治理技术集成与示范'项目成果系列丛书"，逐步树立起矿业出版领域的权威。北京大学医学出版社依据学校优势，出版了医学类图书 2000 余种，其中涉及临床、基础、药学、公共卫生学、口腔医学专业教材 75 种，卫生事业管理、护理专升本教材 48 种，正因为深深根植于母体高校，北京大学医学出版社逐步成为专业特色凸显的医药卫生类教材、医学专著出版基地。上海交通大学出版社依托母体高校强大的学术文化资源和人脉资源，将学校在船舶航运、机械动力、材料科学、力学方面拥有的学科优势转化为出版优势，出版了这些学科的系列教材，既填补了学校学科教材的空白，又迈出了出版社自身发展的重要步伐。

由此可见，大学为大学出版社提供了学术的生存土壤，大学出版社为大学的教学科研服务，两者相互促进，大学与大学出版社形成依存与反哺的紧密联系。

1.2.3　出版社品牌促进大学影响力的提升

1.2.3.1　大学与大学出版社在品牌声誉方面相互提升

在大学出版社的发展初期，母体大学的声誉无疑是出版社被认可的名片。由于大学出版社都包含母体大学的名称，因此在大学出版社走向市场时，读者会根据对该大学的印象来决定对该大学出版社可以持有的信赖程度。所在大学如果声誉极佳，那自然是该大学出版社迈向市场最好的通行证。因此，在大学出版社发展的早期，它需要凭借母体大学的声誉来提高自身的知名度。所在大学的品牌迅速成为大学出版社的原始品牌。诸如北京大学出版社、清华大学出版社、中国人民大学出版社，依托母体大学，汲取着大学深厚的文化底蕴和学术积淀，读者对它们的青睐很大程度上是因为对这些出版社背后所屹立的高等学府的信赖。从历届全国大学出版社图书订货会可以发现，一般情况下，名牌大学的出版社具有明显优势，其出版的图书总是更受客户信赖，原因就在于客户对出版社背后所倚靠的大学品牌的信赖。

然而，随着出版社逐步的发展壮大，自身逐渐形成了市场品牌，此时出版社反过来大大提升了所在大学的整体竞争力和声誉。以广西师范大学出版社为例，该社在最近几年的市场表现可圈可点，出版了一大批高水平的学术人文图书，在取得丰裕的经济效益的同时，也赢得了巨大的社会效益。在业界开展的多次综合评估中，其综合实力稳居中国大学出版社前 10名，共出版图书 8000 多种，总印数达到 10 亿多册，总资产为 3.5 亿，年发行码洋 6 亿多。作为西南地区的一家地方出版社，广西师范大学出版社获得了业界和社会的一致认可，它的成功让大家更加关注广西师范大学，其树立的优质品牌也极大地提高了所在大学的知名度。此例充分证明了大学完全可以通过其主办出版社的声誉和品牌来提升自身的社会知名度和影响力，从而实现大学与大学出版社之间的和谐互动发展。

1.2.3.2　优质出版物展示学校文化，传播大学精神，增强学校美誉度

由于多数大学出版社从创社之始就坐落于大学校园之内，长期浸润在母体大学的文化氛围之中，从而能深刻地体悟到所在大学的精神内核。同时，出版社一些编辑和领导本身即为学校系所教授，如中国人民大学出版社、现任社长贺耀敏为该校经济学院教授，北京师范大学出版社现任社长杨耕为该校哲学系教授……这些社领导能够敏锐感知学科研究的前沿，有的本身即是该学科研究的权威，具有浓厚的学术气息。在这些因素的导引下，出版社在深入挖掘、整理、编辑所在大学优秀学术和教育成果，弘扬学校先进学术文化时，便有了更明确的出版理念，能够更好地把握选题的方向，能够及时出版深刻反映学校文化的系列学术著作，从而使得出版社的文化特质与所在大学的精神特质具有高度的契合性，在出版物的传播过程中，母体大学的文化思想便随之传向更广阔的天地，大学的学术理念便跨越有形的围墙而将影响力延伸至无形的社会。系列优质学术著作的出版既树立了大学出版社的品牌，又是学校教学科研成果传播的最佳途径，有力地增强了学校的声誉和知名度。

此外，通过版权合作，大学出版社的优质学术出版物走向世界各地，如中国人民大学出版社的《汉英对照中国哲学名著选读》《中国佛教哲学要义》，北京大学出版社的《现代美学体系》《语言学纲要》《中国文学简史》以及最近签署俄文版的《中华文明史》，广西师范大学出版社的《中国纸和印刷文化史》以及外研社的《大学汉语》《中文天天读》等。在这些学术著作的传播过程中，母体学校的知名度无疑将在无形中逐步提高。据教育部社科司图书处公布的"2009年大学出版社经营情况"的统计数据显示：该年全国大学出版社的版权输出数达到564种。一些优秀的大学出版社由于历来重视国际交流和合作工作，在出版物的输出方面下了很大工夫，如北京师范大学出版社自建社以来向国外输出的出版物有113种。这些优秀出版物的海外输出，有利于出版社国际知名度的提升，同时也大大提升和丰富了所

在大学的认知度和整体形象。

1.2.3.3 出版社热心社会公益，服务社会公众，提升校社美誉度

出版社不仅以优质的出版物提升公众的文化素质，促进社会的精神文明建设，它对社会公益事业的关注和支持，也是服务社会的另一种重要方式，同时这也极大地提升了出版社和学校两者的社会正面形象。在社会需要的角落，在国家面临灾难时，大学出版社与其他有良知的社会企业一样，体现出了自己的勇气和担当。

以北京师范大学出版社为例，2010 年在"情系玉树大爱无疆"大型赈灾晚会上，北师大出版集团向青海玉树地震灾区捐款 200 万元。2010 年教师节前夕，为了慰问在农村学校辛勤工作的特岗教师，北师大出版社向全国 18000 所学校的农村特岗教师赠送北师大出版社出版的 18000 套总价值1000 万元的"教育家成长丛书"。2010 年北师大出版集团通过云南省教育厅向云南陇川县民德小学捐资 20 万元筹建图书馆。多年来，北师大出版社为河北、山西、内蒙古、陕西、辽宁、湖南、江西、四川、甘肃、新疆、云南等地的贫困地区及西部边远地区教育部门或中小学捐赠教材或图书总计近 106 万册，价值近 2360 万元。大学出版社对社会公益事业的热心关注和大力支持，无疑大大提升了自身的美誉度，提升了自己的品牌价值，而与此同时，由于大学出版社与大学的高度关联，大学出版社正面形象的提升，无疑也会给所在大学带来同样的正面效应。

1.2.4 出版社对学校学术科研的支持——出版学校教师著作，扶植学术名师

1.2.4.1 出版社设立出版基金，资助教师专著出版

清华大学老校长梅贻琦曾说："大学者，非谓有大楼之谓也，有大师之谓也。"拥有一批名学者名教授的大学自然是声誉卓著的名校，而在这些学术"大师"的成长之路上，大学出版社也发挥了重要的作用——通过出版大量高水平的优秀学术专著为学者们积累学术知名度。

大学出版社是依托大学而创办的学术性文化机构，出版该校教师尤其是青年教师的学术著作是教学科研服务功能的重要体现。大学各院系教师的学术成果反映了一个学校的整体学术水平。由于利润较低，为了及时地

保存和传播这些研究成果和学术思想，大学出版社一般都设有学术出版基金，承担大多数这类学术价值高的学术著作的出版，从而大大激励了优秀中青年学者的科研动力，推动了母体大学教学科研的纵深发展。早在 1998 年就有相关调查数据显示：有 80％的高校出版社设立了教材、专著出版基金，自主出版本校教师高层次、高水平的教材和专著。许多大学出版社积极出版囊括各高校科研一线的优秀学者的专著。如北京大学出版社设立的"未名中青年学者文库"，南京大学出版社的"商学院文库"，中国政法大学出版社的"中青年法学文库"等。

　　以北京师范大学出版社为例，该社多年来支持校内教师出版教材和学术著作。1992 年校庆 90 周年之际，北师大出版社投资 100 万元出版校内教师著作。此后又与学校共同成立了出版工作委员会，每年资助出版校内教师的学术著作和文理科教材。自 2005 年起，北师大出版社先后设立了"启功教育基金"100 万元，"京师青年教师出版资助基金"100 万元，对北师大青年教师进行专项出版资助。至今北师大出版社共斥资 700 多万元，资助校内教师出版 300 多部专著和教材，有效地促进了学校教学和科研的发展。（见图 1）

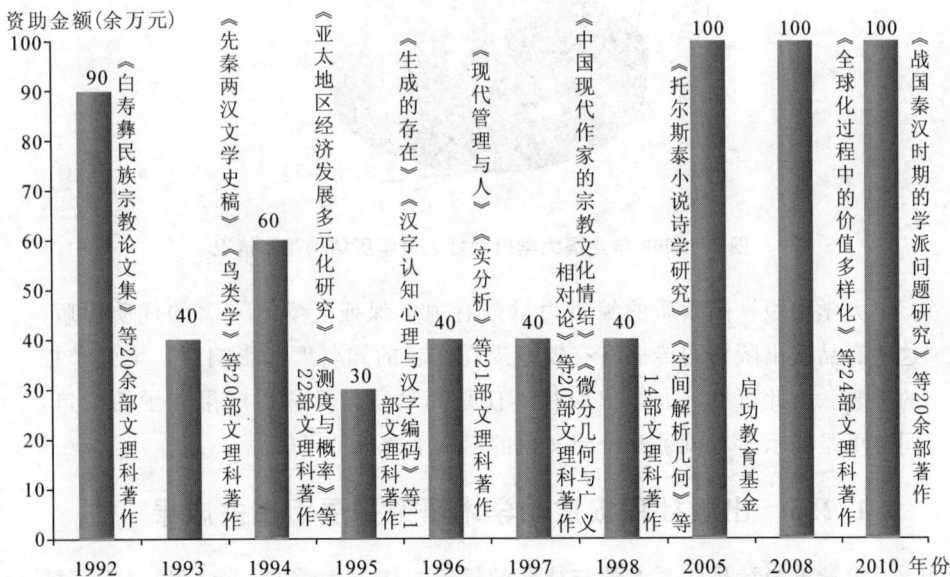

图 1　北师大出版社对校内教师出版教材和学术著作的支持情况

1.2.4.2 强大的编辑力量助产优质学术专著

与中央部委出版社和地方出版社相比，大学出版社中的员工学历层次明显更高，由教育部社会科学研究与思想政治工作司汇总的各高校基本情况数据显示，2004 年大学出版社人员学历结构基本情况为：博士 252 人，硕士 2006 人，大学本科 4208 人，大学专科 2148 人，高中以下为 2267 人。2006 年的统计数据显示，大学出版社中具有博士、硕士学历的达到了 23.35%，具有本科以上学历的达到 65.37%。另据教育部社科司图书处公布的"2009 年大学出版社经营情况"的统计数据：2009 年全国大学出版社人员总数为 10577 人，其中博士研究生为 279 人，硕士研究生为 2678 人，大学本科为 4384 人，大学专科为 1829 人，高中以下为 1407 人。就单个出版社而言：复旦大学出版社 149 位员工中，学士以上学历的员工有 119 人，占总数的 80%；北京大学出版社 323 位员工中，学士以上学历的员工有 218 人，占总人数的 67%；清华大学出版社 486 位员工中，学士以上学历的员工有 342 人，占全社总人数的 70%。

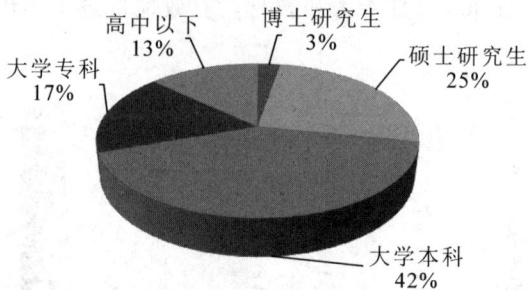

图 2　2009 年全国大学出版社人员学历结构基本情况

大学出版社高素质的编辑力量强有力地保证了学术专著的优质出版，这些高品质出版物的传播将有效地提高作者的知名度和影响力，增强学校的声誉。由此可见，大学出版社不仅是高品质教学科研成果展示的窗口，同时更是展示学者风采及校园文化的广阔平台。

1.2.5 出版社积极推动学术研究并展示相关成果

大学出版社是联系大学与社会的桥梁，作为大学的一个窗口，它积极向社会展示本校的文化传统、学术水准和科研教学成果，与此同时，它也将其他高校的优秀成果或社会相关领域的研究前沿介绍给学校，从而为本校的学术研究注入新鲜的活力，有力地提高本校学术研究的时代性、科学性和创新性。在此过程中大学出版社严格把握选题质量关，以出版学术精品为准则，借助选题选择上的倾向性，引导学术研究的创新性和对某些空白学术领域的探索性研究，尽量减少了一些重复无用的学术研究活动。

大学出版社的作者资源非常丰富，不仅有国内其他高校的著名学者，还因为版权贸易，引入了大量国外知名学者专家的学术专著。大学出版社可以充分利用这一资源，邀请这些学者们来母体高校进行讲座，这样将为学校繁荣学术交流、活跃学术氛围起到积极的作用。

1.3　大学出版社与大学的关系之二
——"人事管理"篇

1.3.1　大学出版社转企改制之前的校社人事关系

1.3.1.1　政策性文件中对校社人事关系的规定

1986 年国家教育委员会和国家出版局联合发布《高等学校出版社工作若干问题的暂行规定》，此文件在校社人事管理方面的规定具体包含以下几点：

（1）高校出版社是高等学校中的学术性事业单位。

（2）高校出版社一般为系处一级建制，任务重、规模大的，经上级主管部门批准，可以是高于系、处一级的建制，配备高于系处一级的专职领导干部。

（3）高校出版社由所在学校直接领导。学校要把出版社工作列入议事日程，贯彻党的出版方针，审定选题规划和长远建设规划，研究解决出版社工作中的重大问题。应有一位校（院）长分管出版社的工作，建立一个符合革命化、年轻化、知识化、专业化的领导班子。

（4）高校出版社要逐步实行学校领导下的社长负责制，设立由社长主持，副社长、正副总编、党总支（或直属支部）书记等参加的社务委员会，贯彻出版方针、制订发展规划、选题规划和出书计划，审议经费预决算，研究干部任用和经营管理等重大问题。

(5)高校出版社的党组织要在校党委领导下，加强党的建设，做好思想政治工作，充分调动职工的积极性。

1988 年发布的《关于当前高校出版社改革的若干意见》进一步补充道：要逐步实行和完善社长负责制，适当下放办社权限。高校出版社社长由校长任免。同时取消了学校主管副校长兼任出版社社长的规定，在出版社设置全职社长岗位。社长提名副社长和正副总编辑，由学校任命。社内机构的设置和各科室负责人，由社长确定和任免，报学校备案。

1995 年《关于高等学校出版社加强管理深化改革的若干意见》中阐述：社长提出总编辑、副社长、副总编辑等行政管理人员的任(聘)免方案，报请学校考察并任免。出版社其他干部的任(聘)免，由社长提名，经征求党支部和社务委员会意见后，按学校有关规定报学校人事部门任免。

1.3.1.2 转企改制前校社人事关系的具体情况

正如前面文件中所述，大学出版社的工作一般由一位副校(院)长主管，并兼任社长，由常务副社长主持日常工作。这是作为主办单位的学校对出版社工作进行管理的主要体现。大多数大学出版社都遵循这一规定。如中国人民大学出版社第二任社长谢韬、第三任社长罗国杰、第四任社长杜厚文皆为人大副校长。北京邮电大学出版社第一任社长朱祥华为该校第五任校长。华东师范大学出版社第一任社长林远、第二任社长郭豫适均为该校副校长。1988 年以后，大学主管出版社的校领导不再兼任社长后，出版社社长全部为学校派出。复旦大学出版社社长贺圣遂在进入出版社之前为该校古籍研究所党支部书记，中国政法大学出版社社长李传敢来自该校党委宣传部。从现实情况看，大学出版社的社领导几乎都来自所在母体大学，除了上述由副校长、院长兼任的情况之外，更多的社长由来自学校各院系所的教师教授担任。如华东师范大学出版社社长朱杰人为该校古籍所教授，北师大出版社社长杨耕为该校哲学系教授，西南财经大学出版社社长冯建为该校经济学院教授，中国矿业大学出版社社长于广云为该校青年学术带头人、硕士生导师等。据我们于 2010 年开展的相关问卷调查结果显示，在转企改制后，仍有 89.13％的大学出版社主要负责人由所在高校派出。

除了社领导多来自所在母体大学外，大学出版社还有一大批事业编制员工，这些员工多是派入出版社的本校教师。事业编制的员工在大学出版社所占的比例很高。《中国高校出版社发展报告（2001－2004）》公布的数据为：2001 年大学出版社总员工为 8944 人，事业编制人员为 5652 人，事业编制占总人数的 63.2％；2002 年大学出版社总员工为 9620 人，事业编制员工为 5819 人，事业编制占总人数的 60.5％；2003 年大学出版社总员工为 10416 人，事业编制人员为 5837 人，事业编制占总人数的 56％；2004 年大学出版社总员工为 11050 人，事业编制员工为 5802 人，事业编制占总人数的 52.5％。据教育部社科司图书处公布的"2009 年大学出版社经营情况"的统计数据：全国大学出版社总员工为 10577 人，事业编制人数为 3831 人，占总人数的 36％。虽然相关比例在逐步下降，但总体依然很高。这些事业编制的员工的工资待遇与学校其他院系和行政部门一样，属于"学校"的人。

对出版社人员来源的上述阐释可以充分说明大学出版社与大学之间的紧密联系。2008 年关于江苏地区大学出版社人力资源现状的一份实地调查报告也清晰地显示了校社之间的高度关联：江苏地区的大学出版社人员属性结构中，事业编制的员工占 47％。此外，4％的员工在校内兼授课程，2％的人在学校有合作科研课题，2％的人需要指导研究生。[①] 如果说大学出版社是茁壮成长的参天大树，那么大学无疑就是为其提供养分的肥沃土壤。

从大学里转调或选聘行政管理干部和大学教师进入大学出版社，对出版社的发展是很有益的。首先，学校的副校长分管出版社工作，有利于将出版社的情况及时反映给大学，信息交流更加畅通，也便于协调出版社与学校其他职能部门的关系，同时还能积极地把握出版社选题的意识形态性，以保证为人民服务、为社会主义服务的根本方向。其次，本校教师成为出版社的编辑，一方面提高了编辑的整体学术素养，另一方面由于他们对本校的学科设置比较熟悉，并具备扎实的专业知识和丰富的人脉关系，从而也便于出版社相关选题的开展、拓宽和深入。

除了社领导和社员工大多为所在高校教师外，校社之间人事方面的紧密联系还体现在：（1）大学出版社的很多作者都来自校内，为本校教师。据教育部社科司图书处公布的"2009 年大学出版社经营情况"的统计数据：

---

① 杨爱东．江苏地区大学出版社人力资源现状调查．科技与出版，2009(6)

该年出版新书作者总人数为 70746 人,其中校内作者人数为 19912 人,占总数的 28%。(2)大学出版社中的员工很多为该校毕业生。我们于 2010 年开展的问卷调查结果显示:在调查的大学出版社中,14.89% 的出版社,来源为本校毕业生的员工人数占总员工人数的比例高于 50%;25.53% 的出版社,此比例为 30%～50%;29.79% 的出版社,此比例为 15%～30%。

1.3.1.3 人事关系对大学出版社发展的影响

校社之间联系紧密,弊端也是显而易见的,即大学在出版社的人事任免上拥有的权力过大,出版社在用人方面缺乏自主选择的独立性。大学出版社作为学校的一个学术事业单位,有时候成为学校分流富余职工、配置干部和安排家属的地方,如 20 世纪 90 年代劳动就业中心安排了一大批学校教师的亲属进入大学出版社就业,北京师范大学出版社当时就拥有 30 名此类"特殊人员"。另外,大学出版社员工的录用与辞退都要按照事业单位的程序,经过学校人事部门的审核同意。并且由于教学科研之于学校的重要性,学校在引进人才时,将更多的用人指标划给了这些部门,出版社却无法及时引进所需的专业人才。正如柳斌杰署长曾经提到的:"高校在出版方面对人才的重视在某些时候不如对教学人才的重视,有时候把一些教学一线或用不上的干部,放到出版社来。"这样自然造成出版社无法进行人才资源充分合理的配置和利用。此外,社领导的任免权掌握在学校手中,而学校往往遵循行政系统的程序来进行人事调动,没有从出版社长远发展的角度来考虑社领导的任免问题,使得大学出版社的社领导调动非常频繁,有些出版社甚至在五年的时间内更换了三任社长。许多大学出版社的社长在任期间兼任学校教授,任期满后一般又回到学校的教学管理岗位,短暂的任期和双重的身份使得这些社领导难以摆脱骨子里浓厚的学术追求,注重出版社的文化性,轻视其商业性,从而也就难以成长为出版社发展壮大所需要的职业经理人。

人才是企业发展必不可少的软件,大学出版社作为学术性的产业机构,对人才的需求更是如此。大学在出版社人才管理方面抓得太紧,这势必影响到出版社对市场变化的灵敏应对。一个有影响力的大学出版社是所在大学品牌和声誉的无形延伸,是学校拓展学科影响,增强文化软实力的重要平台,作为主办单位的大学应从提升学校整体形象的高度出发,重视大学出版社的发展。大学出版社发展好了,母体大学自然也是名利双收。

因此，秉持着这一理念，大学应将用人权限适当地下放给出版社。让出版社自主决定是否接受要求调入人员，自主决定社内中层干部及下属单位领导的任免与升迁。在加强编辑出版队伍的建设方面，学校应积极地配合出版社的人才引进，防止和克服学校对出版社日常工作过多的行政干预。在保证出版社意识形态正确性的大前提下，学校应实行"抓大放小"的宏观管理。

1.3.2　大学出版社转企改制之后的校社人事关系

1.3.2.1　政府文件中对转企改制之后校社人事关系的定位

2007 年《教育部、新闻出版总署关于高校出版社体制改革试点工作的若干意见》规定：

高校出版社转制为企业后，仍由所在高等学校主办。高等学校要认真履行主办单位的职责，加强对所属出版社的领导，保证其坚持正确的政治导向，坚持正确的办社方向，坚持为教学科研服务，为发展科技、经济、文化服务的办社宗旨；要指导所属出版社建立和完善各项制度，加强对出版物选题的管理和出版物内容的审核把关，并建立相应的问责制度。

高等学校要高度重视所属出版社领导班子的建设。高校出版社的主要负责人仍应由学校组织部门根据干部考核、聘任的权限和程序，充分考虑高校出版社的特点和要求选定，按照企业聘任经营者的程序进行聘任。学校应选拔政治责任心强，思想素质高，熟悉出版工作，遵纪守法，善经营，会管理的人担任高校出版社的主要负责人，并保持相对稳定。学校应依照国家出版管理的有关规定、资产经营责任制的要求，合理制定对高校出版社主要负责人的任用、考核和激励办法，充分调动他们的积极性。

转制后的高校出版社应按照现代企业制度的要求，建立规范的法人治理结构，依法设立董事会和监事会。董事会、监事会成员由学校选定，通过资产公司委派。高校出版社的主要负责人由学校组织部门向出版社董事会提出任职建议，由董事会聘任。其他高级管理人员由出版社主要负责人提名，通过相应的干部任前考核程序后，由董事会聘任。

2007 年《教育部、新闻出版总署关于高等学校出版体制改革工作实施方案》中规定：在出版单位仅是学校独资的情况下，学校不设股东会，由学校资产管理委员会行使股东会职权。学校可以授权董事会行使股东会的部分职权，决定出版单位的重大事项，董事会要保证出版单位正确的政治方向和办社宗旨，确保出版物内容与导向的正确，坚持党管干部的原则。

2008 年《教育部、新闻出版总署关于进一步推进高校出版社改革与发展的意见》中规定：高校出版社须实行全员聘用（聘任）制度，按需设岗，公开招聘，择优聘用，严格考核。

2009 年为落实财政部《关于中央级经营性文化事业单位转制中资产和财务管理问题的通知》要求，提出改制后原企业职工的安置方案为：

人事管理实行"老人老办法，新人新办法"的原则。原学校事业编制人员，保留事业编制身份不变，在出版社工作期间与出版社签订聘用合同。职工的工资、奖金、津贴由公司自行确定发放，学校负责其档案工资管理。公司按规定向学校缴纳养老、失业等保险金。职工的住房、退休、子女入学、专业技术聘任等按事业编制人员政策执行。

学校委派到出版社工作的事业编制人员，在改制时本人要求回教学、科研、管理岗位工作的，学校给予一次竞争上岗的机会。改制后公司原学校事业编制人员可按学校有关规定参加教学、科研、管理等岗位的竞争上岗。

1.3.2.2 转企改制后校社人事关系的具体情况

在"学术性事业单位"及"事业单位，企业化管理"制度下，学校和大学出版社之间都是领导和被领导的行政隶属关系。学校既是出版社的资产所有者，同时又是其资产经营者，以国有资产所有者的身份直接经营管理大学出版社，掌握着出版社的人事权、分配权、重大决策的决定权等。在这种情况下，出版社的发展无疑受到极大约束。转企改制后，大学从资产所有者转变为投资者，并以投资者的身份通过董事会来对出版社进行间接管理，不再参与其具体事务的管理，这样从事业单位转变为自主经营的企业的大学出版社在人事管理上就拥有了更大的发言权和自主权，大学出版社也可以更自由地面向社会公开招聘其所需的专业人才。

转企改制之前，事业编制的员工和企业编制的员工同时并存于出版社内，由于同工不同酬，事业编制的员工和企业编制的员工主观能动性都没有充分地调动起来；转企之后，实行全员聘用制，在一个更加公平合理的竞争环境中，社内员工的积极性都将得到更大的发挥。

需要提及的是，在转企改制的过程中，学校给予了非常大的支持，正如文件中所阐述的，原事业编制的员工退休之后继续回到学校，由学校承担其之后的各种保障，从而大大减轻了出版社在转企过程中所需承担的经济压力。

转企改制之前，出版社的议事机构为社务委员会，由社长、总编辑、副社长、副总编辑、党支部(党总支或党委)书记组成，社长主持。出版社重大问题的决定必须经社务委员会集体讨论，社长听取社务委员会的意见，并享有决定权，报学校备案。出版社党支部(总支或党委)作为学校党委的直属支部，行使监督保障的职能。

1.3.2.3　转企改制后，新的人事关系为出版社的发展带来了活力

转企改制后，大学出版社依照现代企业制度建立法人治理结构，其组织管理分为决策层、执行层和监督层三个部分。决策层为股东大会和董事会，股东会为出版社的最高权力机构，董事会是出版社的最高执行机构，其成员由非职工代表担任，经股东委派产生。董事会设董事长一人，由股东任免。董事会在出版社的重大决策问题上享有决定权。此外，董事会设执行董事一人，经学校组织部门考察并向董事会推荐，由董事会聘任，担任总经理(社长)，以社长为中心组建班子即为出版社执行层，社长对股东会和董事会负责。监事会是出版社的监督机构，其成员既有股东委派也有职代会选举的职工代表。监事会设主席一名，由股东任免。监事会对股东负责。显然，这种现代企业治理结构与原来出版社实行的"党政集体领导决策，社长直接对学校负责"的治理模式有很大的不同，从原来的高校党委领导下由校领导分管的社长负责制转变为董事会领导下的社长负责制，无论是社长还是中层干部或是一般职员都更加明确自身的权利和义务了。

转企改制后，大学出版社的董事会组成方式目前主要有：(1)将出版社资产划归国有资产管理委员会管理的，出版社董事会由分管出版社的校领导、国有资产管理部门人员、高校财务部门人员和出版社人员组成，董事长由分管校领导或出版社社长担任；(2)将出版社资产划归资产经营公司管理的，董事会由资产经营公司人员、国有资产管理部门人员、出版社人员组成，董事长一般由资产经营管理公司的领导担任。无论是哪种组成方式，都是大学出版社在新的运行体制下的有益探索和积极尝试，随着改革的逐步进行和制度的逐步完善，大学出版社必能结合实际情况找到最适合自身发展的管理制度。

1.4 大学出版社与大学的关系之三
——"资产财务"篇

1.4.1 "学术性事业单位"及"事业单位，企业化管理"两阶段的校社资产财务关系

1.4.1.1 政府文件中关于校社资产财务关系的阐述

1986年《高等学校出版社工作若干问题的暂行规定》明文指出：

(1)高校出版社的基建、设备投资，应列入学校的总体建设规划和年度计划。

(2)高校出版社的经济收益主要用于出版社的建设和出版学术著作的经济亏损补贴。收益较多的出版社，可适当上缴学校一部分。对新建的高校出版社，学校及其主管部门要拨给必要的开办经费及流动资金。

1988年《当前高校出版社改革试行办法》规定：

(1)高校出版社是教育事业单位，由学校统一管理和核算，有条件的可以实行单独核算，内部采用企业管理的某些办法。

(2)对于出版社由于非经营性原因而产生的亏损，应报请上级主管部门和学校给予适当补贴，并保证其工作人员的工资、奖金、福利及业务费用。

1991年《高等学校所属出版社财务管理暂行办法》规定：

(1)出版社是事业单位，在学校内部实行企业管理，独立核算。

(2)出版社是高等学校所属的二级核算单位。其财务管理业务受学校财务部门的领导和监督。

(3)出版社出版专业学术著作和部分自编教材的亏损由学校和有关部门给予补贴。

(4)出版社的利润应全部上缴学校，作为学校基金收入。学校根据出版社的实际需要，将一定比例的利润返还给出版社作为生产发展基金、出版基金、集体福利基金和奖励基金。

1995年《关于高等学校出版社加强管理、深化改革的若干意见》规定：

(1)高等学校不能把出版社作为单纯的创收单位，向出版社压创收指标。出版社也不得以单纯经济指标向学校承包，不得把书号和利润指标承

包给个人。高校出版社的收益应主要用于高等学校的教材建设、学术著作的出版和出版社的发展工作。经营较好的出版社在完成其教材建设任务，保证出版经营活动正常运行和发展的情况下，应向学校上缴一定的收益，支持学校的教育工作。

(2)积极创造条件，建立高校出版社学术著作专项基金和教材建设基金。基金的来源主要有：学校的拨款、出版社的收益、院系(所)的专项科研或项目经费、社会捐助等。专项基金用于支持高校教材和学术著作的出版及优秀教材和学术专著的奖励。基金的管理应吸收学校教学科研部门的领导和专家参加。

2002年《高等学校出版社管理办法》规定：

(1)作为主办单位，高校提供所属出版社建设和发展的必要条件。

(2)高等学校出版社实行独立核算，并接受主办单位及有关部门的财务审计和监督。

(3)高等学校出版社应该建立学术著作和教材出版基金，支持高等学校教材和学术著作的出版。基金主要来源于出版社上缴的部分收益、院系(所)的专项科研或项目经费、社会捐助资金等。

1.4.1.2　转企改制之前校社资产财务关系的具体情况

根据上述政府文件的相关阐述，结合现实情况，大学对出版社的资金投入大致有：

(1)在大学出版社的创立初期，大学对其进行的资产投入，提供包括大学出版社所需的办公场所、房产、后勤保障等有形无形的资源。大学出版社的办公大楼大多数都是学校提供的，这也是大多数大学出版社坐落在校园内的原因。此外，大学还提供资金供出版社购买机器设备等。根据我们于2010年开展的问卷调查结果显示：4.55%的大学为所属出版社的日常运营提供了一定的资金投入，6.82%的大学为所属出版社的运营提供了一定的实物投入，54.55%的大学为所属出版社的运营提供政策支持。

(2)大学承担出版社事业编制员工的医疗、住房、养老及子女入托入学等开支。出版社只需要负责这些员工在岗期间的工资待遇，退休之后由学校提供各种生活保障，从而大大减轻了出版社的负担。

(3)为大学出版社提供一定的出版补贴，以弥补一些教材和学术著作的出版亏损。如南京大学针对文科学术专著出版难的问题设立了出版基金。凡是在国家级出版社出版人文哲学、社会科学专著的，学校根据其学术价值给予一半或一半以上的出版经费补贴。此外，南京大学还投资 800 多万元设立了《博士文丛》和《学者文库》两套学术丛书，用于资助中青年教师出版自己的科研成果。

大学出版社对大学的经济回报为：

(1)向学校上缴一定数额的经济利润

据教育部社会科学研究与思想政治工作司在《中国高校出版社发展报告(2001—2004)》中公布的数据，2001—2004 年全国大学出版社上缴给学校的利润分别为：2001 年 21262.28 万元，2002 年 31150.23 万元，2003 年 30826.55 万元，2004 年 28420.05 万元。《出版商务周报》统计，从 2001 年到 2006 年，高校出版社共向学校上缴利润达 16 亿元。另据统计，华东师范大学出版社从 1997 年到 2007 年，共向学校缴纳的利润和各种费用达到两亿元。北京师范大学出版社积极支持学校的教学科研，建社以来的 30 年间，共支持学校经费 3.2067 亿元。据教育部社科司图书处公布的《2009 年大学出版社经营情况》的统计数据，全国大学出版社在 2009 年的税后利润总额为 115754.79 万元，其中上缴学校利润为 37314.19 万元，占总额的 32.2%。据我们于 2010 年开展的问卷调查结果显示：在被调查对象中，4.76% 的大学出版社用于支持学校教学科研的资金占年利润的 50% 以上，7.14% 的大学出版社用于支持教学科研的资金占年利润的 30%～50%(含 50%)，16.67% 的大学出版社用于支持教学科研的资金占年利润的 20%～30%(含 30%)。

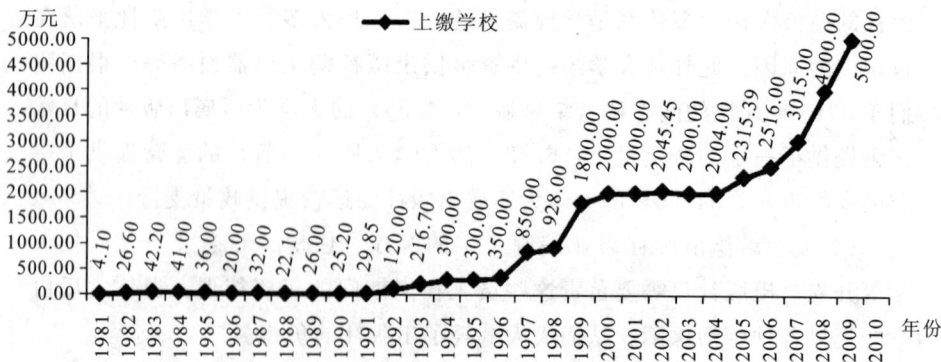

图 3　30 年来北师大出版社支持学校经费一览

(2)设立出版基金

学术专著的出版赢利较低，有时甚至是亏损，本着服务教学科研的目的，大多数大学出版社设立了教材、专著出版基金，用于资助本校教师学术成果的出版。这是出版社对大学的一种无形的经济回馈。据我们于 2010 年开展的问卷调查结果显示：20.93％的大学出版社用于资助所在大学教师专著出版的资金为 50 万以上，25.58％的大学出版社用于资助所在大学教师专著出版的资金为 30 万～50 万。当然，学校也会将出版社上缴的利润拿出一部分来设立出版基金。据教育部社科司图书处公布的"2009 年大学出版社经营情况"的统计数据：该年全国大学出版社上缴学校利润 37314.19 万元，其中 1974.70 万元被学校用来设立教材出版基金，2066.88 万元用于设立学术著作出版基金，23516.33 万元用于教学科研。

无论是上缴经营利润还是设立学术出版基金，大多数大学出版社都将之视为一种义务来主动承担。毕竟在出版社的成长之路上，所在母体大学提供了实物投入、资金投入和政策支持等。但上缴利润数目的随意性却成为困扰出版社的一个问题。上缴多少利润没有形成制度性的规定，有时甚至是依据校领导和社领导的人际关系来确定，从而直接影响了出版社的发展壮大。

作为大学的一个事业单位，大学出版社的资产和经营成果归学校所有。出版社的企业财产和学校的事业财产没有清晰的区分，经营性资产和非经营性资产无法界定。学校对出版社直接进行经营管理，掌握着出版社的财产权，出版社面向市场所需的灵敏性和机动性将由此受限。财务上的事业管理，运营上的企业管理，使得大学出版社面临"非企非事"的尴尬，发展空间面临瓶颈困境。

1.4.2　转企改制后的校社资产财务关系

1.4.2.1　政府文件中关于校社资产财务关系的阐述

2007 年《教育部、新闻出版总署关于高等学校出版体制改革工作实施方案》规定：

(1)高校出版单位是全民所有制企业或国有独资公司，学校或学校资产管理经营有限公司作为出资人，其资产由学校资产管理委员会进行管理和监督。

(2)学校要完善出版单位的法人治理结构。学校须将转制为企业的高校出版社与一般企业(包括高科技企业)区别对待,在工商登记时可保留原名称不变。学校要按照现代企业制度的要求,确立出版企业的资产授权经营关系,建立健全法人治理结构,根据高校出版单位的特点组成董事会和监事会。

2007年《教育部、新闻出版总署关于高校出版社体制改革试点工作的若干意见》规定:

(1)高等学校要加强对所属出版社国有资产的监控和管理。学校或学校资产经营有限公司是高校出版社的出资人,要确保国有资产的保值增值。学校要明确资产管理委员会、资产公司和出版社经营班子各自的职责和权限。

(2)合理确定上缴利润的比例,保证出资人的投资回报。高校出版社的出资人,有权依法获得投资收益。出资人根据出版社的规模、效益以及企业长远发展所需的资金、积累等实际情况,确定合理的投资回报。

2008年《教育部、新闻出版总署关于进一步推进高校出版社改革与发展的意见》规定:

规范高校出版社的转制。转制为企业的高校出版社是国有一人独资公司。高校是其出版社的主办方。学校或学校资产经营有限公司是出版社的出资人,出版社的资产由学校资产管理委员会进行管理与监督。学校要按照现代企业制度的要求,进一步完善产权制度,明确出资人权利,建立资产经营责任制;切实加强对出版社经营方向、资产配置、重大决策、重要干部的管理和监督;要确保国有资产安全,防止国有资产流失。转制为企业的高校出版社要建立科学合理的法人治理结构,采用适应市场需求、调控有力的经营管理模式,实行企业财务、税收、社会保障和劳动人事制度,成为自主经营、自负盈亏、自我约束、自我发展的市场主体。

1.4.2.2 大学出版社在转企改制过程中对校社资产财务处理的具体情况

结合政策规定,大学出版社转企改制的第一步是清产核资,对原国有资产进行核查和划转。将出版社的经营性资产和非经营性资产相剥离,经营性资产继续保留在出版社,而非经营性资产部分划给学校。第二步,确定大学对出版社的投资方式,建立资产管理委员会或资产经营公司。第三步，建立法人治理结构，设立股东大会、董事会和监事会等。据我们于2010年开展的问卷调查结果显示：目前27.66％的大学通过经营资产管理委员会来管理大学出版社，23.4％的大学通过资产经营公司管理大学出版社，44.68％的大学通过董事会来管理大学出版社，采用其他方式管理的大学为12.77％。此外，95.56％的大学出版社的经济核算方式为银行独立开户，2.22％的大学出版社的经济核算方式为学校财务处核算，另有2.22％的大学出版社有部分经济核算权。

在实施的过程中，根据具体情况的不同会有一些差别。以清华大学出版社2003年转企改制为例。首先是确定了清华大学的出资人身份，接着是清产核资，作为国有独资的企业，清华大学出版社以现金1.5亿元注册。注册为企业后，对公司原事业编制的员工进行妥善安排。统一了全体员工的身份后，清华大学作为出资人也即唯一的股东，设立出版社董事会，由校务会任命五位董事，分别是学校分管企业的领导、出版社社长、出版社党委书记、学校教务处长和控股公司分管财务的副总裁。出版社社长由董事会任命。由于清华大学早先成立了清华控股公司来统一管理校办企业，经验丰富，因此清华大学出版社也交由清华控股公司，学校只是对其间接管理。而北师大出版社的情况则是：出版集团的议事和决策机构为总经理办公会，出版社的议事和决策机构为社务委员会，出版社编辑部门和图书选题的管理与协调为总编辑办公会。

针对大学出版社产权问题，虽然国家目前规定，转企后的大学出版社是全民所有制企业或国有独资公司，但产权多元化和跨地区经营仍然在业界引起了热烈的谈论和初步的尝试。以北京师范大学出版集团为例，该出版集团在多元化之路上迈出了稳健的步伐，同时也走出了跨地区经营的第一步，实现了国内高校出版社之间首次跨地区经营的突破。

2007年，北师大出版集团合资重组北京京师印务公司，对其进行了股份制改造和技术性改造。通过技术性改造完善其生产能力、延长产业链条、提升生产能力，而技术性改造所需的大量资金通过股份制改造来提供。

2010年3月，北师大出版集团与安徽大学正式签署了关于合资重组安徽大学出版社的协议，根据双方协议，北师大出版集团以增资入股的形式，投资安徽大学出版社，并持有新成立的安徽大学出版社有限责任公司

50％的股权。合资重组后的安徽大学出版社有限责任公司的全部业务纳入北师大出版集团的整体规划，北师大出版集团派人员对新公司实施管理，公司董事长由北师大出版集团派人员担任。此次合资重组破解了高校出版社重组、并购的发展难题，更为出版业跨地区经营提供了经验。

2010 年 6 月，北京师范大学出版集团吸收民营资本，控股成立了经营助学读物的股份制公司——北京京师普教文化传媒有限公司，在集团和各投资股东之间实现以资本为纽带的实质性合作，标志着北师大出版集团迈出了跨所有制经营的重要一步。北师大出版集团借鉴影视剧制播分离的管理模式，在助学读物实行内容提供与审查出版分离的管理机制，为出版业跨所有制经营的突破探索了道路，积累了经验。

北师大出版集团的上述种种举措是新形势下大学出版社谋求新发展的积极探索，同时也为大学出版社同行提供了一些有益的参考和借鉴。毫无疑问，"路漫漫其修远兮，吾将上下而求索"，如何在国有股份占主导地位的条件下尝试多元化发展必将是大学出版社未来发展中要深刻思考的问题。

1.5　对未来大学出版社与大学关系的研究

1.5.1　转企后大学出版社发展应遵循的原则

转企改制后，大学出版社作为独立经营的市场主体，能够更加敏锐地应对市场的变化，更加自主地执行自己的市场决策，在未来的发展中将获取更大的经济效益和社会效益，拥有更强劲的市场竞争力。然而，成为完全市场主体的大学出版社，在未来的发展过程中，更应该深刻思考自身的定位，找到自身发展所依存的"根"，以防止在经济利益的诱导下迷失了发展的方向。

我们认为大学出版社未来的发展应坚持三个基本的原则：

第一，不管未来发展状况如何，大学出版社都不能脱离大学，不仅不能脱离，反而要更靠近，要继续充分挖掘大学的各种资源，将母体大学作为出版社发展的源泉。我们于 2010 年开展的问卷调查结果显示：19.15％

的大学出版社的文化理念与所在大学的文化理念的相关度"非常高"，53.19％的大学出版社的文化理念与所在大学的文化理念的相关度"较高"。校社之间唇齿相依可见一斑。改革是手段，发展才是目的。此次高校出版体制改革的目的是让大学出版社能够获得更充分的发展，是为了强化其为"大学"服务的特质，而不是否定大学出版社自身的性质。如果在未来的发展中，为了追求经济利润，而放弃了其为大学服务的宗旨，那就本末倒置，与一般出版单位无差别了，更与改革的初衷背道而驰了。

　　在未来的发展中，个性和特色是最大的制胜之道，要在高度成熟的市场中占据一席之位，就必须有别于其他竞争者的"差异性"。大学出版社背靠学术文化气氛浓厚的大学，大学的学术资源、作者资源、品牌声誉等有形无形资产都是大学出版社取之不尽用之不竭的"矿藏"，拥有这份"独特性"的大学出版社在与其他出版社竞争时就有天然的优势。高水平的作者队伍、高素质的编辑队伍、明确的服务宗旨、稳定的读者市场是大学出版社与生俱来的特质，都是其他出版社所无法企及的。试想如果大学出版社因为企业追逐利润的天性而放弃了自身多年来在学术出版领域发展起来的优势，投入到不熟悉的出版领域，去与一批大众出版经验丰富、发行渠道成熟的出版企业竞争，可想而知，是多么地不明智。在企业都在努力寻找自身的特色和专业性、抢占市场份额时，大学出版社却放弃手中固有的地盘，这岂不是舍本逐末？这是从大学出版社自身的发展角度论述"以经济效益为目标，放弃为大学服务的宗旨"是不可行的。其次，从国家文化事业的发展角度看，转企后大学出版社也不该脱离大学，放弃学术出版的重任。无论是从历史渊源还是从现实影响来看，大学出版社因为秉持服务教育、服务学术、服务社会的理念，在国家教育文化事业、科学技术事业的发展中，在提升社会学术水平中曾经发挥了其他出版社无法取代的作用。在大力倡导加强文化软实力的今天，国家需要大学出版社继续承担起这份历史责任，如果大学出版社丢掉了"大学"二字，与其他出版社无异，那大学出版社就失去了存在的价值，大学出版社也无法履行自己在文化建设中应尽的义务。

　　第二，坚持"学术为本"是大学出版社发展的根基和方向。很多人存在着这样的看法，即学术出版与赢利无缘，与亏损挂钩，与企业、市场不沾边。但其实这是一个思想误区，出版物赢利或亏损取决于读者的多寡和市场的大小。"学术出版势必带来亏损"的印象源于出版物内容的艰涩高深使得读者有限，市场狭小，但这种现象通过努力是可以逐步改善的。大学出版社可以从以下方面下工夫：（1）将学术著作细分为不同的版本出版，在内容、装帧、价格方面做出区分，以适应不同读者的阅读水平和购买力。既有适合专业读者的精装本，又有适合业余爱好者阅读的通俗简易本。如此既是对资源充分的开发与利用，又能扭转出版亏损的困局。"曲高和寡"的学术专著是对资源的浪费。只有将学术最广泛地普及，才能真正体现学术的价值；只有当科学技术掌握在大多数人手中时，科技才能成为第一生产力。同时，加大通俗学术读物在本社图书结构中的比例，高质量的通俗学术著作同样能成为畅销书甚至是常销书，如霍金的《时间简史》可堪称是将高深的理论物理通俗化的科普范本。此外，国外有许多学术著作都成为了历经多次再版的经典专业教材，是学术出版领域的常青树。（2）不断提高学术出版的质量，提高学术专著的再版率，积极开拓国际市场，开展学术著作的版权输出。将优秀学者的科研成果介绍给国际同仁，这既是学术交流的必要，同时也为大学出版社的发展开拓了另一片广阔的天地。在目前版权贸易逆差的形势下，大学出版社要积极借鉴国外学术专著的市场运作经验，努力思考让我国学术著作走向世界的可能性，认真探索使这种可能成为现实的途径。

国家对教育文化事业的日益重视和大学办学模式的多样化，也为大学出版社继续坚持学术出版提供了适宜的发展环境。在政府积极建设文化事业的号召下，许多大学成立了包括成人教育学院、继续教育学院、对外汉语学院在内的多种层次和类型的成人学院，这些学院的成立，必然带来对高品质学术著作需求量的增大，从而为大学出版社提供了新的读者市场，开辟了新的利润空间。此外，高等职业教育的全面启动，社会终身教育体系的建立都为大学出版社的发展提供了有利机遇。

更重要的是，学术出版是大学出版社义不容辞的历史职责。大学出版社作为大学的有机组成部分，是大学学术使命的延伸和拓展。大学是人类思想创新的发源地，作为学术文化机构的大学出版社有责任将这些创新和科研成果展示给全社会，通过"传播知识、积累文化、繁荣学术、服务社会"来推动社会的文明进程。

第三，努力形成和谐的校社关系，构建大学出版社和所在大学相互促进、共同发展的良性循环。大学出版体制改革既要有利于大学出版社的发展，同时也要促进母体大学的发展。在 2007 年《教育部、新闻出版总署关于高等学校出版体制改革工作实施方案》中曾明确规定：高校出版体制改革要有利于高等教育事业的发展，有利于促进高校学科建设和人才队伍的培养。作为大学出版社，一定要努力营建校社和谐共处的氛围。大学出版社与母体大学作为一个有机整体，存在着错综复杂、千丝万缕的关系。大学出版社要实现良好的发展，必须有学校的大力支持，从政策、资源上为出版社的发展提供保障。如学校在大学出版社转企改制中就发挥了重要的主导作用。没有大学的理解、支持和配合，大学出版社的转企改制工作是无法顺利进行的。在整个过程中，学校作为出版社的出资人，按照现代企业制度的要求，对出版单位进行清产核资，积极参与大学出版社的法人治理结构的建立和完善。此外，原事业编制的职工退休后仍回到学校这一举措也是学校为了给出版社创造更好的发展环境而做出的牺牲。无论是转为企业或保留事业体制，大学出版社今后的发展依然离不开学校的支持。正如前所述，发展是改革的目的，高校出版体制改革出发点是革除阻碍大学出版社进一步发展的体制障碍，由事业单位转变为企业是让大学出版社在参与市场竞争时享有更充分的自主权，而并不是斩断大学出版社与母体大学的关系。无论是事业单位，还是经营企业，大学出版社与大学那种依存和反哺的本质是没有改变的，只是以一种更清晰明确的形式来规范这种关系，其目的也是为了促进两者共同的提高与发展。大学出版社采用现代企业制度的管理模式是大学出版社谋求自身壮大的必然要求，以应对飞速发展的市场经济的竞争压力。新的运行机制下的大学出版社发展得更好，作为出资人的大学自然也是获益更多，同样，大学也不能因为出版社从下属机构转变为企业主体而放弃自身的管理责任，"学校要通过有效的管理方式，掌控出版社重大事项的决策权、资产配置的控制权、对主要领导干部的任免权和出版物内容的终审权，切实负起国有资产保值增值的监管责任"，努力营造高校出版社健康发展的良好环境。因此，转企后的大学出版社和所在大学要继续携手共创和谐发展的新篇章。

1.5.2 转企后大学出版社与大学关系的发展

(1)转企之后的大学出版社无论是国有独资还是投资主体多元化，都必须始终坚持社会主义意识形态。大学出版社是我国社会主义精神文明建设的重要阵地，要贯彻党的基本路线，坚持为人民服务、为社会主义服务的办社方向，实现"以科学的理论武装人，以正确的舆论引导人，以高尚的精神塑造人，以优秀的作品鼓舞人"。目前，大学作为出版社的投资人和唯一股东，要督促出版社认真贯彻执行党的路线、方针和政策，遵守国家的法律和有关规定，牢牢把握出版物内容的终审权，保证出版社坚持正确的出版导向。为了保证意识形态的不动摇，在以后逐步进行的投资主体多元化的过程中，也必须谨慎。可以根据市场具体情况和资源合理配置的需求，考虑大学出版社之间的相互融资，或是国有传媒类单位与大学出版社之间的融资。在时机适当的时候，也可以考虑民营资本和外资的融入，但须保证国有资本的绝对控股，防止国有资产的流失。最重要的是要在坚持正确的出版方向的前提下，同时实现国有资产的保值增值。

(2)设立出版基金支持公益性大学出版社的发展。按照《教育部、新闻出版总署关于高等学校出版体制改革工作实施方案》的规定，鉴于高校出版单位为高校教学科研服务定位所具有的差异性，以及发展规模、发展水平的不均衡性等因素，将"国防工业院校、民族院校等仅出版面向校内和特定行业所需出版物、基本上不依靠市场配置资源，不参与市场竞争的少数高校出版社，以及高校学报、学术性期刊和校报实行事业体制"。这些大学出版社社会公益性较强，在国家建设和社会发展中发挥着难以替代的作用，但由于所依托专业院校而创建，出版资源和选题范围较窄，读者市场也小，缺乏市场竞争基础。针对此情况，政府、行业、学校三者应共同努力，设立出版基金并实行一些优惠政策来扶持这类出版单位的发展，在这方面，可以参考国外的一些做法。以美国大学出版社为例，基金是其主要资金来源之一，既有财团基金、慈善捐款，也有政府基金。各大学对所属出版社也有财政补贴，如美国路易斯安那州州立大学每年给予出版社一定的学术出版补贴。此外，出版社也并不需要向大学上缴利润，大学更看重的是出版社为它带来的学术自由和良好声誉。优良的学术出版物有效地宣传了母体大学的研究成果，保障了学者发表和出版的自由，巩固了大学的学术地位。出版社也因为没有较大的经济压力而可以专注于学术著作的出版，从而为学术的发展和知识的传播做出贡献。

早在 1988 年《关于当前高校出版社改革的若干意见》的文件中，主管部门就提出"为了鼓励高校出版社出版学术著作，各校可以设立基金，或在科研事业费及相关科研项目中予以适当补贴"，并提出基金的来源可以有"学校各种预算外收入；出版社的部分收益；校友、海外侨胞、国际友人的赠款及企业和社会各界的赠款等"。保留事业体制的大学出版社可以继续参照这些条款，在政府、学校提供财政补贴之外，自身也要努力地去筹措扶持资金。

(3)改制后的大学出版社应依据自身的特色和拥有的资源，确立清晰合理的发展方向，根据出版社自身的人力、物力、资源及所依托的大学进行自我定位。除了少数规模较大的大学出版社进行集团化发展之外，大多数大学出版社应走专业化发展道路，实行特色出版。在大学出版社原有的专业出版形式和出版特色的基础上，利用改制后体制和机制上的优势，制订中长期出版计划，不断调整和完善出版品种，按照"高、精、尖"的标准真正实行个性化出版，品牌化经营。对于那些规模大、实力强的大学出版社，在以"学术出版"为出版主旋律的同时，可以适当探索出版其他类型的出版物。早在 1988 年《关于当前高校出版社改革的若干意见》中就有如下规定："按专业分工出书的现行体制下，高校出版社在保证教材和学术专著成为出版物前提下，可以出版一些本校专业范围内其他层次的图书以及少量相关或相近学科的图书。"适当地出版一些其他类型的图书，凭借大学出版社一贯的高品质，或许也可以收到不错的市场效果，以达到"以书养书"的经营效果。国外大学出版社就有这方面的例子，如美国大学出版社以学术出版为宗旨，但同时也出版一些受众更广泛的图书，像口述历史、诗歌、翻译其他语言的小说，有关美国不同地区的文化历史图书等。最近，北京师范大学出版社也在探索其他出版领域。由于教材出版是该社的主要经营品种，为了抵御未来不可知的经营风险，培育新的发行渠道，开拓新的消费市场，北师大出版社结合自身的教育出版背景，以教育、哲学、历史为主要内容，积极推进大众读物(包括少儿读物)的出版，推出了一批以《晨光倒影》、《与名人一起读书》、《母亲心》、《新编成语故事绘本》等为代表的畅销图书，实现了大众出版和少儿出版的突破，并探索出了适合自身特点的大众图书和少儿读物的运作方式。

1.5.3 转企后大学出版社继续坚持为教学科研服务的宗旨

转为企业后，大学出版社虽然面临着诸如市场份额、发货码洋等较重的市场竞争和生存压力，但是传承知识和弘扬文化、为教学科研建设服务的目标却是大学出版社不变的宗旨。为教学科研服务不仅是大学出版社与生俱来的文化使命，同时也是其重要的经济利润来源。据教育部社科司图书处公布的"2009年大学出版社经营情况"的统计数据：全国大学出版社在该年的税前纯利润为127751.91万元，其中高等教育部分（教材和教辅）的税前利润为46677.78万元，基础教育部分（教材和教辅）税前利润为26767.26万元，职业成人教育的税前利润为4036.06万元，社会教育部分的税前利润为2801.67万元，学术著作税前利润部分为4047.18万元。从上面的数据可以看出，为教学科研服务的出版是大学出版社主要的经济支柱。为教学科研服务的宗旨在大学出版社为事业单位的时候要坚持，在大学出版社转为企业后更要坚持。

以北京师范大学出版社为例，自建社以来，该社以教育出版为主体、专业出版和大众出版为两翼的发展定位，以优质教育资源的集成、开发、提供和服务为办社宗旨，形成了涵盖学前教育、基础教育、职业教育、高等教育、教师教育等领域的终身教育出版框架，成为国内优质教育资源的出版基地之一。转企改制后，出版社加大力度、加快速度推进图书结构转型，确定在教育出版中，以基础教育为基础，以职业教育和高等教育为龙头，此图书结构转型取得显著成效。至2009年年底，在出版社3500个动销品种中，职业教育教材、高等教育教材、学术专著为2000种，占到全部动销品种的56.6%。

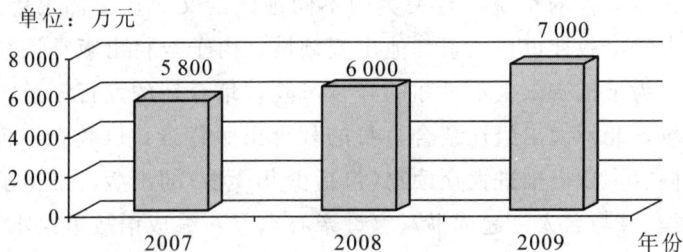

图4　2007—2009年北师大出版社高校教材、学术著作销售总码洋

在继续为教学科研服务的同时，大学出版社可以尝试与学校合作，共谋产学研一体化发展之路，此举是对双方资源的充分利用。结合学校深厚的学术资源和出版社丰富的实践机会，不仅可以为社会培养大批专业的出版人才，而且在学校和出版社之间架起一座直接交流的桥梁，使实践与理论结合得更加紧密。在这方面，北京师范大学出版社也已经迈出了实质性步伐。2005 年 1 月，北京师范大学出版科学研究院成立，该院由新闻出版总署和北京师范大学合作共办，是培养高层次出版专业人才的重要基地。作为我国高校第一家专门、独立的出版科学研究机构，该研究院已经培养了 200 余名编辑出版专业研究生。

总之，大学出版社作为我国出版事业的重要组成部分，应以服务高校、繁荣学术为其目标，遵循出版规律、教育规律和市场发展规律，积极地将自身做大做强，以求最终能如柳斌杰署长所期待的"努力营造高雅的文化氛围，恪守学术创新上的科学、自由与独立，坚持引领社会文化的批评精神与超然态度，追求大学的社会责任之大，追求大学的学问之新，以大气魄、大气派，引领社会的文化潮流"。

第二部分

转制背景下我国大学出版企业发展战略研究

　　在 2011 年全国新闻出版工作会议上，新闻出版总署署长柳斌杰指出，"十二五"时期，我国出版业仍是一个机遇大于挑战的态势：一是文化产业发展上升为国家战略，二是人民群众精神文化需求进入高速增长期，三是新闻出版体制改革的强力推进，四是科技进步特别是信息网络技术的迅猛发展和广泛应用，五是资本市场对文化产业的认同度不断提高，六是中国国际地位的日益提高和中华文化"走出去"步伐的持续加快，七是各级党委、政府的高度重视。

2.1 转制背景下我国大学出版企业面临的机遇与挑战

2.1.1 我国大学出版企业发展状况及问题综述

2.1.1.1 转制背景下我国大学出版业的发展机遇

30 年的风雨历程，大学出版企业发展飞速。大学出版社的数量从 1979 年的 4 家快速发展至 2000 年 100 家，稳定增加至 2010 年 108 家。2007 年，大学出版社的出书品种达 80280 种，出版总产值（总码洋）187.731 亿元，销售总值（总码洋）达 168.38 亿元，在国家整个出版业中，大学出版企业的出版物品种约占 30%，出版总产值（总码洋）约占 32%，销售总值（总码洋）约占 34%。[①] 在图书品种、销售总额、利润总额等各项指标中，大学出版企业与中央级出版社、地方出版社呈现"三分天下，有我其一"的格局。在发展进程上，华东师范大学出版社社长朱杰人认为"中国的大学出版社 30 年走过的是西方大学社用 100 年走完的道路"，而且在世界范围内中国的大学出版社将学术出版和商业出版结合得最好。[②]

随着近年来国家对文化建设的重视，大力加强文化建设，发展文化产业已提升为 2011 年国家的重点发展战略之一。温家宝总理在第十一届全国人大第三次会议上所作政府工作报告中明确提出，要大力发展文化产业，推动其成为国民经济支柱性产业。在 2011 年全国新闻出版工作会议上，新闻出版总署署长柳斌杰指出，"十二五"时期，我国出版业仍是一个机遇大于挑战的态势：一是文化产业发展上升为国家战略，二是人民群众精神文化需求进入高速增长期，三是新闻出版体制改革的强力推进，四是科技进步特别是信息网络技术的迅猛发展和广泛应用，五是资本市场对文化产业

---

① 王明舟.王明舟理事长在中国大学出版社协会纪念改革开放 30 周年大会上的讲话.大学出版信息，2008(12)

② 王东.大学出版 30 年——30 年走过了西方大学社 100 年的路.中国图书商报，2008—11—18

的认同度不断提高，六是中国国际地位的日益提高和中华文化"走出去"步伐的持续加快，七是各级党委、政府的高度重视。

当前，大学出版企业迎来了"第三次创业"浪潮，出现了 6 个值得关注的发展趋向，并有望借转制之机在新一轮竞争中重新洗牌。(1)资本化运作取得新突破。大学出版企业历经多次失败的并购，集团化发展的设想重新提上议事日程。不少大学出版企业纷纷酝酿实施资本运作方案，或整合资源，并入地方出版集团；或合资重组，成立高校出版集团，北京师范大学出版集团与安徽大学出版社实现了国内首例大学出版社的合资重组。(2)数字化发展势头迅速。外语教学与研究出版社、清华大学出版社、北京语言大学出版社、北京大学医学出版社等大学出版企业利用现代化出版技术，整合特色资源，已在平台建设、项目开发、数字化管理上取得一定成绩。(3)产权多元化付诸小范围实践。清华大学出版社、中国人民大学出版社、北京师范大学出版集团、陕西师范大学出版社等均以投资控股的形式，收编、重组、整合民营文化公司，意图利用"外脑"提升选题策划、编校加工、市场营销等竞争能力。(4)品牌建设蒸蒸日上。越来越多的品牌图书提升了大学出版企业的形象，大学出版企业的品牌价值逐渐获得业外肯定，在世界品牌实验室发布的"2009 中国 500 最具价值品牌"中，外语教学与研究出版社位列第 314 名，品牌价值达 23.92 亿元，成为唯一入选的大学出版企业。(5)"走出去"潜力较大。商务部、中宣部等 10 部门颁布的《2009－2010 年度国家文化出口重点企业目录》中，外语教学与研究出版社、北京语言大学出版社、中国人民大学出版社、北京大学出版社、浙江大学出版社、广西师范大学出版社以卓越的版权输出、产品输出成绩入选。(6)企业化经营方式多样化。大学出版企业异地开设分支机构，不再局限于信息中心、营销中心，而是倾向于设置选题策划中心、分支法人机构，分支机构管理者在经营上拥有更多的人事权和财权，在经营方式上更加自主灵活。

2.1.1.2 我国大学出版企业发展中存在的问题

2011 年 1 月，柳斌杰署长在全国新闻出版工作会议上指出，我国的新闻出版业在不同程度上存在"四个不完全适应"，具体而言：一、新闻出版产品和服务在数量上、质量上，还不能很好地满足人民群众的需求；二、产业规模较小、集中度较低，实力较弱、竞争力不强；三、微观主体的体制、机制还不健全，市场在资源配置中的基础性作用还未充分发挥；四、新闻出版的国际传播力、影响力还较弱，新闻出版产品和服务的国际竞争力还不强。

对于大学出版企业来说，长期依赖政策性资源和大学独特资源，一方面固然促进了大学出版企业的高速发展，另一方面也为其进行市场化竞争埋下了隐患。(1)企业发展格局不合理。大学出版企业发展的马太效应明显，依旧延续"中间大，两头小"，产业集中度低下的局面。《2009 年度全国大学出版社经营情况调查表》显示：销售码洋过 10 亿元的大学出版企业仅 2 家，分别是外语教学与研究出版社、北京师范大学出版集团；销售码洋在 1 亿元到 10 亿元(不包括 10 亿元)的 35 家，销售码洋在 5000 万元到 1亿元(不包括 1 亿元)的 33 家，销售码洋在 1000 万元到 5000 万元(不包括5000 万元)的 26 家，销售码洋低于 1000 万元(不包括 1000 万元)的 7 家。(2)产品结构不合理。2008 年，全国教材品种在图书产品结构中比例最高的前 100 名出版社中，其中有 62 家大学出版社，占大学出版社总数的71％；教材出版码洋前 100 家出版社中，其中有 32 家大学出版社，占大学出版社总数的 31％。[1] 2009 年，大学出版企业实现税前纯利润 12.78 亿元，其中高等教育、基础教育教材、教辅的税前纯利润达 7.37 亿元，占整个大学出版企业税前纯利润的 57.7％。一些大社创造的教材、教辅利润在本企业纯利润中所占比重，仍然保持在 60％以上的高位。[2] (3)大一统市场尚未形成。地方教材政策保护，地方行政力量干预，限制外版教材进入，如硬性分割本地区教材市场，将最大利润留给当地出版企业。即使外来教材最终进入，也将付出高额的代价，如通过地方出版社租型的方式，允许外版教材进入，从中攫取最大利润，导致大学出版企业的教材教辅利润空间逐年下降。(4)市场经营意识淡薄。我国大学出版企业最初是事业单位，后来发展为事业单位企业化管理，再发展到校办企业，事业化痕迹明显。一些大学出版企业在市场上寻找选题的意识不足，营销理念陈旧，渠道维护不力，导致自身发展陷入僵局。(5)内部运作机制不健全。一些大学出版企业把转制视作"换块招牌"，仍然沿用计划经济体制下的管理模式，内部机制运行无法与现代化企业制度相适应，暴露出管理层调动随意性大、

---

[1]　陈中原.《2008 年度全国教材出版分析报告》发布. 中国教育报，2010－01－08

[2]　资料来源：教育部社科司图书处《2009 年度全国大学出版社经营情况调查表》

绩效考核不合理、内部监督机制缺失或失效等诸多问题，导致企业效率低下、资源浪费。(6)经营管理水平不高。领导者风险意识薄弱，制订战略时缺少科学论证，甚至盲目作为；内部信息化建设不完善，导致选题雷同、资源共享难以实现；职能部门设置不合理，部门和员工分工不明确，利益归属无从裁断等。

2.1.2　转制背景下我国大学出版企业的发展定位问题

2.1.2.1　我国大学出版企业的发展定位

企业发展定位是指确定企业在整个企业链条系统中的位置、管理方式、行为方向和经营目标。大学出版企业的发展定位主要体现在基本定位、经营模式、业务统筹三个层面，其中经营模式上的发展定位属于中观层面，也是当前争议性较大、认识不统一的话题。

根据《教育部、新闻出版总署关于进一步推进高校出版社改革与发展的意见》，我国大学出版企业要建设一批拥有自主知识产权的知名品牌、有一定市场竞争力和国际影响力、大而强的出版企业；建设一批专业特色强，学术水平高，在相关专业出版领域中有较大影响的小而精的专业出版企业。这是推进高校出版社健康发展的要求之一。苏州大学出版社原总编辑吴培华在《大学出版社：走宽理性之路》一文中指出，打破初创阶段热衷于出版中小学教材教辅的局面，大学出版人的出版理念开始回归并走向成熟，其标志就是不同类型的出版社分别形成了自己发展的目标定位。[①] 因此，正确规划大学出版企业的发展定位，不仅符合教育部、新闻出版总署的整体战略布局，也是转制后大学出版企业以成熟的姿态打造市场主体、参与市场竞争的前提。

按照发展的规模，大学出版企业的发展定位可分为两类：（1）规模扩张型，体现外向发展的需求，如广西师范大学出版社"以教育产品出版为中心，以学术人文产品出版为亮点……重点实施人才培养、品牌建设、体制创新、集团化发展、外向型拓展和核心竞争力建构六大战略，以期将出版社建设成为富于人文精神和创新精神、具有较大国际影响的名社强社"。（2）战略收缩型，体现"有所为有所不为"的特点，如内蒙古大学出版社"突

---

① 吴培华．大学出版社：走宽理性之路．新闻出版报，2005－11－02

出民族特色、体现学术品位……以大中专教材为主体、以蒙古学学术著作为特色、以教辅助学读物为市场主打产品"。

依据业务发展，大学出版企业的发展定位也可分为两类：（1）综合发展型，体现多元发展的思路，如外语教学与研究出版社"以出版为中心，以教育培训和信息服务为两翼，数字化出版，产学研结合，建设成为一个综合性的教育服务提供商"。（2）专业特色型，体现品牌建设的规划，如北京语言大学出版社"坚定走特色化、专业化发展之路……全力打造一个集语言类图书、音像、电子、网络等多种媒体出版于一身的一流的国际型、专业化出版社"。

2.1.2.2　我国大学出版企业发展定位面临的困难

出版业转制是我国的历史性突破，加之大学出版企业主管单位的特殊性，缺少现成的可照搬的经验。国际上培生集团、贝塔斯曼集团、圣智学习集团、爱思唯尔集团等许多知名大出版集团曾经历了战略扩张到战略收缩，最终确立某一方面专业出版的优势地位。我国大学出版企业在应对市场竞争，创建市场竞争优势时必须作出正确的选择：是坚持单一门类出版，还是多样化出版并举？是从始至终坚持"专、精、特"，还是经历多样化出版到单一出版的"阵痛"？

实行"一刀切"的发展定位不符合国情、社情。不考虑大学出版企业所处的外部环境与自身条件，一味地固守小规模经营，主张全盘"专、精、尖"路线，甚至搬出国外大学出版企业"小而特"的主流发展模式，是对市场经济的逃避。不顾自身实力，片面主张"做大做强"，把"上市"定位为某任社长在任期间的政绩目标，是背离事实的激进主义。必须认识到，国外大学出版企业定位于服务大学的公益机构，市场化程度总体偏低，大学出版企业仅在学术出版市场上分到一杯羹，如美国90％的大学出版企业处于亏损状态，专业出版、教育出版、大众出版市场主要把持在门类齐全、市场化程度高的大出版集团。我国大学出版企业已转制为"自主经营，自负盈亏"的市场主体，与中央出版社、地方出版社"三分天下"，在教育出版、专业出版上的优势显著，但仍有30％的大学出版企业徘徊于中小社行列，面临着较大的经营风险。①

---

① 资料来源：教育部社科司图书处《2009 年度全国大学出版社经营情况调查表》

我国大学出版企业走"做大做强"之路，难度较社会上的出版社要大。(1)转制后，大学出版企业事企两重定位的问题未能从根本上得到解决。而大学出版企业转制后，在兼顾社会效益与经济效益的前提下，仍要处理好教学科研服务与市场化运作之间的矛盾，肩负两重包袱，不似社会上的出版企业定位明确、步履轻盈。(2)上游领导资源竞争不占优势。中央各部委、各级省政府(多是厅级)出版社资源来自中央部委、地方，而大学出版企业的资源主要来自大学，前两者背靠的资源优于大学出版企业，按照自上而下的信息传递顺序，大学出版企业一些信息的接收也会晚于前两者。(3)资本运作受限严重。《关于进一步推进新闻出版体制改革的指导意见》中指出："鼓励和支持中央和地方国有出版企业对中央各部门各单位所属出版单位进行联合重组。"大学出版企业似乎被有意排除出"做大做强"行列。① 由于大学出版企业是大学的一部分，几乎没有一个高校领导愿意将大学出版企业的资产剥离出去，使其成为其他出版集团、出版社收购、兼并的对象。

我国大学出版企业走"小而特"发展之路有一定的特殊性。据统计，2009 年我国大学出版企业中小社(码洋在 1 亿元以下)有 66 家，占大学出版企业总数的 64%② ，它们多数规模小、资本积累少、竞争力较弱，可以说走"小而特"发展道路将是多数中小型大学出版企业的现实选择。但与国外大学出版企业相比，我国中小型大学出版企业有着一定特殊性，如需承担向高校上缴利润的义务，生存与发展的压力大、负担重，而国外大学出版企业无须上缴利润，且有各种捐赠和基金作保证；我国一些大学出版企业同质化现象严重、品牌建设较差，而国外成功的中小社坚守专业出版，品牌特色鲜明。面对着社会上的出版社竞争，中小型大学出版社更显羸弱，如我国地大广袤，一些大学出版企业所在区域优势不足，出版资源匮乏；面对着国内大出版集团兼并重组的"鲸吞"，被整合或淘汰出局的风险较高。

---

① 姜革文 . 孤岛与孤岛突围——改制之后大学社的发展态势探索 . 出版广角，2010 (4)

② 资料来源：教育部社科司图书处《2009 年度全国大学出版社经营情况调查表》

2.1.3 转制背景下我国大学出版企业面临的机制问题

2.1.3.1 产权结构单一

产权结构单一导致政企不分。产权多元化是现代企业制度的内核，现阶段的转制仅将大学出版企业转为由大学唯一注资的国有企业，涉及产权层面的变革尚未进行。有关产权运作的问题，大学领导看法不一，一些大学领导积极配合转制步伐，努力为本校出版企业市场化运作创造条件；一些大学领导担心国有资产流失，纵使经营困难，也不愿意出版企业被其他机构兼并、收购；一些大学领导更愿意强化大学出版企业转制前的服务功能，仍视其为科研宣传窗口，为本校的学术资源出版提供便利。

产权结构单一导致领导者管理缺位。在现代企业制度下，产权与效益具有高度的对应性，即资本、财产的所有权说了算——谁拥有、谁决定，谁决定、谁负责，谁负责、谁收益，权利、责任、风险、收益十分对称。然而，由于产权结构单一，使得出版企业领导与普通职工在资产所有方面的地位一样，均处于一种"人人所有、人人皆无"的虚置状态，"一拍脑门决策"、"干多干少都一样"，由此出现权利与责任、收益与风险严重失衡的现象。

2.1.3.2 法人治理结构不健全

改制中过多关注解决人员问题，忽略核心内容——法人治理结构的建设。按照《公司法》，法人治理结构包括股东、董事会、监事会、经理四大部分。目前，我国大学出版企业尚未完全建立董事会、监事会、经理三者相互制衡的关系。

董事长既当裁判员，又当运动员。董事会的职责是最大限度地保障股东的利益，一旦董事会成员与经理层过度重合，较易出现经营决策权、业务执行权旁落入经理层的局面，偏离保障股东利益的初衷。一些大学出版社社长兼任董事长，就是明显的"内部人控制"行为。

董事会、监事会职责不明，带来越权现象。董事会的基本职能之一是监督评价经理层，使之与股东利益相一致。监事会则负责对公司财务检查、对高管人员行为及其违反公司利益时的监督与纠正。在"一股独大"的大学出版企业里，尤其在"内部人控制"的局面下，董事会以监督为借口，不当地干涉监事会，会导致企业内部监督陷入真空状态，从而加大企业风险，滋生高层腐败。

引进职业经理人的机制不完善。市场意义下的职业经理人来自于企业内部和社会两大块。我国大学出版社社长多为高校内部委任，有些社长正欲有所作为，却被学校一纸调任，以至于难以培养成熟型的职业经理人。比起社会上的出版社，人事任免复杂、股权激励不健全、企业文化差异等因素，使得社会职业经理人引进较为滞后。

2.1.3.3 发展战略模糊

发展战略更替频繁，缺乏理性思考与长远规划。转制前，社长任免权完全取决于高校领导，往往出现大学出版社社长业务刚刚上手或准备大展拳脚之际，就被一纸文件调任的情况，出版战略随着社长改换难以为继，进而滋生了一些社长安于眼前利益、缺少长远战略规划的做法。新任社长原系某学科教授，上任后不顾社里的出书规划、渠道特点，大力出版该学科图书，导致库存积压、回款不足。中国传媒大学出版社社长蔡翔认为，缺少理性地探讨出版发展规律和发展动向，是目前出版业发展的一个瓶颈，包括改制中出现的问题也是因为缺少一定的理论研究造成的。①

发展态度暧昧，战略走向不明。许多大学出版企业转制目的不明确，社里上下均把转制视作"换块招牌"，过度纠结于人员安置问题，对转制后下一步发展未有深入的考虑和规划，甚至持"观望"态度。对于自身发展定位缺乏科学评估，今天专注于教育出版，明天大力发展大众出版，导致企业内"金牛"项目无法发挥优势，"瘦狗"项目丛生。尤其是位于中游梯队的大学出版企业，做大做强或做专做精的决心不坚定，他们面临着双重矛盾：一方面缺少足够的资金和市场管理能力做大，另一方面缺乏紧缩品种和规模的勇气做小，市场行为多以"跟进"代替"创新"，导致自身陷入"不大不强"、"不小不精"的僵局。

2.2 我国大学出版企业总体发展战略的定位

企业的总体发展战略是指为实现企业总体目标，对企业未来发展方向

---

① 李彬，袁国女．蔡翔：按出版规律发展大学出版社．中国出版，2009(9)

做出的长期性和总体性战略。它是统筹各部分战略的全局性指导纲领，是企业最高管理层指导和控制企业的一切行为的最高行动纲领。综合上述定义，大学出版企业的总体战略是指为了实现企业内部的中长期发展目标，而在战略层面上做的总体规划，主要涉及进入战略、整合战略、多元化战略等。本章结合走做大做强路线的大学出版企业的战略选择，分析实施上述战略的必要性与实施要点。

2.2.1　进入战略——异地开拓

进入战略指出版企业为了进入一个新的经营领域，而对进入方式和进入渠道所采取的部署与举措。时下，大学出版企业异地开设分支机构的做法，就是实施进入战略的一种表现。

2.2.1.1　实施异地开拓的必要性

地域的限制成为阻碍我国大学出版企业发展的重要原因之一。截至2010年年底，我国大学出版企业总数为108家，东部地区大学出版企业64家，占总数的59.3%，其中北京25家，上海13家，占总数的35.2%，占东部地区的59.4%；中部地区大学出版企业27家，占25%；西部地区大学出版企业17家，占15.7%。我国大学出版企业的分布东部地区远高于中西部地区，尤以京沪两地的大学出版企业为重。地处偏远的大学出版企业受到地理位置的影响，选题资源、作者资源、渠道资源、出版信息、出版人才等资源有限，京沪等发达地区的大学出版企业虽然出版资源丰富，但苦于地方条块分割严重，产品动销情况、网点信息收集、读者服务等弱于地方出版社。

设立异地分支机构可以在一定程度上获取选题资源、作者资源、选题策划人资源及市场资源等。经过十多年的发展，出版社异地设分支机构取得了不错的成绩：选题资源获益，由于在北京有了据点，江苏科学技术出版社北京办事处最终取得由凤凰出版传媒集团全额投资，与中国长城学会合作的《中国长城志》大型专业志书最终花落该社北京办事处；成功吸引了金牌选题策划人，2003年"金黎组合"加盟长江文艺出版社，为其北京图书中心创造了不错的业绩；图书结构优化，2005年华中科技大学在天津开设建筑分社，4年间完成1亿元码洋的目标；市场占有率提升，接力出版社北京图书中心已经发展到60多人，成立了两个出版中心，让人们感觉接力社本来就是一家北京的出版社。

2.2.1.2　实施异地开拓战略的模式

（1）建立选题策划机构，由出版社全资或控股的文化公司，主要工作是挖掘当地的选题资源、作者资源，与本社的选题结构形成互补或强化优势，开展当地的营销工作，而印刷、发行工作交由总社处理。这种类型的公司代表是广西师范大学出版社的"贝贝特"公司、华中科技大学出版社天津分社等。

（2）建立发行公司，由出版社全资或与当地有实力的发行商合资的发行有限公司，负责本版图书在省区的销售工作。出版社看中的是当地市场的增量，公司以 5%～10% 的折扣利润为回报。如：高等教育出版社的蓝色畅想教育图书公司、上海外语教育出版社的外教社图书发行公司等。

（3）建立业务综合型机构，由出版社出资或全资的出版机构，集图书的编印发于一体，区别于按品种划分的分社。以世界图书出版公司北京、上海、广州、西安分公司为代表。

（4）建立信息中心，出版社在异地设办事处或专人，收集当地的市场推广、网店监控、客户服务、图书动销情况等信息。信息中心是较早的异地开拓模式，一般不产生利润。这种模式以外语教学与研究出版社信息中心、人民邮电出版社信息中心等为代表。

（5）建立服务机构，由出版社和书店合作共同成立，负责该出版社在该区域的市场推广、信息收集、选题开发、客户服务等工作。如大连理工大学出版社和华中科技大学出版社等均采取这种形式来开拓广西市场。

此外，20 世纪大学出版社尝试了图书发行代办站、个体承包的专门发行机构、异地派遣或签约营销代表、院校代表等异地营销模式，但多数已退出历史舞台。

2.2.1.3　实施异地开拓战略的要点

（1）制订异地开拓战略时，需要衡量自身实力、管理能力，选取最合适的进入规模。根据实力选择，从长期来看，进入规模较大的企业比较小的企业收益要早。抵御经营风险能力较强，实力充足、管理科学的大学出版集团、出版社更宜在异地开办策划机构、业务综合机构；实力弱小的中小社，如本版书在当地市场份额小，销售额在 1000 万元以内，较适宜设立带有市场推广性质的信息中心。对于一些发展规模偏小、长期致力于专业出版的中小社，它们的受众面较窄、出版方向相对专业，则没有异地发展的需要。根据经营项目选择，尝试新品种的选题开拓及后续推广，宜采用策划机构、业务综合机构、服务机构。延续教材开发，可灵活运作信息中心、服务机构等。提高异地市场占有率，则可更多地开办发行公司。

(2)管理层的建构是异地开拓的启动钥匙，甚至是决定成败的关键。分支机构管理层主要是总社派遣某个副社长，随带一两名业务负责人，"空降"至某一城市发展业务，也有从当地聘任选拔管理者的情况，这要求管理层具有很强的敬业精神和市场开拓能力。

为了提高选题运作效率，华中科技大学出版社对异地分社机构的管理层采取有限放权的做法，如下放人事权、财权、选题决定权、选题决策权、终审终校权、分社决策权、业务上的审批权等。其中，人事权和财权是最核心的两个权力，异地机构管理者拥有在当地招聘、提拔人才的权力，可以支配一定的财务开发项目、开展活动，这样做在一定程度上调动了异地机构管理层的主观能动性与工作积极性，也强化了他们自主经营、自负盈亏的经营意识。华中科技大学出版社北京分社初创时一位从武汉派任至京的负责人家中孩子不满 5 个月，而"睡不得地板，就做不得老板"是天津分社社长孙学良一路抓选题、跑发行、培养新人的座右铭。

(3)扩宽图书品种或强化优势项目是异地开拓的主要任务，获取优秀的选题资源、作者资源是异地开拓的重中之重。基于教材、教辅利润的压缩，华中科技大学出版社确立了以教育类为主，向教育出版、专业出版、大众出版三个方向转型的发展战略。做大众图书的同时，也是渠道建设之机。哪些书可以在同一渠道售卖是其选择图书品种"有所为有所不为"的依据，如经管、社科、励志、人生哲学、传记和畅销书一般都是在同一书店或通过二渠道批发商在市场销售，而文艺、少儿则不与之同售。为了降低进入时的风险，巩固优势品牌，江西高校出版社成立的北京东方沃野文化传播有限公司，仍以 0~6 岁儿童读物出版为主打。在作者、选题资源经营上，异地开拓起步较早的出版企业为后来者提供了一些经验，如长江文艺出版社"金黎组合"为争取崔永元自传，与崔永元通了 100 多次电话，30 多次面谈。广西师范大学出版社"贝贝特"公司坚持开发优质产品，选题通过率仅二十分之一左右，远低于一般出版社。

(4)异地分社承担了本社市场化运作先锋的角色。华中科技大学出版社提出了"市场图书运行体系"并逐步展开，分社在包括营销宣传、销售、渠道等在内的发行环节中都安排了专人负责。具体而言，分社还会通过目标读者特点与分销渠道特点的调查和分析来制订渠道建设的指导方案，并根据产品的特点来指导发行部门具体的操作。如该社对"物流"的诠释：从印刷厂出库开始，图书摆上书店货架，直到图书退货为止。该社尤其注重本版书在第一次发货的物流中流向哪些书店、哪个架位，要求图书入库后10天内在全国市场上看到货，强调图书在书店的摆放位置，新书区摆放50本新书时，要有4～5本是本社图书，如没有实现，业务员要去调整补充。

（5）必须注意，异地开拓应避免掉入主观发展的陷阱。①主社多元化发展的同时，必须坚持分支机构专业化发展。分支机构的主要任务是打造特色产品线，切忌"胡子眉毛一把抓"。②要有一定风险意识，警惕出版生态环境变化。防止过度聚集后产生的问题，如出版社把目光都集中在北京少数作者身上，造成了版税被过度抬高，影响了产业链的良性发展。③由于内部创业的收益时间较长，出版社的战略目标应该着重放在市场占有率上，而不是短期的赢利能力。

2.2.1.4　案例分析：北京贝贝特出版顾问有限公司的特色化运作

向非教育类图书转型，向资源优势地区渗透，广西师范大学出版社的"贝贝特出版顾问有限公司"模式是目前国内出版业异地开拓中最成功的发展模式。目前，广西师大社形成了"一个主体、五个车轮"的跨区域发展格局，"五个车轮"定位明确，各有侧重点：北京贝贝特主要定位于从事人文社科、艺术精品图书的策划出版工作，广州贝贝特偏重华南地区文教图书的策划经营业务，南京贝贝特主要进行文化类和教育类图书的策划经营，南宁贝贝特定位于教育教辅图书的出版与发行，上海贝贝特策划面向大学师生的社科文艺书籍，并积极地引进国外原版著作。

在发展的进程中，灵活的机制运作成为贝贝特发展的后盾。出版社与各下属企业和控股公司、参股公司之间，形成了以资产为纽带、业务为联结、独立考核、独立核算的经济关系。分支机构总经理均由出版社副社长、副总编辑甚至总编辑一级兼任，间接取得了出版社最核心的资源——审稿权；异地机构人才多由当地选拔，采用聘用制，从建立之初就隔绝了事业制作风；选题权和出版权仍归于社本部，遇上不同分支机构选题撞车的情况，由社本部协调处理；社本部委派主管会计负责公司的财务工作，每年组织一次对公司的财务审计和一次财务检查，以保证出版社资金的安全和公司的规范化经营。

相对于其他 4 家贝贝特公司，北京贝贝特特色鲜明、气质独特，它更加注重整体人文形象推广，市场营销力度更为强劲。广西师范大学出版社原社长肖启明表示，即便将经验告诉其他出版社，贝贝特也无法复制，因为小环境无法照搬。在灵活的机制运作下，北京贝贝特的独特之处，还体现在以下三点：

(1)注重经营作者队伍，不遗余力地为作者服务。共同的文化追求和彼此间的信任是作者与出版人合作的契机。2006 年，由北京贝贝特打造的《退步集》热销 30 万册，在该书出版之前，作者陈丹青就认准了刘瑞琳是他今后的唯一出版人，并向蔡国强等知名艺术家大力推荐贝贝特。贝贝特之所以能受到人们如此青睐，不是没有缘由的，在每一本图书出版前，贝贝特都会向作者提供完整的营销策划方案，并花最大力气配合，如贝贝特赶在白先勇昆曲《青春版〈牡丹亭〉》上演之际，主推白先勇《姹紫嫣红〈牡丹亭〉》一书，整个编辑部不仅充当义工，而且用于推广昆曲的精力大大超过了卖书，这一点令白先勇很感动。

(2)市场营销活动密集，且有针对性。北京贝贝特平均每周会做一次以上的营销活动，每年 70 余次，这个数字甚至超越了中国出版集团。在确定活动类型时，北京贝贝特公司会根据作者的特点做出选择。据公司营销负责人孙瑞岑介绍，在大众读者中有认知度，偏明星化的作者，如郎朗、何洁等，适合在大型图书卖场做签售；在某一类读者群中很有影响力的作者，如舒国治、张鸣、杨葵等，适合去特色书店做沙龙；而在大众与小众间都颇有号召力的作者，如陈丹青、梁文道、汪涵、林夕等，既做了不少大卖场签售，也做了很多沙龙、高校讲座。

(3)注重打造企业形象，营造良好的出版氛围。贝贝特是"Be Better"的音译，意为"更好"，体现其追逐高品质图书出版的动力。"为了人与书的相遇"这句口号广布在官方网页、博客及北京公司入口处，它将作者、读者和书三者共同构成了交流的主体，而编辑所做的就是为了促成这种相遇，它出自于 2006 年北京贝贝特有奖征集活动，作者是现任贝贝特艺术馆主编陈凌云。北京贝贝特选址于一座具有文化气息的红砖小楼，刻意避开写字楼浮躁的工作氛围。"喜欢书"、"理想主义"是贝贝特招聘人员的特定要求。

2.2.2 整合战略

整合战略是指出版企业通过资源整合来扩张其价值链活动，进而重构出版企业价值链，提高出版企业的整体赢利水平。基于价值链上下游的拓展方式，本节重点论述横向整合与纵向整合。

2.2.2.1 实施整合战略的必要性

实施整合战略是实现集团化的必由之路。面对着新闻出版总署提出"造大船出海"、两年打造三至五个"双百亿"大传媒集团的号召，江苏凤凰出版集团领跑在先。而我国大学出版企业以中小社居多，市场竞争力、抵御风险的能力相对较弱。"十二五"期间，集团化的冲击将成为我国大学出版企业发展所面临的重大挑战之一。事实上，集团化一直是大学出版企业长期思索的话题。结盟就是大学出版企业联合竞争的一种表现，历史上有"师大社"联盟、"四川省高校出版社联盟"，2010 年有 4 家大学出版企业加入的"中国童书联盟"等。实施整合战略最直接的效用就是增大企业的规模，强化企业的抗风险能力，打造企业市场竞争优势，它符合当下大学出版企业做大做强的战略需求。

实施整合战略是实现规模经济的有效途径。从单个出版企业主体来看，横向整合适合发展新产品，大学出版企业可以采取兼并、控股民营企业等形式，开发数字出版、动漫产品或新品种图书；从多个出版企业主体来看，横向整合有利于大学出版企业之间优势互补，符合当下大学出版企业重组、合并的需要。纵向整合适合走集约化发展的大学出版企业，有条件的大社可做前向、后向或两端整合，中小社可以参考纵向整合思路灵活开展。此外，整合战略没有脱离主业经营，相对于非相关型的多元化经营，风险性小得多，这也是有升级意愿的中小社的选择基点之一。

2.2.2.2 实施整合战略的模式

（1）横向整合

横向整合是在价值链的同一层面上获取、整合经营业务。出版企业通常会以内容为基础，整合与优势业务相关的项目，如：广西师范大学出版社集团、陕西师范大学教育出版集团整合杂志社；北京师范大学出版集团整合电子音像出版社、合资重组安徽大学出版社；公安部下属的群众出版社与中国人民公安大学出版社、国土资源部下属的地质出版社与中国地质大学出版社，借助转制之机，实现同一部门的出版企业合并，合并后分别以一家出版企业的身份出现。横向整合有利于扩大出版企业经济规模、经济范围，防御替代产品，减弱竞争威胁，满足读者"立体化"阅读期望。

（2）纵向整合

纵向整合实现价值链向前方或向后方延伸整合。出版企业可以前向整合到出版物经销零售环节，也可后向整合到材料供应及出版物印刷环节，如：北方联合出版集团前向整合兼并辽宁省62家新华书店，江西出版集团后向整合建立现代印刷基地，引入光盘生产线，北京师范大学出版集团、陕西师范大学出版社整合印刷厂。纵向整合可以避免为应付强有力的竞争供应方或购买方的威胁而加大市场成本所付出的代价，也可以带来联合作业的经济效应，从而降低成本，实现范围经济。

2.2.2.3　实施整合战略的要点

（1）整合举措是否符合本企业所经营的业务，需要有一系列严密的论证。一家出版企业实施整合战略，最终的目的是加强企业核心业务的竞争优势。是否执行该战略，应考虑四个方面的需求：一是建立进入壁垒，防止竞争对手进入企业的经营领域，这在完全竞争的出版业市场收效甚微，但在短期内对单产品运作有一定效力；二是投资专用资产，形成比竞争对手更好的差别化，既可以投资专用设备，如投资改善书店环境，使读者很自然地把书店和品牌联想到一起，也可以投资到专门的技术，如利用特色化资源开发数字出版；三是在同一个价值链上，提高产品、服务质量，如购并一座书城，可以实现图书上架的最优化，最快地获得图书的动销情况、读者反馈等；四是改变企业的投资组合，降低经营风险，如开设培训机构，并购杂志社、文化公司等相关行业部门，以达到分散风险，实现范围经济的目的。

（2）考虑整合的计划过程与实施过程两个阶段。首先，要制订整合指标，包括计划达到的市场增长率、市场占有率、进入行业的难易程度、资金密集或劳动密集程度、管理质量、获利能力和规模等，以此作为衡量整合战略成功与否的标准。其次，根据整合指标，确定原有经营业务与被整合企业的经营业务在职能和资源上的协同作用以及战略性的吻合程度，避免发生在行政捏合模式下资源不流通的情况，尽可能做到集约化生产，不增设冗余部门，不养闲人。最后，进入实施过程中企业要根据分析好的情况和制订出的计划工作进行落实，并随时校正偏差，解决新问题。

(3)警惕被其他出版企业反整合。如为了追求快速做大，在资金实力不强的情况下，盲目并购、发展产业链上的其他企业，导致出版企业控股的"金牛"公司落败为"瘦狗"，被迫转让控股权，丧失控股地位。为了预防反整合，大学出版企业应做好以下四个方面的工作：尽可能保持自己的经营优势和获利能力，给准备整合的企业施加压力；整合与对方相关的经营业务，提高自己与准备整合企业的抗衡能力；企业不断推进战略升级，用良好的利润和收益获得市场独立；保持一定数量的流动资金，以备紧急情况下的资金周转之需。

(4)大学出版企业实施整合战略，不能忽略外部环境。一般来说，一个部委名下可能有多家出版企业，一个省级新闻主管单位有多家出版企业，一家有资格办出版社的大学只有一到两家出版企业，全国 100 多家大学出版企业分属于 100 多家主管单位。由于主管单位不一致，涉及大学资产流动、国有资产保值增值等敏感问题，导致整合的难度较中央社、地方社要大得多，2003 年高教社与中山大学、吉林大学、天津大学名下出版社筹建高等教育出版集团以失败告终，目前涉及资本层面的横向整合仅有北师大出版集团与安徽大学出版社合资重组一例。实际上，大学出版人不缺乏战略眼光，如能获得新闻出版总署政策推动、校方允许，不少中小型大学出版企业愿意加入大学出版集团或地方出版集团，当下西南师范大学出版社、中央音乐学院出版社等已有这方面的动向。

2.2.2.4 案例分析：北京师范大学出版集团与安徽大学出版社合资重组

北京师范大学出版集团与安徽大学出版社的合资重组，成为我国大学出版企业资本扩张经营首例成功案例。半年来，安徽大学出版社有限责任公司的内部管理、市场竞争力迅速提升，在短期内实现了销售收入同比增长 71.6%，销售利润同比增长 165%，同时北京师范大学出版集团在安徽省乃至华东地区的业务发展有了较快拓展。战略成功的背后，是突破体制困难、发展现代化经营的经验探索：

(1)以合资重组的形式进行资本扩张经营，兼并收购不易实现。北师大出版集团最初设想购买安大社 50% 的股份，但是校方并未同意。后来的解决办法是以采取增资入股的方式，在安大社资产评估的基础上，拿出相应的资金入股，双方各持有新公司 50% 的股权，既破解了大学资产外流、重组后资产难以划分等难题，校方领导又能接受。

(2)谈合资重组应先取得对方高校领导认同，至少要经过两方校领导的商谈。两家大学出版企业直接接触，不能解决问题。在重组安大社之前，北师大出版集团曾与一家大学出版社商谈重组事宜，尽管对方出版社很有诚意，但该校领导不同意，最终没有成功。和安大社合资重组也不是一拍即合、一蹴而就的，为了促成此举，北师大校党委书记、出版社领导曾多次赴皖，后又经一位安徽省省委领导出面协调，多方、多次调动对方积极性，这才最终定下合资重组的详细方案。

(3)验明安大社总资产的真实性，确保合资重组中双方公平。在清产核资过程中，北师大出版集团派人把关清算过程，避免把不良资产按照良性资产纳入，如清理了报废物品、库存多年的图书等不良资产，处理了公车私用的问题，在一定程度上减少了资产负荷，保证了双方资产的真实性。

2.2.3　多元化战略

出版企业多元化经营是指出版企业为开辟新的经济增长点，规避企业的经营风险而同时进行与出版主业相关或不相关产品的生产经营活动。实现范围经济是出版企业发展多元化经营追求的结果。

出版企业多元化经营需要符合文化产业的特点，并有着特定的发展规律——专业化走向多元化，多元化回归专业化，这一过程并非改变出版企业性质，把出版社办成房地产公司、酒店、宾馆，而是出版企业通过规模调整、结构升级、资源整合、人才储备，完成变大、变强、变优的量变过程。

2.2.3.1　实施多元化战略的必要性

多元化经营是对大学出版企业主业的必要补充。相对于中央社、地方社，大学出版企业的出版范围较窄、出版资源来源较单一。1996 年至 2000年，教辅市场繁花似锦，全国 500 多家出版社(约占总数的 90% 以上)、千余家民营教辅书商均涉足教材、教辅出版。2000 年教辅主力"师大社"联合体迎来最后一个春天，由于国家教育部门对教辅读物管理失控，出版商进入教辅市场基本没有限制，导致教辅市场竞争无序，利润空间急速缩水，2003年"师大社"联合体集体遭遇"滑铁卢"。2003年至2006年，教辅市场严重萎缩、换血洗牌。如今的教辅市场，已被地方教育出版社、民营书商蚕食鲸吞，过去依靠教辅生存的大学出版企业大多"带着教辅"转型。实施多元化战略，可以在一定程度上突破大学出版企业出版资源、资金限制，改变过度依赖教材、教辅的困境，促进图书结构调整，降低经营风险。

对于一些核心产品稳固、人力资本充足、管理水平先进的大学出版企业，寻求做大做强的机遇才是发展的突破口。高等教育出版社原社长李朋义认为，中国出版业的现状跟国外20世纪80年代的情况类似，如何把产业的规模快速地做大是当前发展的重点。① 在第23届全国大学出版社图书订货会上，新闻出版总署新闻发言人、办公厅主任刘建国表示，在新的体制下，大学出版企业必须依托大学资源、作者智力资源、技术支撑资源，谋求特色定位，进行错位发展，做大做强主业，兴旺发达副业，内求内涵发展，外求拓展联合，谋求转制后的股份制发展和连锁经营甚至企业上市，才是大学出版企业生存发展的必由之道。②

2.2.3.2 实施多元化经营的模式

（1）进入与主业关联度较小的行业。它可以分散主业风险，快速获得投资回报，为反哺主业提供大量资金，同时有利于在新领域里搭建渠道、培养人才等。如：房地产经营，凤凰出版传媒集团、安徽出版集团、重庆出版集团、江西省出版集团等地方出版集团均涉足房产经营，其中重庆出版集团盛博实业公司联合民营房地产企业组建了正式的房地产公司；医药公司，安徽出版集团控股安徽省医药集团股份有限公司，组建了安徽华文医药物流有限公司；旅游业，安徽出版集团重组安徽省中国旅行社；金融领域，2009年，凤凰出版集团旗下凤凰置业投资股份有限公司在北京银行发行20亿中期票据，成为国内首家发行银行债的文化企业。

（2）进入与主业关联度较大的行业。如：数字出版，上海世纪出版集团首发由出版机构出品的电子阅读器"辞海悦读器"；印务纸业，中国出版

---

① 李朋义.多元化与专业化应该并举.出版参考，2009(6)

② 冯文礼.大学出版社：抓机遇破困局做强做优.新闻出版报，2010－11－01

集团公司推出了"中版闪印王"集成式按需印刷系统，占据了国内按需印刷技术的制高点；动漫产业，安徽出版集团成立时代漫游公司，专门进行动漫及衍生增值产品开发。由于多种经营式整合风险较大，我国大学出版企业大多持观望态度，但是一旦出版业进入大规模的资本经营阶段，这势必也是大学出版企业未来发展的一条路。目前，外研社国际会议中心是带有明显多元化色彩的经营机构，它由外研社与北京外国语大学共同兴建，集会议、培训、餐饮、住宿、娱乐、休闲于一体。

2.2.3.3　实施多元化经营的要点

（1）尽量围绕主业进行优势领域的多元化经营。出版企业相关优势资源是实施多元化经营战略的基础，多元化经营一般不应完全脱离其具有绝对优势资源的出版主营业务及出版物主导产品，更不要造成对它们的削弱或取代。业外有许多正反面例子：本田公司围绕着核心技术发动机，开展多元化经营，最终实现了做大做强；原本经营高科技的巨人集团，追逐房地产、生物保健品热潮，最终将自己送上了破产之路。大学出版企业要依托大学的优势，投资与出版共生、关联或互补的项目，对出版企业现有出版资源进行合理配置、深度开发、全方位拓展，否则就有可能蜕变成"挂着大学出版招牌的地产公司、金融投资公司"，或在"胡子眉毛一把抓"的情况下惨淡收场。

开发教育培训是大学出版企业多元化发展的一重思路。南京师范大学出版社总编辑周海忠认为"教育培训是大学社产业化成长最值得关注及投资的领域"，他指出了大学出版企业投资教育培训的七大优势——对教育的熟悉程度高、可依托大学品牌、有着丰富的教育培训经验、将促进出版主业的健康发展、有助于数字化平台的打造、中国的培训市场潜力巨大、可开发面向特定人群的教材。[①]　如今，教育培训已在我国大学出版企业内崭露头角。北京师范大学出版科学研究院是新闻出版总署、北京师范大学、北京师范大学出版集团共办的出版科学研究机构，它以为我国出版业的改革和发展提供理论支持、培养人才为重要目标，已培养编辑出版专业硕士研究生和博士研究生200多名，并举办了包括台湾出版人高级研修班在内的一系列专业培训课程。北京外国语大学外研培训中心是外研社国际

---

① 周海忠. 教育培训：大学社产业化的新关注点. 出版参考，2010(2)

会议中心的重要组成部门，它充分利用了北京外国语大学外语教学第一学府及外研社外语类出版第一大社的品牌优势，开展大中小学英语师资培训、出国留学强化培训、出国人员强化培训、国外大学预科班等培训。

（2）实施多元化经营的同时一定要坚守主业、反哺主业。根据国际传媒集团的经营规律，无论是在前期的多元化扩张阶段，还是在后期的专业化收缩阶段，都始终维持着某一专业出版的领先地位。由此提醒我国大学出版企业的多元化之路在任何时候都不应该放松主业经营，大学出版企业实施多元化战略时，可以参考时代出版传媒公司董事长王亚飞提出的辅业反哺主业指标，以此防止大学出版企业的发展脱离出版轨道，具体包括：辅业与主业经营主体分工是否明确；是否支撑了主业、壮大了主业发展根基；是否为主业进步发挥了人才蓄水池的作用；是否为培育新媒体、新业态、新技术发挥孵化器作用；是否为主业发展搭建更加广阔的平台等。①

（3）凭借出版社的优势，开展产权多元化运作。出版集团具有很多一般地产商所不具备的优势，如资金的优势、信贷能力的优势、信誉的优势等，而这正是双方合作的基础。大学出版企业可以汲取国企改革中的做法，在优势领域、重点发展领域，在绝对控股的前提下，主动分散一方面的股权，实施兼并、重组；在弱势领域、新进入领域可以采用参股的形式，这样做虽然削减了单个国有资产的股份，但却扩大了整体控股和经营赢利的范围。

（4）配备资本运作的相应人才，打造管理团队。资本运作、上市融资有一系列复杂的条文规范、流程操作，既懂出版又懂战略投资的人才有限，这就要求管理层提升自身的战略水平。①培养复合型人才。一方面选拔内部人士参加职业培训，组织参与资本运作的管理层，参加 EMBA 等高级研修课程，从理论上提升战略制订、经营决策能力，以及资源整合与资本运营能力，培训一批具有战略眼光、长期管理经验的管理层；另一方面在招聘中引进成熟的金融人才，促其熟悉出版行业主要业务和经营现状，发挥其在企业战略决策上的作用。②优化管理层的团队组合。管理层多做编辑、发行出身，资本运作并非强项，一定要吸纳有资本运作的内行企业家，形成外行搭配内行的格局，有条件的出版企业甚至要组建资本运作的

---

① 熊润频．王亚非：多元化发展之路让出版主业更强大．新华社，2010－05－17

专业化团队。尤其对于开发房地产、宾馆等多种经营式整合的出版企业，合作对象的核心技术、运作平台、渠道覆盖、企业文化可能与出版业完全分割，出版企业可以在与地产商合作中逐渐培养自己的房地产人才。

(5)警惕多元化经营的风险。①多元化经营有较高的进入风险成本。如出版企业为了打破地方保护主义，与竞争对手进行产品差异、服务质量与特色、价格水平竞争付出的成本；出版企业转移投资方向、开发新项目、组织新机构、配置新资源时，产生的高额开发成本和管理成本。一旦经营失败，巨额的沉没成本有可能直接影响出版企业的生存与发展。②多元化经营将会削减企业的核心竞争力。出版企业的人力、财力、物力等资源都是有限的，甚至是稀缺的，开辟新领域要将有限的资源转移到陌生业务，有可能会削弱原有竞争优势，让其他竞争对手有机可乘。在主业产品尚处生命周期早期阶段，经营实力尚未夯实的情况下，出版企业切勿过早过多进入其他行业，这样做不仅影响新产品的开拓，还会使得原有的市场份额、优势地位削减。③多元化经营中产业选择困难，人才储备不足。一些出版企业开展多元化经营，受到市场上虚假繁荣信息的利诱，贸然进入陌生领域，盲目扩大经营范围，这样做不但缺少科学论证和风险意识，而且连最重要的专业人才和行业经验也储备不足，其结果多是功败垂成。

2.2.3.4　案例分析：华盛顿邮报集团收购卡普兰公司

我国大学出版企业尚处于多元化整合的起步阶段，运作多元化战略的经验较少。本小节借鉴美国卡普兰教育集团的案例，说明我国新闻出版企业开展多元化经营的要点和应避免的误区。

美国卡普兰教育集团是美国华盛顿邮报集团全资拥有的子公司，在世界范围内提供幼儿教育、考试培训、高等教育和职业教育相关的服务。早在1984年，华盛顿邮报集团以4500万美元收购了犹太人卡普兰创办的美国SAT应试培训机构，如今卡普兰公司成为比《华盛顿邮报》本身身价还高的分支，年收入达23亿美元。

重视大环境变化，选择最恰当的收购时机。《华盛顿邮报》董事看中报业没落、培训业上升的时机，低价收购卡普兰，但收购之后处境并不尽如人意，营业时有亏损，1991年至1997年间甚至没有取得很大的改善。然而，作为华盛顿邮报公司非执行董事的沃伦·巴菲特相信：教育更值得出资一搏，并在事关卡普兰发展壮大的重要收购行动上总是投出赞成票。

用人得当，在多元化发展中培养跨行业人才。1994年，在卡普兰垂危之际，乔纳森从《华盛顿邮报》旗下的《新闻周刊》市场总监位置调任至卡普兰担任首席执行官（Chief Executive Officer，CEO），他在任期间大胆招募新的管理人，用他自己的话说"这些人以前从事的行业使你想不到他会转行从事我们这个行业"，一位名叫安德鲁·罗森的律师被乔纳森招揽为卡普兰高等教育公司的CEO，成为卡普兰的得力干将。

不断地进行战略投资和并购，成为全世界三大教育培训机构之一。全方位扩张：1996年，卡普兰正式进入幼儿教育市场，第一个兼并的是经营少儿课外辅导中心的Score公司；1998年，卡普兰正式进入了职业培训市场，旗下的Concord法律学院成为全球首个完全提供在线课程的法律学院；2000年，卡普兰收购了向护士和软件工程师提供大学学位的亚特兰大Quest教育集团，此后，由Quest更名而来的卡普兰高等教育公司，成为卡普兰主要的收益来源。海外扩张：1993年，卡普兰将业务拓展至海外，在英国伦敦成立了考试培训机构，又通过收购都柏林商学院以及新加坡亚太管理学院（APMI）拓展自己在高等教育领域的疆土；2003年，卡普兰进一步开拓其海外市场，成功进入爱尔兰市场；2005年，卡普兰进入以色列考试培训市场，将其考试培训的业务延伸到全世界19个国家中；2006年，卡普兰收购了伦敦的Aspect公司，成为全球最大的学术英语课程提供者之一；同年，卡普兰将其金融以及房地产的职业培训业务引入了澳大利亚。通过并购，卡普兰在全球的分支机构超过了600个，以及2.5万名员工和超过100万名学生。

这桩收购事件的最大败笔是辅业反哺主业的力度不足，《华盛顿邮报》甚至被新闻人员戏称为教育公司。如今，卡普兰收入已经超过了集团总收入的一半以上，而其老牌的报纸产业却在步步衰退，只占总收入的21%。然而《华盛顿邮报》似乎并不忌讳，2008年将自身定位改为"一家教育和媒体公司"，董事会似乎有意缩小纸质报业的经营规模，并试图通过教育培训的网络化，完成自身向数字报业的转型。

2.2.4 "走出去"发展战略

"走出去"发展战略是指我国书、报、刊、电子音像制品等出版资源的对外输出，包括产品输出和资本输出两种方式：前者以图书出口、版权贸易、国际出版项目合作等方式，向境外提供产品；后者通过设立业务中心、生产经营机构以及海外并购行为，向境外延伸生产、营销能力。

2.2.4.1　实施"走出去"发展战略的必要性

实施"走出去"发展战略是树立大国形象，增强文化软实力的迫切要求。2010 年第二季度，我国 GDP 超越日本，成为世界第二大经济体。然而，我国的对外文化宣传尚不能与大国形象相匹配。多年来，我国出口图书以中医、美食和气功为主，反映当代中国社会发生的变化和成就的作品较少，加之一些外国媒体对中国形象的描述有失公允，在报纸、图书中过分夸大中国经济高速发展中的现象，鼓吹中国威胁论，力图将中国妖魔化，导致中国的国际形象受损。推动大学出版企业实施"走出去"战略，打造一批反映中国时代特征的学术精品、文化佳作，开设一些海外分支机构传播中华文化，有助于国际人士客观、公正地认知中国，有助于重塑中国文化大国的形象。

实施"走出去"发展战略是改变我国图书进出口贸易长期逆差的重要举措。21 世纪初，我国图书进出口贸易逆差一度高达 17∶1、15∶1。长期的图书贸易逆差导致我国出版社在国际版权贸易中处于被动地位，国内出版的原创性动力不足，一定程度上依赖于国外文化，进而影响着我国在国际文化交流中的话语权。改变我国图书进出口贸易长期逆差的局面，大学出版企业具有明显的资源优势：大学出版企业背靠大学资源，具有与大学密不可分的品牌优势，产品的教学科研水平普遍较高，翻译人才较容易引进，一些大学出版企业较早地开展海外贸易，积累了丰富的客户、渠道资源。针对新闻出版总署对外交流与合作司司长张福海提出的"力争'十二五'末版权输出和合作出版数量突破 6000 项，输出引进比例达到 1∶2，金额年均增长 10％"[①]，大学出版企业大有可为。

2.2.4.2　实施"走出去"发展战略的模式

(1)图书成品输出，这是最基础、应用最广的"走出去"方式，对图书的选题、翻译要求较高。如"2009 年度输出版优秀图书奖"获奖图书——中国人民大学出版社《中国佛教文化》、北京大学出版社《传统与现代：人文

---

① 韩冰. 新闻出版"走出去"机遇. 瞭望新闻周刊，2011(10)：77

主义的视角》和北京工业大学出版社《维生素是毒还是药》等。①

（2）版权贸易，要求出版企业拥有一批优秀的版权贸易人才、翻译人才，熟悉国际图书贸易法则，挖掘适销对路的中外图书，做好"走出去"和"引进来"工作。北京语言大学出版社积极开展对外汉语教材版权输出业务，多年来位居我国版权输出前列，版权输出已成为其图书"走出去"的一种重要形式和新的经济增长点。

（3）项目合作，中外出版企业就图书出版的某一环节进行合作，要求双方具有取长补短的合作优势，同时注意合作中的责任与利益分配问题。如外研社和牛津大学出版社合作出版李岚清同志的《突围——国门初开的岁月》英文版，中国人民大学出版社与剑桥大学出版社签约出版《中国美术》（四卷本）英文版等。

（4）海外设业务中心，其可操作性较强，成本代价较小，既可以采集选题资源，也可以与国外出版社开展合作出版，并借助它们的优势发行渠道推介产品。如外研社在北美及欧洲设立的海外业务中心，在信息收集、活动策划及市场销售等方面工作进展良好。

（5）海外设分社，这类的出版企业往往定位为国际性出版社，拥有大规模的海外业务量，熟悉国际化出版规则，并能够运用成熟的国际出版平台，挖掘选题、作者资源，构建渠道优势。中国国际出版集团早于1998年在泰国曼谷，成立了中国第一家出版社海外分社。近年来，中国青年出版总社、人民卫生出版社、中国出版集团等陆续在海外成立分社，北京语言大学出版社也将于近期筹建海外分社。

（6）海外收购行为，往往是一家出版企业为了实现自我互补或攻入某一市场，通过收购他国出版企业，取得差异化优势，其收益高，风险也最大。海外收购出版机构不涉及国内大学出版企业兼并重组中的敏感问题，为走国际路线发展的大学出版企业提供前景参考。2002年，外文局联合香港联合出版集团收购了中国书刊社（一家美国公司），系国内首次收购外国发行公司；同年，外文局和香港联合出版集团在美共同注资成立长河出版社。此番举动的最大收益是建立起中国图书在美国最好的发行渠道。

---

① 第九届（2009年度）输出版、引进版优秀图书评选结果. 出版参考，2010(17)：10

2.2.4.3　实施"走出去"发展战略的要点

(1)产品开发应尽量符合国际化定位。国际化出版是一把双刃剑，一方面可将优秀出版企业推向国际市场；另一方面，专业过窄、市场很小、应变能力弱的出版企业，可能首先被淘汰出局。剑桥大学出版社亚太区行政总裁包睿思(Mr. Christopher Boughton)认为剑桥大学出版社成功的秘诀源自出版社的多样性发展，不要仅仅出版所属大学的资源，应把受众目标定位为全世界的读者。在实际操作中，剑桥大学出版社不会出版太多有关剑桥郡或有关英国的读物，因为这不符合大多数读者的兴趣。他们有三万六千多名作者，其中一半来自美国，只有很少一部分来自剑桥。

开发面向国际市场的图书，应该注意以下几方面：在写作风格上，不要试图宣扬一种意识形态，应容纳不同意识形态下的观点，鼓励学术上的争辩；在选择作者时，要考虑其是否具有海外知名度，如果图书品质好、作者知名度却不高，可以考虑与国外知名作者联合出版，或邀请国外知名人士为其撰写前言；在文字翻译上，考虑语言表述、人文风俗的差异，应尽可能选择母语是该外国语言的人士操作。此外，图书的内文设计、装帧印刷、市场服务的中外差异也影响着图书售卖，中国出版企业要尽早熟悉国际上的通行做法。

(2)围绕着品牌产品，扩大全球影响力。牛津大学出版社的核心战略是品牌战略，《牛津英语词典》是当前世界上规模最大、最权威的英语词典。围绕着这一品牌产品，牛津大学出版社出版了各种类型的词典，包括面向儿童的图解词典、家用参考词典和各种语言的双语词典，成为英语词典界当之无愧的权威。基于品牌优势，牛津大学出版社乐意授权他国翻译词典、图书，开发电子产品，如：牛津参考书数据库已经授权日本精工株式会社生产掌上数字词典。如今，牛津大学出版社不仅是英国第三大教材教辅出版商，还是西班牙、东亚和东南亚教材教辅市场的主要出版商，非洲和亚洲市场上最大的英式英语教材教辅出版商，美国市场上美式英语教材教辅的主要出版商。

(3)采用灵活的合作方式。牛津大学出版社在全球设立50多个分支机构，以保证选题与营销的顺利进行，其一贯的做法是在暂时不能获得较好市场回报的地方，通过和第三方(通常是当地有实力的出版商)合作的形式，控制投资，创造市场；当市场培育成熟后，他们就加大投资，接管市场，转向传统经营的图书投资生产与营销零售一体化战略。海外收购需要大学出版企业量力而行，对自身综合实力、市场化运作程度、人员结构是极大的考验，当出版社发展到一个阶段，也应在规模上有所控制。牛津大学出版社近年来放缓全球收购脚步，专业人士预测未来牛津大学出版社不倾向收购行为，也不可能让别家收购。

(4)利用数字化出版，打开全球销路。相比较于大众图书，电子化后的学术图书、工具书便于信息检索，更加适合网络环境下读者的学习要求，而相当一部分颇具盛名的品牌学术图书、工具书、教学图书集中在大学出版市场。牛津大学出版社的工具书电子化后，定价是纸质图书的150%；学术图书电子化后，定价是纸质图书的135%，如今数字化工具书的收入约占工具书总收入的88%。在销售策略上，牛津大学出版社采用"二次售卖"的产品售卖模式，不仅售卖纸质图书，还在网上销售电子图书及增值服务；运用"长尾理论"，赢取热销电子书的码洋利润，滞销电子书的广告收入——当一本电子书的售卖进入产品生命周期的衰退期，就免费放到网上，获得广告收入。

2.2.4.4　案例分析：剑桥大学出版社的海外发展战略

由于国内大学出版企业成熟的"走出去"案例较少，故选取剑桥大学出版社为本节案例。其中，项目合作在我国大学出版企业发展中具有现实的借鉴意义，资本扩张、全球数字出版规划将为我国大学出版社企业未来发展指明道路。

剑桥大学出版社以"在全球范围内推动知识、教育、学习和研究的发展"为己任，在科学技术、人文社科、医学、工程技术图书出版方面享有全球美誉。它在北美、欧洲、非洲、南美、伊比利亚半岛和东亚地区设立了诸多分支机构，先后在中国的台湾、香港、北京、上海、广州设立办事处，在中国的主要业务是销售原版图书、转让版权、合作出版。

资本扩张是剑桥大学出版社迅速做大做强的途径。剑桥大学出版社在2003年遭遇经营困难，在坚持学术出版的前提下，作出了一系列战略上的调整。2004年，剑桥大学出版社收购了 Greenwich Medical Media 和 T. M. C. Press，获得了医药(尤其是麻醉，神经外科)和法律方面的出版优势。2006年7月，剑桥大学出版社收购了 CABI(Center for Agriculture and Bioscience International)的期刊部，CABI 的 15 种关于生物、农学和营养学方面的高质量学术期刊的加入，极大地提升了剑桥大学出版社在生命科学及 STM(Science、Technology、Medicine，科学、技术、医学)方面的期刊出版水准。同期，剑桥大学出版社收购印度基金图书出版发行公司 51%的股份，将其重组为"剑桥大学出版社印度公司"，如今的亚太市场已成为剑桥大学出版社在全球最有活力的市场。

项目合作是剑桥大学出版社与中国出版企业合作的主线，尤以本土化出版为亮点。据剑桥大学出版社大中华区总裁袁江女士介绍，"剑桥中国文库"项目首次将中国选题成系列成规模地引进西方市场，剑桥大学出版社在引入图书上不重蹈"西方读者更偏好于本国作者撰写的书籍"的做法，而是邀请中国作者撰写本国图书，用于海内外学术交流。2009 年，首批入选"剑桥中国文库"的三套书分别是五洲传播出版社的"人文中国系列丛书"、北京大学出版社的《中华文明史》和高等教育出版社的《高等数学引论》。2010 年北京国际图书博览会期间，剑桥大学出版社就该项目与中国人民大学出版社等 10 余家出版社展开专门会谈。

高瞻远瞩的数字出版规划将为剑桥大学出版社创造全球发展的新看点。剑桥大学出版社从 10 年前开始着手数字出版，已成功开发"期刊在线"、"电子图书在线"等各种各样的数字产品和学习网站，构架了与教材搭配的英语在线学习系统和电子互动白板等最新教学软件，内部建起了涵盖作者资料数据库、作者合同数据库、市场销售预测数据库等 197 种信息管理系统。在开发数字出版过程中，出版社以自身的品牌吸引国外技术商，借助国外技术商的品牌扩大当地市场。如与日本的消费电子巨头日立公司合作，二者在开发交互式电子白板(IWBs)上传课件项目中的目标市场一致，双方通过市场合作最大限度地拓宽了在特定的政治和市场的影响领域；与另一家交互式电子白板生产商智能技术公司合作，获得了大量原本已经是智能技术公司顾客的学校客户，而无须再投资雇用营销人员或花钱举办各种营销活动。

2.3　我国大学出版企业竞争战略的定位

竞争战略，又称为业务层次战略或者 SBU(Strategic Business Unit，战略事业单元)战略，它是在企业总体战略的制约下，指导和管理具体战略经营单位的计划和行动。依据竞争战略的概念，出版企业的竞争战略可理解为以出版企业的发展战略为导向，在运营过程中具体的竞争计划与行动，它通过确定读者需求、竞争者产品及出版企业自身产品这三者之间的关系，来奠定并维持出版企业的品牌地位。

眼下，一批中小型大学出版企业尚存品牌建设不足、综合实力较弱等劣势，走专、精、特路线将是绝大多数中小社的必然选择。本章重点研究以品牌建设为主的竞争战略，包括迈克·波特的成本领先战略、差异化竞争战略和菲利普·科特勒的利基战略，进而为大学出版企业竞争扩展思路。

2.3.1 成本领先战略

成本领先战略是指出版企业主要依靠追求规模经济、专有技术、优惠的原材料，以及在编辑、出版、营销等生产经营过程的每个环节及日常管理中严格控制成本，以低于竞争对手的成本提供出版物产品，来获得较大的市场份额和较高的利润。

2.3.1.1 实施成本领先战略的必要性

成本领先战略是处于优势竞争者常用的手段。采用成本领先战略的出版企业，往往为某一出版领域的优势者，较强的经济实力、较高的市场份额使其易于开展大规模生产，降低生产成本，从而保持成本领先地位。此时，该企业只要将价格控制在产业平均或接近平均的水平，就能获取优于平均水平的经营业绩；在与对手相当或相对较低的价位上，该出版企业的低成本优势也将转化为高收益。

实施成本领先战略是开拓市场的有效途径。在图书品质相仿的情况下，价格优势是决定读者购买的第一位因素。出版企业前期利用低价位的优势，可以迅速占领目标市场，迫使市场认知度不高的同类产品退出该领域竞争；后期通过不断巩固市场份额，进入资源重组阶段，弥补前期的亏损，取得更高的经济效益，树立自身的品牌。

实施成本领先战略是推动企业改善经营管理的动力。如果一家出版企业取得成本优势的门槛较低，如仅靠更新产品制作工艺取得成本优势，往往会在短期内被竞争对手效仿，甚至超越。要想取得长期的成本领先优势，出版企业就必须更新经营理念，如建立相应的成本管理机制，采用先进的市场营销手段等。

2.3.1.2   实施成本领先战略的要点

(1)成本领先战略要求出版企业是真正的成本领先者，而不是竞争这一地位的几个出版企业之一。如果出版企业在某一方面的成本优势较容易被竞争对手超越，出版企业则不宜开展成本领先战略。因为随着时间的推移，产业平均水平的提高，这种成本优势将会丧失。所以，成本领先是一种强调先发制人的战略。出版企业必须发现和开发所有成本优势资源，如通过大规模生产、建立现代化经营理念、提高营销策略和提升人员素质等方式，以确保自身的领先地位。

(2)建立现代化的经营理念和严格的成本控制。提高成本管理水平，是现代化出版经济管理的重要特征。在成本管理方面，北京师范大学出版集团把"科学控制成本，进一步提高利润率"作为财务预算管理的核心任务，展开了一系列行之有效的建设：全社采用目标成本管理，严格控制各部门、各项目年度成本预算，包括管理费、设备购置费、编录经费、稿酬、印制成本、培训费等方面，各部门均需提出经费支出计划和落实措施，个人收入与成本管理相联系；实行财务支出预警制，财务部门通过制定经费支出标准，加强监督力度；制定节约成本的规章制度，在全员中树立"珍惜资源，有效使用资源，减少资源浪费"的观念。

(3)在保证质量的前提下，采用节约纸料、优化版式等产品制作工艺，可以降低直接生产成本。纸料占生产成本的40%左右，实际操作中可以采取尽量凑足整印张，选择合适的开本，拼版印刷，适当减少伸放数等做法节约纸料。在制作过程中，警惕一味追求低成本，影响产品及服务质量的行为。前几年，一些出版企业为了节约教辅生产成本，使用小五号字压缩版面、减少纸张费用，影响了中小学生的正常阅读，给教辅出版带来了负面影响。

(4)以保证出版物生产项目达标为条件，寻找工价优惠的印刷企业。综合考虑图书的印刷质量与读者的承受力，才能生产出性价比高的图书，赢得读者的信赖。作家出版社出版部根据"民营印刷企业有价格优势，国有印刷企业有规模优势，合资或外资印刷企业有管理和质量优势"的特点，选择北京印刷三厂、北京新华印刷厂等国有印刷厂商印制普通图书，选择在一些民营企业进行图书装订，选择在雅昌、华联等企业制作一些高档豪华图书，使其各个层次的图书获得了市场的认可。

（5）在遵循正当竞争的情况下，适度采用低定价策略占领目标市场。这种低定价策略可能造成企业前期亏损，但随着市场份额的扩大，企业将逐渐收回成本。吉林科学技术出版社曾以 29.9 元定价 336 页彩色图书《家常菜 1001 样》——绝对低于竞争对手的成本价格。除了商业支持、较高开印量等低定价可能，采取低定价的策略是该社的战略需要，该社管理层深知只有形成了某类图书在市场上的相对垄断与控制，才能制定市场规则，搭建图书品牌。如今的吉林科学技术出版社，已树立起"吉林科普生活"的品牌，稳稳地排在地方科技出版社联合订货会的前三位。

2.3.2　利基战略

利基战略，是指出版企业以某个狭窄的业务范围为战略起点，集中资源和力量进入，成为一个地域市场的领先者，通过不断扩展地域市场范围，采取多种途径建造竞争壁垒，分阶段、分层次地获取并巩固出版企业在整个市场中的持久强势地位。

2.3.2.1　实施利基战略的必要性

利基战略是中小型大学出版企业市场竞争的必然选择。由于读者日益增长的消费需求与相关出版物产品的开发滞后，出版物市场始终存在着市场空白点。对于大社来说，有些市场空白点的赢利空间较小，不足以吸引大社开发，或忙于自身主业务开发，无暇兼顾多角业务；而对于中小社来说，开拓细分市场，创造有特色的产品，既可以避免与大社在同质化市场的正面冲突，又可以减少在发展初期被居于优势地位的大社扼杀的可能性。

利基战略适用于我国中小社发展。利基战略要求目标市场具有赢利空间和持续较长的开发潜能，我国一部分中小型大学出版企业背靠专业化的大学资源，拥有一定特色化的地域资源，在图书市场进一步细分的现状下，运用利基战略开展竞争大有裨益。

利基战略是出版企业由小变大的重要发展策略。中小型大学出版企业采用利基战略，符合先做强，后做大的思路。它们迅速占领狭窄市场，集中优势资源、专业所长达到一个制高点，一方面积极强化核心竞争力，防御竞争对手的进攻；另一方面通过市场扩张，实现该领域整个市场的最大占有率。

2.3.2.2　实施利基战略的要点

(1)寻找市场空白点，创造、细分市场。进入空白市场是建立品牌的最佳途径，因为新市场的竞争力不足、风险较低，容易带来较高收益。它要求经营者具有敏锐的市场嗅觉，及时把握读者需求，主要可以从两个出发点寻找利基市场：一是根据所属大学的学科优势，创造市场。如西北工业大学出版社的"三航"(航空、航天、航海)特色，大连海事大学出版社的"海事"特色，中国矿业大学出版社的"煤矿"特色，中国石油大学出版社的"石油"特色等，已在专业出版领域获得读者认可。二是根据广大学生及专业读者的需求，细分市场。在被清华、人邮、电子、机工几近垄断的电子信息类教材市场中，北京航空航天大学出版社通过市场调研，进一步挖掘读者需求，牢牢控制单片机、嵌入式系统教材出版的市场占有率，在硬件技术出版方面高居榜首。

(2)出击竞争者弱点，实现取而代之。市场空白点并不是人人可寻的，它受限于产品的市场饱和度、经营者的信息敏锐度、出版企业的发展定位等各种因素，实际上，竞争者的弱点便是出版企业的理想切入点。如海豚出版社抓住市场上英语语法图书趣味性较差、大社重视不够的特点，出版了《无敌英语语法》，其新颖的内容及版式设计使在品种众多的同类书中脱颖而出，海豚出版社也因该书及无敌品牌系列进入了英语类图书出版实力派之列。

(3)实现优势产品的规模发展。利基市场建立初期，产品的市场饱和度不足，地域狭小限制了发展空间，出版企业应及时进行资源的深度开发，延伸该品牌的系列图书，将品牌图书迅速销往更广大的目标市场，以最快的速度、最有利的措施巩固市场地位。中国石油大学出版社以"生根战略＋品牌带动"的思路开发"石油"选题，不断进行选题的优化和整合，形成了具有一定市场竞争能力的4个选题板块——高校教材教辅、石油工人培训、职业技能鉴定、素质教育图书，出版了面向全国的国家职业技能鉴定类光盘与图书上百种。

(4)成为某个利基市场的领先者。只有成为行业领先者，才会给后来的竞争者制造压力，使之不敢贸然进入或不构成较大冲击。清华大学出版社于20世纪80年末开发计算机图书，当时该领域的实力远不如人民邮电出版社、电子工业出版社，由于较早启动了灵活的公司模式，借助清华大学的资源，如今已雄居计算机图书市场之首，并在网络与通信、程序设计、操作系统、办公及应用软件、数据库、计算机科学 6 个细分市场占有率上排名第一，使得后来者望而却步，竞争者难与之匹敌。

（5）捍卫利基市场的领先地位。①强化与对手的差别优势，要求出版企业选择的差异优势必须有竞争价值，且具有资源与能力实现。如外研社运用丰富的外语辞典资源，打造"手机词典"，成为我国首家打造手机词典的出版企业。②改进、更新产品的性能和服务质量，造成竞争对手进入难的局面，以巩固领先地位。如华东师范大学出版社运作品牌教辅图书《一课一练》时，较早地开通教学网站、游戏网站，以区别竞争对手产品、满足中小学生的需求。

2.3.3　差异化领先战略

差异化领先战略是指出版企业在行业范围内，根据市场需求变化趋势，在出版物选题结构、内容策划、品牌打造、生产技术、客户服务、销售渠道等一个或几个方面创造独特性，在行业内独树一帜，即通过标新立异吸引客户，形成资源相对竞争优势。

2.3.3.1　实施差异化领先战略的必要性

在产品同质化不可避免的情况下，差异化领先战略有助于出版企业巩固、维持市场地位。打造产品差异化需要投入相当成本，有时为了赶超竞争对手，出版企业必须承担研发费、广告费等高额成本，可一旦品牌确立、读者认可，读者的价格敏感性就将退居次要地位，品牌产品可形成相对稳定甚至较高的发行折扣水平和市场份额。

实施差异化领先战略也给其他竞争者建立了进入壁垒。这就迫使他们投入更多的时间、更高的代价开发替代产品，从而为出版企业提供了一段缓冲期，使其有机会进行战略调整，延长其产品被替代的时间；即便竞争者最终成功进入该市场，由于该出版企业的品牌早已被读者熟知，其市场地位仍优于新进者。

2.3.3.2　实施差异化领先战略的要点

（1）差异化领先战略强调产品、服务的创新性，这种差异必须是持续性差异，竞争对手不易效仿。如果产品、服务的差异优势缺少持续性，则难以在读者心目中树立独特形象，难以模糊读者的价格敏感性，品牌建设遂告失败；如果产品、服务的差异优势容易效仿，在短时间内将会出现大量的跟风出版物、营销手段，导致整个出版市场失去活力。因此，该战略要求出版企业从总体上提高某一个或几个方面的经营业务质量、创立出版物品牌、保持先进技术和建立完善的分销渠道，要求出版人员具有很强的选题策划能力和市场营销能力。

（2）开发品牌项目时要具有一定前瞻性，从精细处深挖图书品质。出版企业间的竞争归根结底都是图书质量的竞争，北京语言大学出版社开发的"十一五"国家重点图书规划项目《大学汉语》和以往的少数民族汉语预科教材有较大的区别，它采用了分级教学的形式布局，每级分别适用于达到HSK（汉语水平等级考试）不同等级的考生，同时注重开发 MP3 录音光盘、多媒体课件等配套资源，使得这套教材既可以应用于新疆少数民族预科教学，也适用于高等职业技术院校汉语教学，还可以用于高校少数民族学生汉语公共课教学。

（3）利用现代化出版技术，降低读者的使用成本。随着图书单品种增多、起印数减少，大学出版企业的图书竞争逐渐告别了"规模经济"时代，步入差异化的细分市场阶段，运用科技手段提升产品特色是出版企业强化市场竞争的重要手段。悠游网是外研社自主开发的外语学习资源网站，外研社所有的图书上都印有悠游网的推广，购买任何一本外研社的书，读者可在书后的积分卡上获得密码，输入悠游网即可获积分，积累到一定程度，就可用积分来购买外研社的产品，相当于不用一分钱购买外研社的产品。

（4）把握时代特色，为使用者提供新的价值。人人都想开发与众不同的产品，使得同一选题下差异化图书越来越少，在网络、科技的影响下，读者的口味也具有鲜明的时代特征。孙悟空是一个家喻户晓的形象，出版孙悟空图书的出版社众多。天天出版社出版《美猴王》系列图书时，开发了两种游戏，三种玩法。每本书都有迷宫、找不同、文字接龙等内页游戏，随书附赠一张 3D 卡片，凑齐系列图书中 20 张 3D 卡片，可以展开多人对战游戏。小朋友玩书中的游戏时，既可以单本书玩，也可以多本书合在一起玩，还可以与附赠的 3D 游戏卡片一起玩。

（5）创新营销手段，为读者带来持续的精神上的愉悦或满足。精心开发的差异化优势，只有快速获得市场认可，才能在短期内获得品牌效应。同是做新书发布会，北京磨铁图书有限公司摒弃了以往书店签售等形式，在宣传新书《烂生活》、《北京的金山上》时，举办了一场名为"我们的爱情反纯洁"新书首发演唱会，邀请了老狼、谭维维、水木年华等数十位当红艺人、近百位文艺明星出席，读者免门票，凭书进场，强大的视听盛宴迅速笼络了一大批忠实读者。

2.3.4 案例分析：北京大学医学出版社的品牌建设

北京大学医学出版社是国内知名的医药卫生专业出版社，人均创利在全国大学出版企业中名列前茅。其精品发展之道，归结为社长陆银道提出的"拳头战略"："把出版社有限的资源投入到少数领域的重点选题中，把每个选题做深做透，使其在某一范围内既有规模又有深度，再进一步扩大，逐步覆盖整个医学领域。这样，出版企业能更快更稳地打造出自己的品牌。"

（1）集小胜为大胜。首先，了解学校的学科背景，充分发挥重点学科的优势，把重点学科的出版资源整合起来，成为出版社的主干、优势。北京大学医学部的基础医学、临床医学是强项，北医社以此为基础制订五年规划，第一年主攻肿瘤、病理学、心理学，这三个方面也是北医社全国战略的第一个方向。之后，在每一个细分领域做出规模，一年出版30余本专业书，五年积累至上百本，从而形成出版企业产品的支柱。如北医社在病理学方向已出版了50多本书，除了本版专著，还引进国外版本，如《阿克曼外科病理学》等世界顶尖病理学专著以及国外大部头病理学专著。集中精力做好细分产品，过几年再翻新图书，通过这个过程逐步体现北医医学专著、教材的特点，搭建高水平、高质量、多层次的一体化框架性结构，进而有利于精品群的形成、北医大品牌的塑造。

（2）创同类市场一流。把图书放在专业人员的书架上，这是北医社追求的一个目标。陆银道社长表示，靠质量求生存是北医社的取胜之道，出版企业所出的每一本书，无论是科普、教材、专著、临床参考书、学生专业考试资格书，都必须做到同一个层次上领先。"质量求生存"的观念渗透在每一个环节里。强调内容要一流，30万字完稿的作品绝不做到50万字；强调编校要一流，北医社的编辑队伍有近30名硕士、博士，有17位正高职称人员，要求编辑必须要看稿，发挥自身的专业优势；强调质量检查要一流，北医社在全国首创付印前的质量全面检查，责任编辑签字后付印，在这个环节里，北医社专门聘请了 4 位教授从每本书中抽查百分之十的内容，质量不合格还将打回。

(3)立体化建设，打造市场差异。书网互动是北医社近两年的发展重点，也是其差异化竞争的关键。第一步，经过两年建设，北医社现已完成医学考试、临床考试、公共医师考试、口腔医师考试的网络智能模考建设，凡是购买北医社图书，书后附带与图书定价等额的充值卡，读者使用该卡可在网上免费模考；第二步，北医社计划做教材的书网互动，考虑到部分医学学科的本科生毕业后，会参加执业医师考试，因此北医社有一个较为全面、综合的规划。据陆银道社长透露，完成书网互动后，每年带动图书销售增长将在 50% 左右。转制后，北医社的最大举措是争取在 5 年内，完成名师授课的碎片化程序建设。该项目如果完成，将是后改制时代紧跟国际形势的一个非常重要的网络出版雏形。

2.4 实施大学出版企业发展战略定位的重要措施

战略管理中存在大量不确定因素，风险意识不足、信息不对接、评价指标不明确等都会导致战略运作从内部塌陷。因此，为保证发展战略的稳定运行，需要大学出版企业建立相应的内部管理机制。本章针对战略实施的配套机制建设，重点研究大学出版企业内部的战略管理机构、法人治理结构、风险管理机制、信息沟通机制、战略评价体系建设。

2.4.1 设立专门的战略管理机构

有关于出版企业内部战略规划的制订，长期的做法主要有战略研讨会和战略规划小组两种。二者最明显的弊端是内部分工不明确，导致权责失位。组成人员都有本职工作，受到时间、精力的限制，难以客观公正地收集各类信息，导致所提之建议缺少科学论证，市场风险倍增。

纵观国内外优秀企业微软、IBM、海尔、联想等均设立战略发展部门，把战略规划放在先行的位置上。就未来而言，设立专门的战略管理机构符合出版业发展的理性需求。成立战略规划部，即专设一个战略规划部门，配备相应的学科人才，专门从事战略研究与落实工作，从而克服分工不明确、责任不到位、信息不全面、决策不科学等问题，提高大学出版企业的市场应变能力与规划能力。战略规划部的使命是确立企业的决策流程、规划企业中长期的发展战略、制订企业年度经营目标和计划，组织分解和落实企业的年度经营目标，组织资本经营管理整合内外部资源，推进企业战略目标的实现。

战略规划部的主要职责有四点：

(1)战略分析，进行市场调研工作，及时把握出版行业和市场的变革迹象，掌握竞争对手的市场动向，提供潜在变动趋势的前瞻观点。

(2)战略制订，根据本企业的优劣势，给领导层提供中长期发展战略的建议，帮助其制订年度出版规划和经营目标。

(3)战略实施，确保战略实施在各部门运转协调，分解年度经营目标，对各部门的绩效指标和目标值进行指导、监督，保证各部门规划不偏离本企业的总体规划；针对本企业的重点投资项目进行评估，组织编写商业计划书，制订可行性研究报告，尤其对资本运作项目，要进行严密论证、研究、计划与评估。

(4)战略评估，跟踪外部环境变化，及时发觉项目运作中的新情况，提示高层化解潜在危机，制订战略目标及实施方案的调整，并提出战略评估报告。

2.4.2 建立完善的法人治理结构

要彻底杜绝"婆婆管事"，就必须改变单一法人投资的局面。实现产权多元化是建立法人治理结构的同步措施，产权多元化可以杜绝"所有者缺位"、"所有者行政化"等问题，实现资产所有者、资产管理者、业务经营者的三者分离，建立董事会、监事会、经理层相互制衡的关系，形成政企分开、权责明确、管理科学的内部机制。

转制至今，大学出版企业已步入产权多元化的试水阶段，如大学出版企业与民营文化公司共同注资成立新公司，就是产权多元化的一种尝试。然而，完全意义上的产权多元化是改变母公司"一元制"的产权模式，实现投资主体的多元化，如：吸引业外战略投资者入股，出版企业上市融资，出版企业之间的兼并、重组以及管理层、员工的股权激励。

防止国有资本分化，不是阻碍产权多元化的借口。姚德全、乔海曙在《"黄金股"助推出版业产权改革》中建议，我国出版企业可以效仿国际上广泛采用的"黄金股"，"黄金股"专属于政府，只有 1 股，享有事后表决权，即政府对出版企业的重大事项拥有否决权。[①] 即便大学出版企业的国有股份不占主体，也能通过"黄金股"对大学出版企业大政方针进行有效控制，从而确保产权改革、资本运作不偏离社会主义方向。

吸引、保留人才，不要吝惜使用产权激励。中国传媒大学出版社社长蔡翔撰文，人力资本产权有职工持股和期权激励两种方式，前者有效地实现了劳动者劳动力产权化，后者是经营者人力资本产权化的有效形式，由单纯的员工、代理方转向劳动者或管理者和所有者的双重职能，能够调动人员的责任心，实现企业利益的最大化。[②] 产权激励已在民营公司先行一步，2006 年湖北长江出版集团与金丽红、黎波的合作升级，共同注资成立的北京长江新世纪文化传媒有限公司，金丽红、黎波、安波舜等创业员工享有数额不等的股权。如今产权激励已是民营文化公司中越来越常见的做法，为其赢得了一批优秀的出版人才。

2.4.3　建立有力的风险管理机制

一个出版企业战略上的成功与风险管理息息相关，越大的市场机遇，往往伴随着越高的市场风险。风险管理是一种内部管理机制，它的本质特征是事前管理，通过风险机制管理发现、评估出版企业生产经营中存在的主要风险，然后制订、实施相应的对策，将风险控制在企业所能接受的范围内。

出版企业的风险管理可以采取以下措施：

(1)设置相应的风险管理部门，吸纳专业人才，参与前期战略设计，从而规避一部分可预见风险；及时处理战略执行中的突发性风险，从而消除风险带来的不利影响或将风险控制在一定可操作的界限。

(2)内部控制中以预防风险为主，将风险管理的指标纳入生产经营的整个流程中，落实控制环境、风险评估、控制活动、信息与交流、监督与评审等环节。

---

① 姚德全，乔海曙. "黄金股"助推出版业产权改革. 出版发行研究，2007(6)：12
② 蔡翔. 关于当前大学出版深化体制改革若干问题的思考. 现代传播，2008(6)：30

（3）将风险管理与现代金融手段相结合，依托银行管理风险，如启动应收账款的银行托收承付和汇票等银行结算业务，要求经销商进行资产担保和抵押，进而限制经销商退货率。

（4）结合战略的特点，开展风险管理。如开展多元化经营战略，通过投资不同的业务领域，分散主营业务的风险，实现范围经济；实施纵向整合战略，整合产业链上下游带来的规模优势和成本优势，为其他竞争对手构筑进入壁垒；进行横向整合，化竞争对手为合作伙伴产生的合力优势，形成抗击风险的强大力量。

2.4.4　建立有效的信息沟通机制

在现代市场竞争中，信息不对称导致的战略失败，甚至比经营失败更加可怕。中国 TCL、华立集团等知名企业都曾因信息不对称，陷入跨国收购的投资黑洞。对于正在步入战略竞争阶段的大学出版企业来说，有效的信息沟通机制是确保战略顺利运作的前提，建立该机制有以下几个要点：

（1）搭建高效的信息传播网络、信息平台，提高信息管理的硬件水平。大学出版企业可运用 ERP（Enterprise Resource Planning，企业资源计划）系统了解经营情况，搭建出版社内部网络共享信息资源，及时更新、升级出版社的数字图书资源数据库、读者数据库、作者数据库和管理信息系统，以适应市场变化需求。

（2）设立专门的信息管理部门，引进专业人才负责管理。信息人员通过挖掘、收集、组织、分析、传播支持企业战略的信息资源，提高决策的质量和成功率，增加产品或服务的信息含量，促进企业的创新活动，加速企业的变革和转型。

（3）借助第三方咨询公司的力量，有效获取市场信息。如北京开卷信息技术公司、北京零点市场调查与分析公司等，借助他们的信息渠道、专业分析师，提升出版企业的战略规划水平。

（4）注意信息的反馈工作，及时调整战略规划。尤其是两方面的信息反馈：一是对战略预测中的各种前提是否正确的信息进行反馈，当战略目标已实现或企业内外部环境发生重大和根本性变化时，信息反馈将促使战略决策者重新分析战略环境、制订新的战略决策；二是对战略执行中的各种信息进行反馈，为了更好地推动战略执行，管理层需要通过阶段性的信息反馈，对项目、员工进行正面激励，树立战略执行标杆，有效地推动战略运行。

2.4.5　探索科学的战略评价体系

由于战略执行中的可变因素过多，普适的战略评价系统从未真正意义上存在过。出版企业在建立评价体系时，要遵守理查德·鲁梅特(Richard Rumelt)提出的战略评价四原则，即一致性(有关战略的目标和政策必须一致)、和谐与适合性(战略必须要适合外部环境，尤其是环境之中的关键性变化)、可行性(战略不可过多地耗费资源，亦不可带来解决不了的后遗症)和优越性(战略必须能为企业在所选择的领域创造出或维持竞争优势)。引入战略绩效管理及评价工具——平衡记分卡(Balanced Score Card, BSC)，其特点是始终把战略和远景放在其变化和管理过程中的核心地位。它从四个角度来衡量企业：财务角度(股东如何看待我们)、客户角度(客户如何看待我们)、内部流程角度(我们的优势是什么)、学习与创新角度(我们是否能继续提高并创造价值)。在战略实施中，大学出版企业要科学处理三个平衡：

(1)解决财务指标和非财务指标的平衡。企业考核的一般是财务指标，而对非财务指标(客户、内部流程、学习与成长)的考核很少，即使有对非财务指标的考核，也只是定性的说明，缺乏量化的考核。如品牌建设带来的作者资源、选题资源，多元化建设带来的渠道优势、人才储备，就不能通过单纯的财务指标体现。

(2)兼顾长期目标和短期目标的平衡。如出版企业异地开拓、开发数字出版是企业的长期战略，通过平衡记分卡可逐步分解为短期目标，使企业的战略规划和年度计划很好地结合起来，解决企业的战略规划可操作性差的缺点。

(3)协调过程指标和结果指标的平衡。考察指标时，不能一味注重结果指标，还应重视过程指标的意义，如考察多元化经营不能只看总体收益，还要设置辅业反哺主业的过程指标，防止企业脱离出版的轨道。

后转制时代，出版业的竞争不会仅仅停留在产品阶段，战略层面上的竞争，将把我国大学出版企业推向更为理性的市场竞争轨道。在这个转变过程中，不仅需要政府相关部门提供相应的发展环境，还要求大学出版企业练好"内功"。

大学出版企业首先应该确定自身的发展定位，必须明确一个问题——发展至成熟阶段，大学出版企业要向专、精、特靠拢，做大是阶段性表征，做强才是最终目的。在合理定位的基础上，选择恰当、灵活的发展战略是大学出版企业开展市场化运作的关键。大学出版企业可以运用进入、整合、多元化、走出去等总体战略实现做大做强，也可以运用成本领先、利基、差异化等竞争战略开展特色化经营。与此同时，大学出版企业在健全战略管理的过程中，也将建立一系列现代化内部管理机制。

"逆水行舟，不进则退"，大学出版企业只有求新、求变、求发展，才能巩固并扩大市场份额，才能在未来的发展格局中继续与中央社、地方出版集团以及民营书商、外资等各方出版力量分庭抗礼。

第三部分

大学出版企业资本运营研究

"到 2009 年年底，按照中央确定的改革路线图和时间表，全国 103 家大学出版社基本上如期完成了转企改制任务"。转企改制后的大学出版企业成为法律意义上的市场竞争主体，体制机制的突破，为大学出版企业充分地参与市场竞争、开展资本运营创造了有利的条件。

3.1　产业环境与大学出版企业进行资本运营的必要性

大学出版企业作为我国出版产业的重要组成部分，近几年不仅在整体上的发展速度快于全国出版企业，更重要的是 2010 年年底实现了整体改制，为下一步又好又快的发展奠定了良好的基础。"到 2009 年年底，按照中央确定的改革路线图和时间表，全国 103 家大学出版社基本上如期完成了转企改制任务"①。通过转企改制，大学出版企业使得自身转变为"自主经营、自我发展、自我创新、依法运营的企业实体，在此基础上按照现代企业制度的要求，完善法人治理结构，成为真正的企业法人"②。转企改制后的大学出版企业成为法律意义上的市场竞争主体，体制机制的突破，为大学出版企业充分地参与市场竞争、开展资本运营创造了有利的条件。

3.1.1　出版产业宏观的政策环境和市场环境

进入新世纪以来，中国图书出版产业发展的宏观背景发生了巨大的变化。主要体现在以下两个方面：一方面，我国的文化体制改革作为文化产业发展的一项制度安排，正在深刻地影响着文化产业的发展。体制改革的深化把图书出版产业的经营主体推向了市场，并从根本上改变了经营主体的微观运行机制。"十一五"期间，地方出版社、高校出版社、中央各部门各单位出版社在内的经营性出版社基本转变成企业。另一方面，图书出版产业的赢利能力出现下降，图书出版产业进入了"微利时代"，竞争愈加激烈。根据新闻出版总署公布的 2009 年的出版业数据统计，可以分析发现："1. 图书出版业规模的扩大，主要还是体现在品种的增长上；2. 在品种增长的前提下，总印数却仍在下降，说明图书平均印数下滑，利润的下降是必然的；3. 在总品种快速上升的情况下，总印数仍没有止住下滑趋势，而总定价 2009 年又比 2008 年增长 5.68%（其中书籍增长 8.94%），这说明图书销售总量的增长有相当程度是依靠定价的提高。"③中国图书出版业创新

---

①　冯文礼. 大学出版社基本完成转企改制任务. 中国新闻出版报，2010－11－01(2)

②　珞珈. 出版新形势与研究新课题. 出版科学，2010(5)

③　吴培华. 后改制时代出版业科学发展观的再思考. 出版发行研究，2011(1)

不力、精品匮乏、经营粗放的现象还没有得到根本性的扭转。

与此同时，信息技术革命带来数字出版的迅猛发展和入世后图书出版产业对外国资本的开放又构成了巨大的外部冲击。中国图书出版业不仅要面对强大的国外出版资本的竞争，而且还要迅速适应信息技术日新月异的发展与变革。"宏观背景的变化迫使图书出版业要改变传统的也是相对落后的管理方式、商业模式、竞争手段，也就是说，必须要改变微观主体的传统的运行机制。"①总体而言，大学出版企业产业规模不大，投入产出比不高，结构不尽合理，在新的政策和市场环境中面临着全新转型的压力与挑战。

3.1.1.1 我国出版产业正从产品经营时代进入资本运营时代

金融是现代经济的核心，资本是撬动现代经济的杠杆。现代企业的规模化发展一般都是通过资本市场来实现的。长期以来，我国新闻出版产业的资源配置是按照计划经济时代的要求，主要依靠行政关系，这不仅违背了市场的规律，也违背了出版产业规律，要做强做大出版产业，就要打破这种现状，按照市场规律和产业发展规律重新布局。新闻出版总署署长柳斌杰曾指出：出版产业要发展就需要"把出版企业推向市场，让它进入市场发展的轨道，进入资本经营的层次上去，让资本和其他市场要素都能流动起来"。2010 年我国新闻出版业上市、重组、合作等事件层出不穷：2 月中国出版集团重组中国民主法制出版社；3 月北京师范大学出版集团与安徽大学合资重组安徽大学出版社有限责任公司；10 月中南传媒成功登陆 A 股主板市场……②随着越来越多的出版企业的上市，意味着我国出版业开始进入到资本运营时代，即产业与资本经营相结合、产权资本与金融资本运营相结合。

近年来，为推动文化产业又好又快发展，将文化产业培育成国民经济新的增长点，国家正在加快出版产业各个层面的改革力度，特别是在出版产业的资本运营方面，国家出台一系列政策和措施支持符合条件的出版发行企业，通过上市融资或其他方式跨行业融资，培养我国出版发行行业的战略投资者。《文化产业振兴规划》（新华社北京 2009 年 9 月 26 日电）提出

---

① 陈昕. 中国图书出版产业增长方式转变研究. 桂林：广西师范大学出版社，2008
② 参见"2010 年度新闻出版界十件大事". 中国新闻出版报，2011－01－04(1)

"推动跨地区、跨行业联合或重组，培育骨干文化企业"，"鼓励和引导有条件的文化企业面向资本市场融资，培育一批文化领域战略投资者，实现低成本扩张，进一步做大做强。"

3.1.1.2　资本运营成为我国出版产业快速扩张、产业集中度不断提高的重要推手

随着我国经济市场化改革的不断深入，文化体制改革为出版产业的发展提供了难得的发展机遇，我国出版产业进入重要的战略转型时期。这一时期，出版企业的集团化、并购重组、上市融资成为主旋律，产业格局出现重大变化，企业扩张、产业集中成为现阶段重要特征。

产业集中度是衡量产业竞争激烈程度的一个重要指标，它也是观察产业结构和特征，判断产业经济成熟度和竞争力的重要指标。[①] 当前我国出版产业存在的突出问题：产业集中度低、组织规模小、机构实力弱、竞争力差、产业布局与市场结构趋同化等，正在成为出版产业发展的瓶颈。"我国出版产业出现了一个在一般产业经济学看来很矛盾的现象：出版业是高度垄断行业，应该是高度集中的寡占型企业，但现实却是原子型，高度分散，这就客观上造成出版市场上企业规模小，企业之间难以形成竞合关系，从而导致宏观上竞争不足、微观上竞争过度的局面。这与现代产业对规模经济的要求极不适应，降低了出版产业的整体效率。"[②]因此，通过集团化、跨地域、跨部门、跨产业兼并重组、上市等资本运营的手段，提高产业竞争力和产业集中度成为出版产业的发展战略和重大举措。

毋庸置疑，资本作为一种生产要素，对出版产业的规模增长、竞争力提升、产业升级和结构转型有着重要的推动作用。[③] 当前，我国出版业正处在重要的转型时期，中央提出"十二五"期间要推动文化产业成为国民经济支柱性产业，将文化发展上升为国家战略。新闻出版产业作为文化产业的生力军，迎来了难得的发展机遇。在此背景下，中国出版产业的资本运营成为一个热门话题。对于大型出版传媒企业，新闻出版总署一直推动其

---

① 陈昕 . 中国图书出版产业增长方式转变研究 . 桂林：广西师范大学出版社，2008. 12 页

② 周蔚华 . 从产业组织理论的视角看出版改革的症结所在 . 中国出版，2005(4)

③ 吴赟 . 中国新闻出版体制改革"三问". 出版广角，2010(7)

实现跨媒体、跨地区、跨行业发展，这符合新闻出版改革的方向、产业发展的趋势，也是转变经济方式、结构调整的需要。2009年3月，新闻出版总署印发了《关于进一步推进新闻出版体制改革的指导意见》（以下简称为《指导意见》）的通知，就专门提出要"打破按部门、按行政区划和行政级次分配新闻出版资源和产品的传统体制"，"对真正转制到位的出版单位放开出版范围、书号、版号等，支持其发展"。《指导意见》中明确提出："鼓励和支持新闻出版骨干企业跨媒体、跨行业、跨地区、跨国界和跨所有制重组，在三到五年内，重点培育六七家资产超过百亿、销售超过百亿的国内一流、国际知名的大型新闻出版企业，努力打造具有国际竞争力的跨国出版传媒集团。"

经过"十一五"的发展，已有凤凰传媒等四家地方出版集团资产超过百亿，中国出版集团、中国教育出版集团和中国科技出版集团三大国家级出版集团也相继成立，中国出版业"航空母舰"已初具规模。这些大型出版传媒集团对提高我国出版产业的集约经营能力和竞争能力起到示范和标杆作用。

3.1.2　大学出版企业进行资本运营的必要性

资本运营对出版企业扩大发展空间、促进产业升级起到重要的推动作用。随着出版业体制改革的重大突破和融资政策的松动，从2007年起资本运作就成为出版业的主话题之一。2006年10月，上海新华传媒成为我国出版业第一家借壳上市企业；2007年12月，辽宁出版传媒通过IPO(Initial Public Offerings，首次公开募股)形式以中国出版第一股实现上市。"目前全国已有41家新闻出版传媒企业通过各种模式在境内外上市，还有很多新闻出版企业有着强烈的上市意愿。同时，国家资本市场体系不断完善，例如创业板市场的推出，也为新闻出版企业上市融资提供了新平台。相信在未来一定时期内，还将有一批转企改制到位、经营业绩优良、发展项目良好的新闻出版企业登陆资本市场。"①重组、兼并、上市等资本运营手段，促进出版业"从自由竞争格局向垄断竞争格局转型，缺乏竞争力的

---

① 冯文礼，范卫平．中国出版传媒业迈入资本运营时代．中国新闻出版报，2010－10－15(2)

弱小出版企业生存压力加大，出版资源加速向大型出版企业集聚。"①资本运营带来出版产业的组织结构和组织形式变革，导致新的出版格局正在加速形成。

面对激烈的市场竞争和不断涌现的出版集团，出版产业中"大鱼吃小鱼、快鱼吃慢鱼"的现象越来越普遍，大学出版企业要在一个个强大的出版集团面前生存发展，继而做强做大，必须加快改革，寻求新的发展道路，进行资本运营就成为一种必然的选择。

3.1.2.1　出版产业的竞争重点从产品经营竞争转向资本运营竞争

在传统出版体制中，出版社作为事业单位游离于市场经济体制之外，无法成为真正的市场竞争主体，出版社经营的主要内容就是图书产品的编印发，出版社之间的竞争通常只在图书产品（或服务）市场上展开，处在产品经营竞争的层面。而现代出版要求出版企业必须按照市场经济的要求，调整自己的运行规则和方向，更深入、更广泛地参与市场竞争，现代出版产业的竞争早已超越产品经营竞争的层面，进入资本运营层面的竞争。

现代出版要求出版企业在做好产品经营的同时，还要"将其拥有的各种生产要素和资本形态，通过资本重组、兼并与收购、股份制改造、上市融资、参股控股、合资与合作以及无形资本运营等多种资本运营手段对资本进行优化配置，实现最大限度的资本增值"②。资本运营已经成为出版企业参与市场竞争的利器。近几年发展迅速的广西师范大学出版社，其一条重要的成功经验就是深谙资本之道，通过资本重组、参股控股、合资合作等资本运营手段，将自己打造成跨地域、跨领域的全国综合性出版集团，并建构了一条集图书、期刊、电子音像、照排印刷等业务于一体的出版传媒产业链，实现了从一个偏处一隅的地方大学社向名社强社跨越的转变。

3.1.2.2　数字出版带来的产业融合要求大学出版企业进行资本运营

数字技术的发展对出版产业既是机遇，也是新的挑战。随着信息网络

---

① 郝振省.2007－2008中国出版业发展报告.北京：中国书籍出版社，2008
② 赵婧.从辽宁出版传媒上市看中国出版业资本运营之道.中国集体经济，2007（12）

传播方式日益普及，传统纸质阅读率下降而基于网络终端的阅读率上升已不可逆转。面对来势迅猛的数字出版大潮，数字出版关系到出版企业未来发展已成为业界共识。

我们看到，信息和网络技术正在深刻地改变着现代出版产业。这种改变的深层次原因就是建立在数字融合基础之上的电信、传媒和出版之间的产业融合现象。产业融合促使电信、传媒、出版领域的企业出现了合资、并购、重组，使得原本不属于同一产业领域的企业出现了交叉竞争和合作竞争，从而形成了新的价值链和业务模式。① 然而，数字出版对于大学出版企业而言是一个崭新的发展领域，不仅在数字技术和人才储备上几乎是空白，在管理和数字出版商业运营经验上更是欠缺。大学出版企业如何实现从传统出版向数字出版的转型？在数字出版上颇有建树的华中科技大学出版社的经验表明，在数字出版方面必须通过加强与产业链上下游的交流与合作，才能取得一定的成绩和突破，阮海洪社长指出："数字出版产业应该通过跨行业捆绑、联合，知识内容集成方法的创新，资本构成的创新，知识内容学习方式的创新及内容主题地位价值的创新寻求良性发展。"

发展数字出版要求大学出版企业不仅要在传统的内容生产上做精做强，同时还要思考如何在产业融合的大背景下，通过资本重组、合资合作等资本运营手段，弥补在数字出版人才、技术上的先天不足以及管理和商业运营经验方面的短板，找到适合自己的数字出版发展之路。

3.1.2.3 资本运营是大学出版企业做强做大的有力杠杆

当今世界经济格局已进入以大公司、大集团为中心的时代。为应对出版产业的全球化竞争，近年来新闻出版总署一直在着力培育一批有实力、有竞争力的骨干文化企业，鼓励其借助资本市场，在全国乃至全球范围内，通过优化重组、实行跨行业、跨地区、跨所有制的资本运营，增强核心竞争力，从而做强做大。

纵观国际上大型出版集团公司之间的重组并购，出版企业要迅速地做强做大，必须利用资本市场，通过资本运营来实现。例如，默多克的新闻集团成立时间并不长，而它之所以能够迅速发展成为全球最大的传媒集团

---

① 陈昕. 中国图书出版产业增长方式转变研究. 桂林：广西师范大学出版社，2008. 67 页

之一，便与其不断的兼并重组、得到资本市场强有力的支持分不开。诺贝尔经济学奖获得者美国经济学家史蒂格勒说过："世界上著名的大企业、大公司，没有一家不是在某个时候以某种方式通过资本运作发展起来的，也没有哪一家是单纯依靠企业自身利润的积累发展起来的。"

北京师范大学出版集团于 2007 年成立，近年来通过资本重组、股份制改造、跨地域合资重组、合作等资本运营手段，构建了从印刷、出版到发行上下游一体化的企业集团，打通从印制、出版到发行的产业链，增强了企业的竞争力，成立集团后，规模效益一直稳步增长，2010 年销售码洋逾 13 亿元，净资产逾 5 亿元，综合实力在大学出版企业中稳居前列。

3.2　大学出版企业资本运营现状

3.2.1　大学出版企业资本运营

3.2.1.1　资本运营的含义

资本是能够带来增值的价值。资本运营，就是以资本最大限度地增值为目的，对资本及其运动所进行的运筹和经营活动。[①]

出版企业的资本运营是资本运营在出版业的运用，具体讲，"就是指出版单位将其拥有的各种生产要素和资本形态，通过兼并、收购、参股、控股、租赁、股份化、上市等多种途径，进行优化配置，实现最大限度的增值。出版单位所拥有的各种有形和无形资产，都可视为资本，都可以通过资本运营的方式，实现价值增值"[②]。所谓资本经营，"是指以资本增值为目的，将企业所拥有的全部有形资产和无形资产作为可以增值的价值形态资本，通过流动、裂变、组合、优化配置等方式，对其进行有效营运的经营模式"[③]。从上述对资本运营的表述中，可以概括出：出版企业资本运营的对象是其可经营性资产，其核心和本质是实现资本的保值增值。出版

---

① 夏乐书. 资本运营理论与实务(第三版). 大连：东北财经大学出版社，2010
② 徐建华. 现代出版业资本运营. 北京：中国传媒大学出版社，2006
③ 张其友. 现代出版经济管理学. 苏州：苏州大学出版社，2007

企业资本是资本的具体化，包括有形资本、金融资本、产权资本和无形资本（如人力资本、管理资本、技术资本、品牌资本等）。事实证明，出版企业可以通过并购、重组、上市等具体的资本运营方式增强资本实力和企业活力，这对企业快速发展具有支撑和辅助作用。[①]

3.2.1.2 大学出版企业的资本运营与生产经营

生产经营和资本运营共同构成了出版企业的经营活动，是出版企业密不可分的两种经营行为。[②] 在计划经济体制下，大学出版社普遍专注于图书产品的生产经营，出版企业的运营主要是围绕图书的编、印、发来构建和运转，随着市场经济的深入，这种单一的生产经营已经成为束缚企业自身进一步发展的障碍，要谋求更广阔的发展，资本运营成为必然选择。资本运营同生产经营既存在区别，又存在联系，资本运营是对生产经营的超越和扬弃，资本运营建立在企业的生产经营基础之上，忽略生产经营，资本运营就会受到不同程度的影响，离开了资本运营，企业生产经营很难做大做强。"资本运营与生产经营目标一致，两者相互依存、相互渗透。"[③]

资本运营对于大学出版企业而言，意味着企业经营理念和经营方式的一系列转变：首先，大学出版企业过去只重视产品市场，资本运营要求企业同时要面向四个市场，即：产品（服务）市场、产权市场、资本市场、经理及人力资源市场；其次，大学出版企业的考核标准发生变化，在生产经营时代，利润是评价企业绩效的核心标准，在资本运营时代，资本的升值成为考核指标；再次，企业的管理重心出现重大转变，从只重视图书产品的生产转移到既重视生产更重视资本的生成和资本增值。转企改制为大学出版企业进行资本运营消除了体制上的障碍，陕西师范大学出版总社社长刘东风就改制后的变化谈到："（出版社）从单纯经营产品向资本、资源经营转变，从依赖纸质图书期刊出版的发展模式向多元文化企业经营转变，从产品内容的一次性出版向产品内容的多元深度开发转变，从仅依赖本企业、本省的局部资源向多元合作、共同发展的模式转变。"[④]

---

① 梁浩光，徐建华. 近五年来我国出版业资本运营研究述评. 出版科学，2010(5)

② 季峰. 从国际经验看我国出版业资本运营的模式选择及认识误区. 出版发行研究，2008(12)

③ 夏乐书. 资本运营理论与实务(第三版). 大连：东北财经大学出版社，2010

④ 王东. 大学社：未来长袖善舞. 中国图书商报，2011-03-21(5)

大学出版企业可以通过资本运营，做好融资、并购和资产重组等活动，增加资本积累，实现资本集中，优化产业结构，提高经营水平，实现市场化和规模化经营。

3.2.2　大学出版企业资本运营调查

为了了解目前大学出版企业资本运营的现状，通过对北京师范大学出版集团、外语教学与研究出版社等 52 家大学出版企业有关资本运作问题的调查，得到了一手资料。这 52 家大学出版企业规模如下：年销售码洋过 5 亿元的有 5 家，1 亿～5 亿元的有 13 家，5 千万～1 亿元的有 16 家，5 千万元以下的有 18 家。(100 多家转企改制的大学出版企业中，年销售码洋过 5 亿元的有 8 家。1 亿～5 亿元的有 29 家，5 千万～1 亿元的有 30 家，5 千万元以下的有 36 家，采集样本基本反映了大学社的情况，具有典型性和代表性。)

3.2.2.1　调研结果

调查问卷的结果如下：

1. 转企改制后，贵社面对未来发展最迫切需要解决的问题是：30 家选择了运营机制的创新，8 家选择政策扶持，9 家选择充裕的资金，7 家选择拓展市场渠道，12 家选择了发展战略定位；

2. 当前，贵社在经营方式上发生的显著变化是：11 家选择了对有形资产和无形资产的经营并重，16 家选择了对外合作方式更为多样，6 家选择了积极关注资本市场，18 家选择了对国有资产的保值增值成为经营考核的重要指标；

3. 就目前阶段而言，资本运作和图书产品经营，哪个对贵社更重要：30 家选择图书产品经营，16 家选择一样重要；

4. 您如何评价贵社目前资本运作效果：8 家认为不好，21 家认为一般，14 家认为好，没有一家认为非常好；

5. 贵社从事过哪些资本经营活动：4 家组建出版集团，9 家从事过收购、合资重组、参股相关出版公司或企业，19 家将本社部门或业务独立成立公司运作；

6. 哪种资本运营方式适合贵社：11 家选择组建集团，17 家选择收购、合资重组、参股相关出版公司或企业，27 家选择异地独资或合资组建公司，没有一家选择上市发行股票融资；

7. 目前贵社从事资本运作遇到最大的困难是：17 家选择了出版体制、机制，15 家选择了资金，17 家选择了人才；

8. 您认为贵社从事资本运作最大的优势是：23 家选择了品牌地位，2 家选择了市场规模，12 家选择了学校支持。

3.2.2.2 大学出版企业资本运营特点

通过上述问题的调研，我们可以看到大学出版企业的资本运营呈现以下几个特点：

第一，经营方式发生显著变化，资本运营的理念正在形成。

在调研中，有东北师范大学出版社、西安交通大学出版社等 18 家出版社认为转制后经营方式发生最显著的变化是"对国有企业的保值增值成为企业考核的重要指标"，占被调查出版社的 35%。山东大学出版社、郑州大学出版社等 11 家选择了"有形资产和无形资产经营并重"，占被调查出版社的 21%。北京语言大学出版社、黑龙江大学出版社等 6 家选择了"积极关注资本市场"，占被调查出版社的 12%。

从这些选择中可以看出，注重资本正在成为大学出版企业的共识。在传统出版体制下，大学出版社专注于图书产品的出版与发行，较少关注企业的资产，更不会关注资本市场。可见，大学出版企业资本运营的理念的形成为下一步开展资本运营做好了准备。

第二，更注重图书产品经营，资本运营还处于初级阶段。

对于资本运作和图书产品经营哪个更重要的问题，南开大学出版社、东南大学出版社等 30 家出版社选择了图书产品经营，占被调查出版社的 58%；16 家选择一样重要，占被调查出版社的 31%。

此选择结果表明，整体上大学出版企业的资本运营还处于初级阶段，主要表现在：(1) 资本运作的方式单一，主要是出版社自身部门或业务独立成立公司运作，属于出版企业内部资本运作。在"贵社从事过哪些资本运营活动"的调研中，武汉大学出版社、郑州大学出版社等 19 家选择将本社某些部门或业务独立成立公司运作，占调研出版社的 37%；北京语言大学出版社、华中师范大学出版社等 9 家社选择收购、合资重组、参股相关出版公司或企业，占调研出版社的 17%；4 家选择组建出版集团，占调研出版社的 8%；(2) 对出版企业自身的资本运作效果评价不高。在评价本社资本运作的效果时，辽宁大学出版社、云南大学出版社等29家出版社选择了一般或不好，占被调查出版社的56％；中国传媒大学出版社、南京师范大学出版社等14家认为好，占27％；（3）对组建集团或上市发行股票融资等资本运营需求较弱。目前，在调查的出版社中，仅有北京师范大学出版社、外语教学与研究出版社等4家规模过亿的出版企业组建了集团，没有一家大学出版企业成为上市公司，也没有一家大学出版企业将上市融资作为自己的近期目标。

第三，资本运营主要表现的方式较为单一，多为围绕主业进行的产业链横向扩张。

在"哪种资本运营方式适合贵社"的调查中，上海外语教育出版社、中央广播电视大学出版社等11家选择组建集团，占被调查出版社的21％。大连理工大学出版社、湖南师范大学出版社等27家选择异地独资或合资组建公司，占被调查出版社的52％。南开大学出版社、上海交通大学出版社等17家选择收购、合资重组、参股相关出版公司或企业，占被调查出版社的33％。

异地独资或合资组建公司的选择超过50％，表明大学出版企业的资本运营呈现出横向扩张的特点，出版企业主要还是围绕图书出版，异地独资或合资组建公司旨在出版资源整合方面弥补目前的不足，主要是地域上的资源差异。

第四，制约资本运营的因素较为集中。

在对出版社从事资本运营遇到困难的调查中，上海外语教育出版社、武汉大学出版社等34家社选择出版体制、机制和人才，占被调查出版社的65％；15家选择资金，占被调查出版社的28％。在对出版社从事资本运作优势的调查中，北京师范大学出版社、中国政法大学出版社等23家出版社选择品牌地位，占被调查出版社的44％；中央广播电视大学出版社、北京工业大学出版社等12家社选择学校支持。

上述两个问题的调研，表明体制性因素成为目前大学出版企业资本运营的主要制约因素。国家出版产业的政策引导着出版产业资本运营的实践，大学出版企业的资本运营状况受制于国家的政策，这也进一步说明政府对大学出版企业的支持政策有待进一步细化。

3.2.2.3　大学出版企业资本运营的主要形式

通过前期的调研和部分访谈考察，大学出版企业资本运营的形式主要有以下几种：

第一，合作出版。

这是大学出版企业广泛采用、比较成熟的一种社会资本参与出版的资本运营方式。即个人或其他单位与出版社合资共同进行选题的策划、组稿、发行，由出版社负责选题决策和终审终校的合作模式。

这种合作方式本着优势互补、资源共享的原则，主要是针对一些规模较大的套书、丛书的出版，前期需要较大的资金和资源的投入，单一出版社运作要承担很大的经济风险。近年来，西南师范大学出版社的"国学丛书1000种"、《域外汉籍珍本文库》等重点项目运作，就是与人民出版社、云南出版集团、香港新华集团进行合作，取得了很好的成绩。

第二，异地独资或合资组建公司。

大学出版企业和其他投资主体，按照我国《公司法》要求共同投资设立产权清晰的独资或股份制的合资公司。这种公司的设立，在体制机制上能够更好地与市场对接，同时又可以获得出版社紧缺的出版资源，这种资本运营形式被许多大学出版社采纳。

近年来，这种形式的资本运营成功的案例很多，知名的有广西师范大学出版社在北京、上海等地设立的贝贝特公司，华中科技大学出版社在天津设立的出版建筑图书的分公司等，这些公司不仅增加了出版社的图书品种，同时也成为出版社新的经济增长点。中国人民大学出版社自从2005年成立了上海分公司以来，已经在全国各地设立了7家销售分公司，这些分公司连同其遍布全国重点省份的院校代表队伍，不仅负责人大社图书的推广销售，更成为一个全国优质选题的采集网络。

第三，组建出版集团。

企业集团是指以通过资本纽带联结起来的母子公司为主体，以集团章程为共同行为规范的母公司、子公司、参股公司及其他成员企业或机构共同组成的具有一定规模的企业法人联合体。出版集团追求的是范围经济和规模经济并举的发展道路，通过横跨出版业诸多领域，在业务链和产业链上的延伸，达到降低各种交易成本，提高资本运作效率，从而实现最佳的利润回报。对于一些年销售码洋过亿的大学出版企业而言，组建集团既是规模化发展的需要，也是更好地参与市场竞争，实现做强做大的选择。

由于大学出版企业大多属于中小型出版社，走集团化的道路并不适用于大部分大学出版企业，集团化作为资本运营的一种形式，适合具有一定规模和整合能力的出版企业。目前大学出版企业中组建集团的有北京师范大学出版集团、外语教学与研究出版集团、广西师范大学出版集团、陕西师范大学出版集团等，这些出版集团在规模和竞争力上不仅位居大学出版企业的前列，在全国出版企业中也处于领先地位。

3.2.3　大学出版企业的资本运营案例：华中科技大学出版社、北京师范大学出版社

案例一

华中科技大学出版社——自我裂变　内部重组　横向扩张①

一、基本概况

华中科技大学出版社成立于 1980 年 12 月，是教育部直属的全国重点大学出版社，教育部教材出版中心之一，同时拥有图书、音像、电子出版物、网络出版权的出版社。该社始终坚持以质量为根本、以特色为手段、以创新谋发展、走质量效益型发展道路，2007 年转制以来，确立了"超越传统出版，影响未来文化"的经营理念，企业创新能力、工作效率、服务质量明显提升，员工职业化、专业化水平不断提高，目前拥有 300 名员工，近 8000 万元净资产，1.8 亿元总资产，近年来一直保持高速增长势头。

二、背景及资本运营措施手段

截至 2010 年 12 月 25 日，华中科技大学出版社已出版图书 1473 种，其中新版与修订版图书 968 种，重印图书 505 种；出版电子、音像、立体化及网络出版物 623 种，其中多媒体电子出版物 94 种，音像产品 49 种，立体化及网络出版物 480 种；图书造货码洋 2.37 亿元、发货码洋 2.28 亿元，实现规模和效益持续、平稳增长。

作为一家具有 30 年历史的大学出版社，华中科技大学出版社在资本运营上进行了改革与创新。组织结构图如下：

---

① 曾辉. 华中科技大学出版社在变革中提升核心竞争力. 中国新闻出版报，2010－12－27(5)

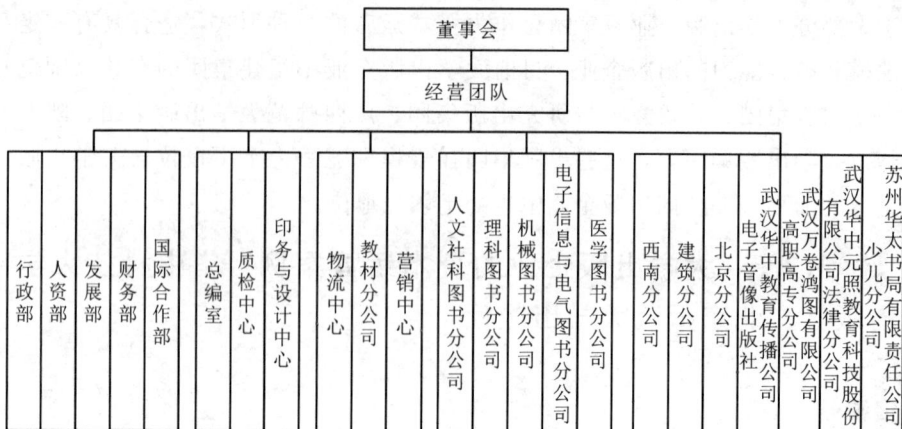

1. 根据图书产品线的发展要求，采取将某些部门或业务独立，异地独资或合资成立公司运作。

华中科技大学出版社依据学校的学科优势和市场需求确定了机械、电工电子、医学、建筑、经济管理、大众出版等重点发展方向，将原来的事业部转型为公司，并分别在北京、天津、上海、广州等地建立了出版分公司。北京分社主要以大众图书为主，在组建不到一年的时间里，出版图书品种100余种，印制码洋3000多万，成为公司新的业务增长点；天津分社的建筑图书，从无到有，一跃进入全国建筑图书出版前五名；医学分社的图书已形成以精品医学教材为主体，以医学专著和科普读物为两翼的出版格局，发展势头良好。

2. 借力资本运作，加强产业链上下游合作，发力数字出版。

传统出版社如何开展数字化转型是一道紧迫的课题。据介绍，截至2010年12月25日，华中科技大学出版社已出版电子、音像、立体化及网络出版物623种，其中多媒体电子出版物94种，音像产品49种，立体化及网络出版物480种。在数字化转型过程中，华中科技大学出版社正在平稳"转舵"。

转制后华中科技大学出版社将自己的定位明确为内容提供商，并试图成为优秀的内容集成商，在文化创意产业领域不断延伸产业链和价值链，通过综合新的商业模式、新的技术手段、新的传播形式，运用现代企业运作方式，探索质量效益型发展道路。值得注意的是，在数字出版业务上，因注重加强与产业链上下游的交流与合作，华中科技大学出版社的电子音像类重点选题入选数也大幅提升。

在社长阮海洪看来，数字出版产业链的构建将成为未来产业发展的重中之重。"数字出版在内容的制作、传播与应用上与其他行业和高新技术产业高度关联，为数字出版产业链的构建提供了基础条件和可能性。"阮海洪进一步表示，数字化转型一旦成功，传统出版业面临的将是历史性的变革，数字出版产业应该通过跨行业捆绑、联合，知识内容集成方法的创新、资本构成的创新，知识内容学习方式的创新及内容主题地位价值的创新寻求良性发展。

三、成功经验及存在问题

作为第一批转企改制的大学出版社，通过体制机制的创新，华中科技大学出版社抓住了发展的有利条件和大好机遇。领导班子深刻认识到，不管从目前政府对出版改革的导向看，还是从产业发展规律看，出版业发展的格局必定是少数大的出版企业占领大部分市场份额，遵循"二八定律"。对于中小型出版社而言，最近几年的转型期就是大发展的"末班车"。

出版社通过建立规范完备的法人治理结构，基于清晰的产业布局与科学发展理念，通过体制机制创新和资本运作，搭建起适合出版产业市场竞争变化的组织结构，2010 年，其生产码洋达到 2.3 亿元，发展位居全国理工大学出版社前列。目前华中科技大学出版社正在超越传统出版，实现从产品经营向资本经营的转变。

社长阮海洪认为：目前出版业的资本结构和投资主体过于单一，不利于出版业的快速发展。出版业要通过创新的方式完成与资本市场的成功对接，丰富企业的资本构成。通过和出版业关联度很高的信息化规模产业实施资本重组，并通过资本带动人才和技术的融合，可以快速实现规模增长；通过"借壳上市"可以缩短与资本市场的对接时间。

案例二

北京师范大学出版社——集团化扩张　并购重组　多元化发展[①]

一、基本概况

2007 年 7 月，北京师范大学出版社完成转企改制，并以其为核心组建

[①]　姚贞. 来自北师大出版集团的体制改革报告. 中国新闻出版报，2010－09－17(2)

了北京师范大学出版集团，成为国内高校第一家集图书、音像、电子、网络、印刷等多介质产品于一体的现代出版集团。北师大出版社 2004 年销售码洋为 5.2 亿元，2010 年销售码洋超过 13 亿元，短短 6 年，销售码洋增长近 130%。

二、背景及资本运营措施手段

1. 突破地域合资重组安徽大学出版社。

2010 年 3 月 18 日，北师大出版集团与安徽大学正式签署协议合资重组安徽大学出版社，首次实现了国内高校出版社间跨地区、跨学校的联合经营，也迈出了北师大出版集团跨地区经营的第一步。

2. 突破所有制控股京师普教文化传媒有限公司。

2010 年 6 月，北师大出版集团吸收民营资本，控股成立了经营助学读物的股份制公司——北京京师普教文化传媒有限公司，在集团和各投资股东之间实现了以资本为纽带的实质性合作，标志着北师大出版集团迈出了跨所有制经营的重要一步。

3. 突破行业初步完成音像社重组和技术改造。

2007 年，北师大音像出版社成为出版集团下属企业后，北师大出版集团对其组织机构、领导班子、员工队伍进行了重组，对生产设备进行了技术性改造。

"北师大音像出版社的技术性改造所缺资金全是由北师大出版集团投入吗？"集团总经理杨耕说，所缺资金通过集团注资 1/3、向集团借款 1/3、音像社自筹 1/3 来解决，充分调动了北师大音像出版社的积极性和潜能。在 2008 年成功扭亏为盈之后，2009 年，加快转企改制步伐，成为国内高校音像(电子)出版社中被保留独立法人和独立建制的 3 家出版社之一，并被新闻出版总署列入国家重点支持的 20 家独立音像(电子)出版、制作企业行列。

如今，有了政府的有力支持，北师大音像出版社正把发展的眼光投向数字出版，进一步调整业务范围和选题，以教育出版为主体，适时、适度开发大众产品、少儿产品；在政策许可范围内，尽可能吸收其他国有资本、民营资本，对音像社进行股份制改造，进一步做大做强。

4. 突破单一资金投入，为京师印务改造提供政策支持。

集团成立之初，就明确提出对京师印务公司进行股份制改造和技术性改造。这是走出原有体制机制不畅、技术落后、资金匮乏、经济效益低下困境的唯一出路。"北师大音像出版社进行技术性改造，集团注资了1/3，京师印务公司开展技术性改造，集团投入了多少?"针对提问，集团总经理杨耕肯定地回答："一分没投，是通过政策支持，以股份制改造来完成的。"此次改造中，集团突破了单一的资本投入模式，把政策也变成一种投入。

三、成功经验及存在问题

新闻出版总署署长柳斌杰对此次合资重组作出批示："这是高校出版社跨地区重组的突破，应予积极支持。北师大出版集团深化改革、加快发展，已经在高校社中脱颖而出。这就再次证实，有改革就有大发展。"

三年来，北师大出版集团通过集团化运作模式，以资本为纽带，突破了仅靠行政力量把子公司捆绑在一起的模式，使下属子公司在业务上直接对接，同时实行市场化运作，从而形成业务互动、优势互补、相互支撑、资源有效整合的文化产业格局，初步实现集约化发展。如今，北师大出版集团旗下已拥有6家下属单位，开始向国际一流大型出版集团迈进。

"通过合资重组，实现了优势互补。"北师大出版集团总经理杨耕说。北师大出版集团作为全国文化体制改革先进企业和国家一级出版单位，经济实力雄厚、学术影响力和社会辐射力较大，特别在教育出版方面具有突出优势。

不断突破各种条条框框，走向集团化;深怀忧患，毅然迎接市场挑战;机制创新，全面激活内在发展动力，北师大出版集团始终以改革先行者的姿态，站在出版体制改革的前沿。尝到了改革甜头的北师大出版集团，正在向具有可持续发展能力，具有较强市场竞争力的国内一流、国际知名的文化产业集团迈进。

3.3　大学出版企业资本运营存在的问题与分析

从调查和分析来看，目前大学出版企业在资本运营中普遍存在以下问题。

3.3.1　对资本运营缺乏认识

资本运营是企业运营不可分割的部分，但是由于长期以来关系到姓资还是姓社的问题，所以对资本问题避而不谈，对其缺乏认识。在发展市场经济的过程中，人们逐步认识到资本问题并非资本主义生产方式所独有，它是任何企业经营的要素之一。在我国的企业界，资本运营越来越受到重视，被越来越多的企业采用，成为许多企业快速发展的重要经营手段。目前，一些实力雄厚的企业已经迈出国门，开展跨国收购，在国际范围内开展资本运营。但是对于刚刚完成转企改制的大学出版企业而言，资本运营还属于新生事物，经营者对它缺乏必要的认识，认识上还存在一些误区。

典型错误认识之一：资本运营是对产权和证券的买卖。资本运营有很多类型，至少可以分为实业资本运营、产权资本运营、证券资本运营、无形资产运营、风险资本运营[①]。单纯在股市和债券市场上买进卖出属于证券资本运营，是对资本运营的狭义理解，多少带些望文生义的色彩。产权资本运营则是资本运营的重要形式，包括兼并、重组、投资入股、融资入股、转让产权等涉及产权转移的经营行为。但是，实际上最为广泛的资本运营类型是实业资本运营。在企业的生产运营中总是伴随着资本的流动，资本给生产运营提供支持，并在这个过程实现保值和增值，生产运营与资本运营是紧密相连并互为支持的。因此，资本运营并不局限于产权和证券的买卖，实际上每一个从事生产经营的企业本身都在从事资本运营。

典型错误认识之二：资本运营需要大量的资金、风险很高，是资本雄厚的大企业的事情，中小企业没有能力和资本开展资本运营。资本运营并非大企业的专利，从实业资本运营的角度看，每一个从事图书生产经营的大学出版企业本身就在从事资本运营，问题只是在于，在从事图书生产的过程中，大学出版企业自身是否对涉及的资本运营足够重视，在研发、生产、销售等环节进行了有效的资本配置，进行优化，以获取更大的资本收益。另外，资本运营可以像杠杆一样"以小搏大"，迅速整合优势、调动资本，所以资本有限的中小型出版企业，更应该结合自身的特点和优势，抓住机遇，开展产权资本运营、证券资本运营、无形资产运营等，帮助企业

---

① 李旭茂.资本运营的主要形式和特点——资本运营若干问题之二.出版经济，2001(7)

快速发展，应对激烈的市场竞争。无论企业大小，大学出版企业都可以因"企"制宜，开展资本运营，在力所能及的范围内，整合社会资源，获取更大的资本收益。

典型错误认识三：资本运营属于锦上添花，无须在意。与地方出版集团相比，大学出版企业无论从经济规模、人力、物力还是行政支持方面都相去甚远，大多数大学出版企业在与地方出版集团竞争中并无优势，更多的情况下是处于劣势。要想在市场中站稳脚跟，就必须谋求快速发展，而资本运营能够帮助企业借助资本杠杆，实现以小搏大，迅速整合资源，夯实主业，扩大优势，或者帮助企业尽快进入新兴的业务领域，它是企业快速发展不可或缺的手段，因此对于急需快速发展的大学出版企业而言，资本运营并非可有可无，而是必须予以高度重视。另外资本运营可以帮助企业实现利润最大化。因此转企改制后的大学出版企业必须结合自身的特点和优势，积极寻求和借助资本运营，迅速成长、壮大起来。

3.3.2 缺乏资本运营的制度和人才

从调查来看，大学出版企业普遍感到缺乏资本运营的制度和人才，面对资本运营手足无措，有"老虎咬天，无从下口"之感。这是因为在转企改制前，大学出版社属于事业单位，经营行为的行政色彩比较浓厚，投资、融资等资本运营行为需要经过层层行政审批，程序烦琐、耗时冗长、难度很大。而出版社自身的大锅饭和铁饭碗，使企业的经营趋于保守，创新的积极性和主动性不高，因而在制度创新和人才建设方面欠账太多。

人是资本的使用者、企业经营活动的执行者，是推动企业可持续发展的重要推动力，一流的人才造就一流的企业。在从事资本运营的过程中，专业的管理人才、技术人才是企业创新和发展的动力和源泉。资本运营需要大量的人力资源作为支持，现代企业必须加强人力资源建设，在企业内营造积极向上的学习氛围，建设学习型企业，通过有计划地开展继续教育和人才引进，提高企业的人才素质，为企业发展提供人才储备。同时按照建设现代企业制度的需要、根据企业发展的需要，建立权责明确、分级管理、反应灵活的企业制度，为企业发展和人才发展创造条件，奠定基础。

3.3.3 资本运营的类型比较单一

从调查来看，很多大学出版企业资本运营的方式是"将某些部门或业务独立，并成立公司运作"，由于出版权受到严格的政策限制，所以成立的公司大多是发行公司。对大多数大学出版企业而言，这是较为稳妥的方式。因为长期以来经营传统和体制机制所限，大学出版企业专注于产品生产，缺少资本运营的经验，因而，在开展资本运营时趋向于选择比较稳健、操作简单的形式，但是，这种单一的做法不利于充分发挥大学出版企业的特点和优势，不利于全方位整合社会资源，制约了企业快速发展。大学出版企业应该从不同视角对自身的优势和劣势进行分析，借助多元化的资本运营方式整合社会资源，放大特色和优势，并转化为资本收益，促进企业快速发展。

总体而言，出版社的事业性质，从诸多方面束缚了大学出版社的发展，限制了大学出版社的资本运营。大学出版社转企改制，破除了对出版社的束缚，也打破了铁饭碗。面对激烈的市场竞争，在政策允许范围内，实力较弱的出版社完成转企改制后，必须千方百计谋生存，在市场大潮中求得立足之地；具有一定实力，能够在市场竞争中自保的出版社，必须千方百计求发展，不断丰满自己的羽翼，力争在竞争中占据优势地位。对于任何一个转企改制后的大学出版社都必须励精图治，积极进取，提前布局，才能赢得生存权和发展权，避免在激烈的市场竞争中被淘汰出局。

企业的任何经营行为都与资本密不可分，资本运营是企业经营的一部分，并非新生事物，不必畏之如虎，但也必须足够重视。大学出版企业必须树立一个观念，即企业应该做的不是是否采用资本运营，而是如何采用资本运营不断壮大企业，繁荣我国的文化教育事业。

3.4　大学出版企业资本运营的选择

3.4.1　资本运营的类型

资本运营的定义可谓众说纷纭，莫衷一是。为了便于阐明问题，我们借助李旭茂在《资本运营的主要形式和特点——资本运营若干问题之二》一文中对资本运营的定义："资本运营即人格化的资本（即资本家），对以增值为目的的资本运动的全过程发动、运作、监控和管理。具体地说，资本运营既包括企业对资本运动物质过程的选项、创意、策划、设计、试验、开发、制造以及市场运作过程，也包括企业对资本价值与价值增值运动过程中各种资本性资源（包括企业的货币资本、生产资本、商品资本、产权、证券和其他形式的资本）的优化、交换和运筹。一句话，就是资本所有者以效益、效率为原则，选择资本不同的存在方式的过程。"从这一定义出发，资本运营的类型可以分为"实业资本运营、产权资本运营、证券资本运营、智力资本运营、风险资本运营"五种类型。其中实业资本运营是将货币资本直接投入生产经营活动。它的核心是实现资本在各生产环节的科学配置，提高生产的效率和利润。证券资本运营是指企业以证券资本为对象进行的资本运营活动。狭义的资本运营很大程度上是指产权资本运营，包括兼并、重组、参股、控股等对所有权、使用权等权利的运营。风险资本运营是指将资本投入高收益（高收益通常意味着高风险）或预期收益较高的业务中，以期能够取得高额回报的运营方式。智力资本运营实质是无形资产运营，包括市场资产、知识产权资产、人才资产、基础结构资产。市场资产包括品牌、销售渠道、市场信誉、营销合同等；知识产权资产包括专利、商标、版权等；人才资产包括企业员工的技能、创造力、领导能力、管理能力等。

由于资本运营可以快速实现优质资源的整合和竞争优势的整合，推动企业快速发展，为企业带来更高的资本收益，因此在时不我待的市场竞争中，转企改制后的大学出版企业要想迅速做精做透或做大做强，就必须借助资本运营，这是绝大多数大学出版企业发展的必由之路；但是资本运营并非万能药，在选择错误的情况下，甚至是一剂苦药，很可能造成重大损失，追悔莫及。

3.4.2　大学出版企业资本运营的选择原则

3.4.2.1　重视业务发展方向的战略选择

大学出版企业的资本运营选择实际上是双重选择，是包含了业务发展方向和资本运营类型选择的复合体，即大学出版企业在开展资本运营时选择什么样的业务方向和选择什么样的与之匹配的资本运营类型。两者互为依存，缺一不可。脱离了业务方向的资本运营，就失去了经营的依托，好的资本运营战略是正确的业务发展方向和与之匹配的资本运营的良好组合。在资本运营的过程中，要避免为了资本运营而资本运营。

选择正确的业务方向是资本运营的重要前提。资本是逐利的，投资往往建立在对业务发展的良好预期的基础上。因此选择业务的战略发展方向在资本运营中居于首要的地位。在业务的战略发展方向上，包括在产业链上纵向发展，从图书业务扩展到造纸、排录设计、印刷、销售（成立发行公司、开设书店）；包括扩大产品规模的横向发展；包括与产业链外的其他行业公司的跨行业联合。无论选择何种发展方向，都可以与资本运营相结合。表1是一个简单的理想化的组合表，列出了最简单的业务选择与产权资本运营的组合方式。一家出版社从自身的具体情况出发选择成立图书发行公司（纵向发展）作为新的业务发展方向，如果采用产权资本运营，那么它至少可以有三种选择：选择兼并已有的发行公司（组合1），选择参股（非控股）已有的发行公司或新成立的发行公司（组合2，成立的公司还分为有限公司和股份有限公司），控股已有的发行公司或新成立的发行公司（组合3）。

表 1　业务选择与产权资本运营组合

	兼并	参股	控股
纵向发展	组合 1	组合 2	组合 3
横向发展	组合 4	组合 5	组合 6
行业联合	组合 7	组合 8	组合 9

在实际的资本运营中，出版企业需要根据自己的具体情况，选择适合自身发展的业务方向和匹配的资本运营方式，让两者相得益彰，产生最大的经济效益。

因业务发展方向选择失误的资本运作案例屡见不鲜。美国在线——时代华纳的并购案名动一时，被称为"世纪并购"，被认为是强强联合的代表作，将对世界传媒界和未来的发展产生颠覆性的影响。但在并购之后，却很快陷入亏损，创下历史纪录。期望和现实的反差之大让人大跌眼镜。在后来的反思中，认为并购时定下的数字技术和娱乐业务在当时的历史条件下不可能成为公司的战略支柱，业务发展方向选择出现了问题。

在国内的出版界，有出版集团大幅投入开发电子书阅读器，时过境迁，至今不为业外和读者所知，投资效果不佳。究其原因，一是内容资源有限，与电子图书市场的海量需求相去甚远；二是在内容有限的情况下，平台缺乏吸引力，并且与其他格式电子图书的兼容性受到市场质疑。业务方向的选择值得斟酌。

3.4.2.2　着眼于企业的长远发展

（1）避免将短期的资本运营作为主要选择。目前资本市场上资本充裕，众多的资本和企业都在积极寻找投资机会和合作机会，大学出版企业从事资本运营的机会很多。刚刚完成转企改制走向市场的大学出版企业面对众多的选择，必须保持足够的冷静。一些短期的资本运营行为，看似能够给企业带来不菲的利润，但是不能为企业的长期发展业务积累经验、积淀制度和人力资源，使得企业不能形成自己的主业、特色和优势，总是疲于奔命，不能有效抵御市场风险。因此，大学出版社要着眼于企业的长远发展，有目标、有计划地开展资本运营，逐步积累，夯实企业发展的基础，将企业建成"百年老店"。要有足够的定力抵制短期项目的诱惑，避免把经营短期项目作为发展战略。

（2）避免短期急剧扩张。面对资本充裕的资本市场和众多的选择机会，面临市场竞争的高压，刚刚卸下束缚的大学出版企业难免求胜心切，跃跃欲试，想在资本运营上多头开花，在短期内寻求突破。但是，急剧扩张需要大量的资本支持和人力资源支持，作为资本运营的新手，大学出版企业难免会在资本、管理上捉襟见肘，陷入被动。业内的南方日报集团经历过一次急剧扩张，在三四年内先后投资了水泥厂、瓷片厂、制药厂、食品厂、房地产，亏损1.4亿元。这对初出茅庐的大学出版企业是前车之鉴。

资本运营是企业的正常行为，经营者需要用平常心看待资本运营，着眼于企业的长远发展，科学规划，引领企业走上可持续发展的道路。

3.4.2.3　完善决策制度，降低经营风险

资本运营能够实现"以小搏大"，让企业的资本迅速膨胀，带来丰厚的回报，但是高回报与高风险往往是共存的，是一体的两面。在资本运营中，风险无处不在，目前突出表现在以下方面。

（1）政策风险。图书出版行业是一个相对特殊的行业，新闻出版总署在《关于进一步规范新闻出版单位出版合作和融资行为的通知》中明确指出："已经转制的新闻出版企业和事业单位分离出来的报、刊、社所办企业在对外合作和融资活动中，必须确保国有资本的主导地位，必须按现行

的各项规定严格覆行审批手续。必须确保新闻出版单位在合作和融资中实现国有资产的保值增值。在企业资本结构变化过程中，必须确保出版物的导向正确，不得改变党的领导和行政管理权，不得削弱国有方经营管理的责任。新闻出版事业单位一律不准搞融资活动和股份制。""出版权是国家赋予新闻出版单位的专有权利，新闻出版企业在合作或融资活动中不得出让或变相转移，不得为小团体、个人牟利而出售或变相出售；新闻出版企业不得以合作等名义让出资方、合作方或个人承包或变相承包本单位的编辑部门。"这就要求企业经营者在面对资本运营的选择时，正确把握国家的政策方针，有所为，有所不为，将政策风险降到最低。

（2）经营风险。市场总是瞬息万变的，图书市场的竞争目前趋于白热化，图书的同质化严重、生命周期不断缩短，纸张、印制、营销成本不断上涨，利润空间不断被压缩，对于采取横向发展战略的出版社而言，图书经营风险与日俱增。对于采取纵向发展和跨行业联合发展模式的出版企业，由于对相关行业缺乏认知、缺乏管理经验和管理人才，经营的风险不可小觑。

（3）财务风险。无论是并购、投资还是参股，都需要大量的资本投入，甚至需要通过借贷提供资本支持。这会削弱出版企业的现金流，同时增加企业的债务负担，一旦市场发生变化或经营决策失误，加之图书的回款时间相对较长，很有可能造成企业高负债运营或资金链断裂，导致企业破产。

在选择资本运营时，既需要敏锐的眼光，抓住稍纵即逝的机遇，也需要科学决策，有效规避经营的风险。正确的决策，意味着成功了一半。为此，大学出版企业必须建立完善的决策制度，成立跨部门的联合决策机构，必要时借助社会性的专业咨询机构，对即将开展的资本运营活动进行全面、细致、科学的论证，充分考虑和评估由此带来的各种风险，寻找降低风险、增加收益的措施和可能性，做出高效科学的决策。

3.4.2.4　结合自身的特点、优势和资源

在选择资本运营业务的过程中，大学出版企业原有的优势和资源，是资本运营业务的支撑点和生长点。脱离自身的优势和资源，经营活动缺乏相应的行业认知、制度、人力和管理经验的支持，从而会增大经营的风险，也不会赢得资本市场的认可。因此在资本运营中，无论采取何种类

型，都要扬长避短，充分利用自身的优势和资源，借助资本的力量，将优势和资源转化为经济效益和社会效益。

3.4.2.5　依法依规，规范经营

转企改制后，大学出版企业的经营自由度增大了很多，在资本市场上也面临更多的机会和诱惑。经营者必须要有清醒的认识。资本的本质是逐利，但是在逐利的过程中，在开展资本运营时，要严格遵守国家的法律、法规和财务制度，规范经营，让资本运营成为企业腾飞的翅膀。

3.4.3　对大学出版企业资本运营的建议

大学自身的社会影响和社会地位就是出版企业的社会资源，大学的特长和特色可以转化为出版企业的特长和特色。按大学的类型，大学出版企业可以分为综合型、理科型、工科型、师范型、语言型、财经型、政法型、艺术型、医学型、农林型等类型，不同类型的大学出版企业可以根据自身所在大学的特点和优势学科，利用社会认可度，吸引投资和开展新业务，借助资本的力量，将无形资产转化为有形的财富。

3.4.3.1　实业资本运营

实业资本运营是绝大多数企业采用的资本运营类型，即便在采用了产权资本运营后，很多情况下，企业仍然会回归实业资本运营。比如，在兼并一家企业，完成产权资本运营后，要想实现预期的资本收益，还需要继续借助实业资本运营，对企业的生产进行调控和配置，提高生产效率，提高资本的回报率。可以说，对大多数转企改制后的大学出版而言，高度重视实业资本运营、努力提高实业资本运营的能力，仍然是企业发展的首要任务。

在实业资本运营中，大学出版企业可以对自身出版的图书品种和类型进行统计和分析，在资本配置上向优势品种倾斜，加大投入，扩大经济效益和社会效益显著的图书类型的生产规模和营销规模，也可以围绕优势品种进行立体开发，为读者提供全方位的服务，巩固和扩大优势，提高资本收益。此种资本运营属于企业内部对资本的调配，与外部资本相对独立，可控性比较强，风险较小，缺点是受限于自身的资本，扩大生产规模的速度和发展的速度较慢。

3.4.3.2　产权资本运营

产权资本运营也是经常采用的资本运营类型，具体形式很多，比如重组、兼并、参股、控股、出让等，也是除实业资本运营外，大学出版企业最可能采用的资本运营类型。

在经营图书业务时，为快速发展，出版企业可以通过吸收社会资本，以较小的投入动员更多的社会资金，成立有限公司或股份有限公司，撬动更多的资本资源、人力资源，投入到优势图书的策划、发行，以较小的投入赢取更大的收益。比如有些医学型的出版社在专业化程度很高的医学类大学教材出版上一枝独秀，很多大型出版社都无法匹敌。像这样的出版社可以通过吸收融资组建公司，扩大医学图书的生产规模，增大营销力度，继续扩大优势，获取更大的资本收益；亦可以与信息技术企业合建公司，通过资本合作，以较小的投入，动员更多的技术力量，获取更多的技术支持，建设医学数据库，图片库、多媒体资源库，搭建网络平台，对原有产品进行立体化开发，延伸产业链，提高附加值。与此类似，师范型出版社在教育、心理类图书，工科型出版社在建筑、交通、计算机等自身较强的出版物上都可以采取类似的策略。

对于实力强大的出版企业，除以上方式之外，还可以通过兼并收购与自身图书业务符合的文化公司，借助对方成熟的制度、研发体系、人力资源和销售渠道，做大做强自身的图书业务。

除图书业务外，不同类型的出版企业可以根据所在大学在专业上的特色和优势，结合自身情况和能力，开展适宜的业务和相应的产权资本运营。

比如，随着我国教师资格证制度的实施和基础教育课程改革的深入，中小学教师的继续教育逐步常态化，成为教师任职的基本条件，产生了较大的培训市场和机会。师范大学的出版企业可以联合资本成立有限公司或股份有限公司，或控股已有的培训公司，利用师范大学的教师资源开展教师培训业务，也可以根据社会对中小学生学习辅导的需求，利用师范大学的学生或教师开展学习辅导，并扩展到英语四、六级考试辅导，教师资格证考试辅导，计算机考试辅导，考研辅导等。业务壮大之后，可以考虑以连锁加盟的形式，撬动更大的资本力量，推动业务快速发展；或者在以上业务发展到一定程度时，根据自身发展情况出售某些业务，实现二次收益；同时，可以配合以上业务开发学生辅导用书或教师培训用书，通过配套服务带动图书的销售，实现利润最大化。以学生辅导为主业的学大教育集团和学而思教育集团由于快速发展和良好的业绩，已经在美国纽约交易所上市，由此可见学生辅导的市场需求还是很旺盛的，师范型出版企业在这个领域内的发展空间还是比较大的。另外，目前幼儿教育受到每个家庭的重视，师范型出版企业可以成立有限公司或股份有限公司，借助师范大学的教育优势，从事与幼儿教育相关的业务，比如胎教班、亲子班。目前，国家规定在建小区要提供教育配套，包括幼儿园和中小学，在这些方面，房地产开发企业也乐意与有社会影响的大学或教育企业合作开设幼儿园，以提高住宅的销售附加值。资本力量较强的师范大学出版企业可以联合母体师范大学和房地产开发企业，成立有限公司，共同建设幼儿园。为调动大学的积极性，可以鼓励大学以无形资产入股。如果有足够的资本实力和社会影响力，出版企业也可以直接与房地产开发企业合作。

与此类似，美术院校的出版社可以联合社会资本成立文化公司，开展绘画、计算机图形设计、摄影等培训业务；也可以联合社会资本开设广告设计公司、装修设计公司、图书设计公司。语言大学的出版社则可以联合社会资本成立文化公司，开展四、六级考试，商务英语考试，GRE 考试、托福考试等辅导业务，也可以成立翻译公司、中介公司等。

对于经济实力雄厚的的大型出版企业，可以积极运作上市，在更大的平台上获取资本支持。具体的方式有直接上市、借壳上市、参股上市。直接上市需要公司具有良好的业绩和成长性，需要漫长的准备和等待，难度较大。如果不能实现整体上市，则可以将优势资产剥离，单独运作上市。辽宁出版传媒股份有限公司 2007 年在上海证交所实现了直接上市，业务领域包括编辑业务和经营业务。由于直接上市难度较大，出版企业可以通过借壳和参股实现曲线上市。值得借鉴的例子是上海市新华书店借"华联超市"的"壳"实现了上市目标。

3.4.3.3　无形资产运营

在实际运作中，无形资产不仅可以用于交易，而且可以通过评估作为有效资本参与股份，并且可以通过评估后作为融资的质押。

对于资本力量比较弱的大学出版企业，仅依靠自身的资本力量会使发展速度受到限制，很难在市场竞争中生存下来，因此更应该积极采用资本运营动员社会资本，为我所用，有所作为，产权资本运营和无形资产运营都是比较合适的选择。

在整合社会资本的过程中，出版企业可以根据开展业务的需求，通过社会机构对自身无形资产(包括品牌、商标、专利、版权等)进行评估，在组建有限公司、股份有限公司，或重组、参股其他公司时作为股份注入，可以弥补货币资本的不足，或避免投入大量货币资本造成企业资金短缺；为满足扩大再生产和开展新业务的需要，出版企业也可以将经过评估的无形资产作为向银行贷款的质押。

目前，出版企业在交易中比较常用的无形资产是出版权。由于中国经济的发展和国际影响的加强，中国在世界上的影响日渐显著，世界各国对中国的关注也与日俱增，导致近年来我国与其他国家的版权交易量急剧放大。版权交易成为很多出版企业赢利的新渠道，成为对外宣传的重要手段。很多大学具有丰厚的人文底蕴和研究积淀，对大学出版企业而言这是一笔难得的出版资源，其中关于中国古典人文、历史和民族特色的内容也是宝贵的对外交流的版权资源。大学出版企业可以以国际版权交易为目标，有意识地开发相关选题。

由于国有企业的背景，证券资本运营和风险资本运营对目前的大学出版企业而言不甚合适。在此暂不论及。资本运营是大学出版企业发展的必然选择，但是需要大学出版企业以正确的态度面对资本运营，结合企业自身实际情况，科学决策，正确选择业务发展方向和与之匹配的资本运营类型，让资本运营为发展提供不竭的动力。

3.5　营造有利于大学出版企业资本运营的良好环境

经过一系列基础性制度建设，我国资本市场发生了转折性的变化，市场基础不断夯实，市场的广度和深度进一步拓展。随着文化体制改革的不断深入，资本市场在出版产业资源配置方面发挥着越来越重要的作用。外语教学与研究出版社、北京师范大学出版社、华中科技大学出版社等一批大学出版企业近年来的资本运营及取得的成效，有力地说明多种多样的资本运营形式已成为大学出版企业实现做强做大、做精做专的有效手段。

为支持大学出版企业的发展,《教育部、新闻出版总署关于进一步推进高校出版社改革与发展的意见》(教社科〔2008〕6 号)指出:"要合理配置高校出版资源,允许和鼓励出版资源向专业特色突出、市场化程度高、综合实力强的高校出版社集中和流动。积极支持信誉良好、经济实力强的高校出版社跨地区、跨媒体经营,通过联合、兼并、重组等提高高校出版产业的集中度。研究和解决影响高校出版社发展中出现的问题,会同有关部门制订符合高校出版社发展实际的经济政策,为高校出版社创造良好的经济发展环境。"

"十一五"期间,国家对新闻出版产业中的一批大型出版企业进行重点扶持,政策主要向这些大型出版企业倾斜。"在做强做大一批中,我们没有找到自己的位置。"中国人民大学出版社社长贺耀敏说。[①] 对于普遍规模较小的大学出版企业来讲,在转制过程中相对处于边缘化,要促进大学出版企业的发展,促使其成为我国出版产业的重要的生力军,国家和高校应出台更为具体、针对性强的政策。

3.5.1　国家对大学出版企业资本运营的支持

目前,大学出版企业转企改制工作取得了改革的阶段性成果,开始面对新的问题,"出版改革真正的难点不在于注册一个公司,更换一个牌子,真正的重头戏是在后改制时代,这出重头戏才是出版业改革的关键"[②]。对于大学出版企业而言,由于其办社的定位宗旨与地方出版社和中央各单位出版社不同,整体的市场化进程晚于其他出版社,在加快自身发展、有效进行资本运营方面,还需要政府给予大力的支持,从制度和政策上营造有利于大学出版企业资本运营的良好环境。

第一,大力发展多层次资本市场,设立文化产业投资基金,推进大学出版企业资本运营。

转企改制的完成,标志着大学出版企业从传统出版向现代出版迈出了关键的一步。大学出版企业如何进行股份制改造的问题开始提上议事日程。对大学出版企业而言,如何解决所有者缺位、产权虚置的问题是关系到下一步如何发展的大问题。

---

① 陈香. 大学出版在改革中失却先机:发展遭遇政策瓶颈. 中华读书报,2009—12—07(9)
② 吴培华. 后改制时代才是改革的重头戏. 出版广角,2010(4)

新闻出版总署署长柳斌杰就这个问题曾谈到，一方面，大力发展多层次资本市场，扩大文化企业的直接融资规模。国家设立文化产业基金就包括私人的资金和机构的资金。按照中央要求，财政部正在会同相关机构发起设立中国文化产业投资基金，由中央财政注资引导，吸收国有骨干文化企业、大型国有企业和金融机构认购，由专门机构进行管理，实行市场化运作，通过股权投资等方式支持、推动资源重组和结构调整，促进国家文化发展战略目标的实现。另一方面，国家政策上鼓励社会资本进入文化领域，比如，建立资产交易所，把出版企业股份制改革中的产权拆分后，个人可以购买其中的一部分，拥有其中一部分的产权，这是一个投资渠道。上海、深圳、成都、沈阳、合肥、广州、武汉等地已相继成立了文化产权交易所，为文化产业投融资提供专业服务。同时，文化部也正在筹建国家级的文化产权交易所。

另外，在将知识产权、技术产权、专利作为资本的问题上，现在国家出台了一些新的政策，允许凭借知识产权、技术产权、专利进入资本市场。当然，上市公司也可以作为个人资本投资，以后还要解决管理层持股的问题。这些方面的新政策、新措施，为各种资本进入新闻出版行业创造了市场环境。尤其是知识产权、版权质押的法律法规获得人大通过之后，我国建立了深圳、上海、北京三大版权交易平台，全天候进行工作，随时可以进行版权拍卖、抵押。[1] 这些举措为大学出版企业的下一步发展指出了方向，对大学出版企业的资本运营无疑是有力的政策支持。

第二，加快出版产业的市场化进程，消除行业准入壁垒，解决媒体融合与产品分割的矛盾。

2009年《关于进一步推进新闻出版体制改革的指导意见》、《关于进一步推动新闻出版产业发展的指导意见》等一系列相关文件都明确鼓励跨行业、跨地区、跨媒体、跨所有制经营。但时至今日，媒体间的壁垒依然没有变化。

市场化水平与企业资本经营紧密相关，要提高和推动出版业的资本运营，必须提高出版业的市场化水平。我国出版业经过20世纪80年代开始的商品化阶段、集团化阶段，目前正处于企业化阶段。企业化阶段是我国

---

① 参见"柳斌杰答中国传媒大学同学问". 现代出版，2010(9)

出版业从传统出版向现代出版转型的关键阶段，它以出版社改企转制为主要特征，带动了出版市场的全面发展。"构建统一开放、竞争有序、健康繁荣的现代出版市场体系"，"鼓励出版企业进行跨地区、跨部门、跨行业并购重组，建立必要的经营性分支机构，推动有条件的出版、发行公司上市。"[①]而现实中，对于大学出版企业来讲，跨行业并购重组困难重重，统一开放、竞争有序的市场体系还只是一个远期目标。"在市场准入方面，中国出版业两种壁垒并存：一是出版商进入其他媒体的壁垒，属于行业内壁垒；二是其他行业进入出版业的壁垒，是产业壁垒。这两种壁垒都是建立在政府严格管制基础之上的，由此导致了行业内的产品与产业间的资本无法自由流动。"[②]只有真正消除行业准入壁垒，解决媒体融合与产品分割的矛盾，出版企业的资本才能自由流动起来，资本运营在资源配置方面才能发挥更大的作用。

第三，促进出版产业与金融、资本市场的对接。

近年来中央政府出台一系列推进新闻出版体制改革的重要政策和文件，2010年4月中宣部等九部门联合制定关于金融支持文化产业振兴和发展繁荣的指导意见，新闻出版总署与国家开发银行、中国银行等金融机构签订战略合作协议，进一步打通投融资渠道。推动企业股份制改造和现代企业制度建设，鼓励处于成熟期、经营较为稳定的文化企业在主板市场上市，鼓励已上市的文化企业通过公开增发、定向增发等再融资方式进行并购和重组，这是新中国第一个金融全面支持文化产业的文件。

2011年2月，新闻出版总署与中国工商银行签署战略合作协议，从金融合作角度全力推动中国新闻出版产业发展，中国工商银行将在未来5年内为新闻出版产业发展提供不少于600亿元的意向性融资支持。这些政策和措施为出版产业的发展提供了大力支持，金融是现代经济的核心，对出版企业进行跨地区、跨部门、跨行业联合、兼并、重组，加快新闻出版资源向优势企业集聚，建设国家出版传媒主力"舰队"，推动和引导出版产业持续、健康、稳定发展具有重要作用。

第四，推进产权制度的改革：建立现代出版产权制度。

现代产权理论认为，经济增长的根本原因在于产权制度的有效安排及

① 参见2006年新闻出版总署出台《关于深化出版发行机制体制改革工作的实施方案》
② 周蔚华，闫伟华. 当前出版产业的新变化及面临的新问题. 新华文摘，2011(2)

其合理化。只有建立起合理的产权制度，才能形成合理的市场价格机制和有效的激励机制，以实现资源的合理配置。[①] 转企后的大学出版企业，虽然在法律意义上成为独立的市场竞争主体，但合理的产权结构的缺失，成为制约大学出版企业有效运作的障碍，更限制了大学出版企业进行资本运营的运作。

为了适应经济全球化背景下我国传媒业发展的需要，通过资本运营实现资产重组已经成为当前众多出版集团和出版企业一个无法回避的话题。但是出版产业的资本运营中，存在着一些需要从理论和实践两方面进行创新才能解决的关键问题，其中出版产业产权模糊与资本运营对产权内在要求的矛盾，就是一个必须解决的关键问题。要真正实现资本运营的应有效用，必须解决好产权这个基础性的、起着"瓶颈"作用的环节。

3.5.2 大学对大学出版企业资本运营的支持

大学出版企业在转企改制后有两大积极转变：一是企业的自主经营权扩大，将会进一步激发出版社和员工的生产力。二是企业治理结构的转变，由以前行政性的会议制度转变成现代企业的董事会、监事会制度，使决策管理更加科学和规范。

但实际上，由于大学是大学出版企业的主管单位，并且是唯一的股东，因此大学出版企业的董事会、监事会必然以学校委派的人员为主体，由于这些成员绝大多数可能长期在事业体制下工作，对于现代企业制度的运作方式和规则可能并不熟悉，甚至思维模式和价值取向也会同企业人员有一定差异。而一个企业需要董事会能在激烈的竞争中做出符合市场要求的决策，这里面就存在一定的矛盾，这个矛盾如果解决不好，就可能出现"企业单位事业化管理"的新问题。[②] 大学如果不变革目前与出版企业的关系，出版企业就无法真正建立起现代企业的治理结构，更无法通过资本运营实现自我发展的目标。因此，大学出版企业进行有效的资本运营，大学必须解决两个问题：

首先，大学对出版企业的管理体制应与时俱进：投资主体多元化。

转制后的大学出版企业，成为在法律意义上的市场主体，但内部运营

---

① 张新华．转型期中国出版业制度分析．北京：中国传媒大学出版社，2010
② 周安平．谨防出现"企业单位事业化管理"．中华读书报，2009－10－28(7)

机制的重建与完善仍然任重道远，一些较为突出的问题诸如高层不稳定、拼凑成的董事会效果欠佳、国有资产的增值如何衡量等问题依然在困扰着大学出版企业。"现代企业制度的特点是权利制衡，而现在大学出版社都是学校单一投资主体，即国有独资，这样的话，和其他出版社之间的兼并重组，运用社会资本，很难做到。""如果坚持学校全资，维持'一人企业'，大学社的重组、联营、上市就不可能开展。"①必须推动大学出版企业深层次的改革。

"第一步是转企改制，第二步是股份制改造，第三步是规范公司制改造，中间有一部分出版企业可能成为上市公司。这是一步一步地往下走，转制之后同时采取的步骤是兼并、联合、重组。"对大学而言，应当根据大学出版企业这三步走的不同阶段，进行不同的管理体制的变革。目前阶段，首要解决的就是投资主体多元化的问题。目前高校系统的出版社其出资人是"学校或学校资产经营有限公司，其资产由学校资产管理委员会进行管理和监督"。大学出版企业大部分规模较小，没有资格获得国有资产授权，只具有大学授予的资产使用权。在这种情况下，大学出版企业遇到结构调整、资产重组或兼并、收购，按国有企业的一般做法，要向上级主管资产的部门事先打报告、请示批准，才可以进行。从这里看出，大学出版企业的产权关系和市场主体地位依然不明确，还不能依法自主经营，要实现大学出版企业的真正的资本运营，还需要更加完善、细致的制度安排予以保障。

其次，以国有资本的保值增值为目标，对大学出版企业建立科学、长效的考核机制。

一直以来，大学出版社背靠大学，成立的目的是为教学和科研服务。转企改制后，大学出版企业市场化趋势日益明显，必须按照市场经济的规律运作。而长期以来，大学作为主管单位，对大学出版企业实行事业单位行政化的管理，这种管理随着转企改制的完成，已经不适应出版企业发展的需要。

在资本运营时代，大学对大学出版企业的考核标准应随之发生变化。在生产经营时代，利润是评价企业绩效的核心标准；在资本运营时代，资

---

① 陈香．大学出版在改革中失却先机：发展遭遇政策瓶颈．中华读书报，2009－12－07(9)

本的升值成为考核指标。目前，大学出版企业已完成从事业转变为企业的关键一步，开始探索和尝试资本运作，面临着体制、机制的诸多问题，这一过程充满着荆棘、试错和风险。作为主办方的大学在设定大学出版企业的定位和发展目标之后，建立起一套完整的考核机制，确保国有资产的保值增值，放手出版企业去经营，让它成为完全意义上的市场主体，这是对大学出版企业的最大支持和最到位的支持。①

随着文化体制改革的深入和文化产业的进一步发展，资本的力量正在迅速地改写中国出版的格局，资本运营已成为出版企业做强做大的必然选择。大学出版企业必须抓住转企改制的有利契机，在国家政策和大学的支持下，通过积极的资本运营，充分利用资本的力量，发挥大学出版企业应有的活力，从而实现大学出版企业的可持续发展。

---

① 吴培华 . 出版问道十五年 . 上海：复旦大学出版社，2010.

第四部分

大学出版企业数字化建设的现状及策略研究

出版企业的数字化建设指的是，用数字技术和数字化思维改造传统的出版管理方式和生产方式，使出版企业从整体上适应数字时代的管理方式和生产方式，更加有效地整合出版资源，生产适应时代需求的出版物，从而提高传统出版业的生产效率和经济效益，更好地促进传统出版企业向数字出版的转型。

4.1　大学出版企业数字化建设的定义

4.1.1　大学出版社与大学出版企业

对于大学出版社的认识，业界有两种观点。第一种观点认为，"大学出版社是由某大学主办、定位于为高校（首先是本校）教学科研服务的出版机构"①；第二种观点认为，以大学及以上层次的教材和学术著作为主要出版物，面向大学及以上学历的读者，承担着服务教学、服务学术任务的出版社为大学出版社②。前一种观点是从主管主办单位出发，后一种观点从出书范围及责任出发。我们也可将其称为狭义的大学出版社和广义的大学出版社。按照第一种观点，截至 2010 年，我国共有大学出版社 108 家；按照第二种观点，大学出版社的数量则为 113 家③本论文探讨的是狭义的大学出版社。

对大学出版企业，目前业界还未给出一个准确的定义。按照国家文化体制改革的要求，凡是已经成功进行了转企改制的出版单位，都可以称之为出版企业。因此，大学出版社经过了转企改制，并且取得成功的，即可称之为大学出版企业。

4.1.2　出版企业的数字化建设与数字出版

出版企业的数字化建设指的是，用数字技术和数字化思维改造传统的出版管理方式和生产方式，使出版企业从整体上适应数字时代的管理方式和生产方式，更加有效地整合出版资源，生产适应时代需求的出版物，从而提高传统出版业的生产效率和经济效益，更好地促进传统出版企业向数字出版的转型。出版企业数字化建设的内容可以分为三部分：管理的数字化建设、出版流程的数字化建设以及产品的数字化建设。但是这三部分又是互相包容、互相渗透的，共同构成一个密不可分的整体。

---

① 　缪宏才．国家出版产业政策和后转企时代的大学出版．出版广角，2010(4)：17—20

② 　蔡翔．大学出版发展战略研究．北京：中国传媒大学出版社，2007

③ 　根据中国大学出版社协会 2010 年统计资料分析得出

　　究竟什么是数字出版？目前业界大多赞同中国新闻出版研究院数字出版研究室主任张立的观点，张立认为："数字出版从广义上说，只要是用二进制这种技术手段对出版的任何环节进行的操作，都是数字出版的一部分。它包括原创作品的数字化、编辑加工的数字化、印刷复制的数字化、发行销售的数字化和阅读消费的数字化。数字出版在这里强调的不只是介质，还包括出版流程。"[①]但一些专家、学者对数字出版的定义也存在不同的看法。在中国传媒大学教授周鸿铎等看来："数字出版是指具有合法出版资格的出版机构通过互联网对文字内容进行出版和销售的行为，这是一种通过网络媒介对信息进行记录、发表、存储、阅读的信息传播行为。"[②]北京印刷学院葛存山等认为："数字出版（Digital Publishing）就是采用二进制数字代码创建、存储、传输、再现和管理数字内容（Digital Content）的出版方式与活动。"[③]复旦大学张大伟认为："数字出版可以界定为：以标记语言为基础，以全媒体为显示形式，以强大的链接、搜索功能和个性化定制功能为主要特点的知识组织和生产方式。"[④]

　　以上观点大都是从技术的角度对数字出版进行的界定而往往忽略了出版的本质，即数字出版仍然是出版的一种形态，它也必须遵循出版的本质特征，也就是周鸿铎教授所说的数字出版必须"具有合法出版资格"。在我国，出版工作具有很强的意识形态性，因此政府对出版工作管理得非常严格，最根本的一条即是出版审批制。也就是说，出版必须经过政府的审查认可，而这种审查就交给了政府授权的出版社、报社、杂志社等出版机构。但随着我国内容产业和新兴创意产业的发展，一批专门从事内容编辑加工和生产的企业和文化工作室大量涌现。这种趋势体现在图书出版业中的民营书业发展，并且民营书业正逐渐得到新闻出版总署的认可，并被列为新闻出版产业的重要组成部分。[⑤] 也就是说，数字出版的外延也应该随传统出版业的发展而充实。因此中国版协电子与网络出版工作委员会副秘

---

① 张立. 数字出版相关概念的比较分析. 中国出版，2006(12)：14—15

② 周鸿铎. 媒介组合策略. 北京：经济管理出版社，2005

③ 葛存山等. 数字出版的概念和运作模式分析. 北京印刷学院学报，2008(10)：1—4

④ 张大伟. 数字出版即全媒体出版论——对数字出版概念生成语境的一种分析. 新闻大学，2010(1)：113—120

⑤ 新闻出版总署. 关于进一步推动新闻出版产业发展的指导意见，2010—01—01

书长王勤对数字出版进行的广义与狭义的区分似乎更符合这种发展的趋势："在我国，数字出版有广义和狭义之分。广义的数字出版是泛指所有利用数字技术从事编辑出版的生产活动；而狭义的数字出版则是专指具有合法出版资质的出版企业，利用数字技术完成内容编辑出版的生产活动，其出版资质的合法性是根据国务院三定方案，以新闻出版总署是否授予其出版权来界定的。"①

因此，我们认为对数字出版概念厘定存在两个误区。误区一，单纯从技术角度对数字出版进行质的规定而忽略了出版对内容创造性加工的本质。出版是具有创造性的活动，在出版的各个环节都体现了创造性。从信息的收集、选题开发到组稿、编辑加工，再到最后的出版发行，都充满了出版人的创造性劳动。因此，对数字出版的探讨不应该仅仅局限于技术的使用，更多的应该是结合新的产业形势和读者阅读心理的变化，探讨出版人如何开发适应数字时代阅读特征和传播特征的出版物。误区二，没能将广义的数字出版与狭义的数字出版做系统的界定。正如中国版协电子与网络出版工作委员会副秘书长王勤所说的那样，"新闻出版总署授权"是狭义数字出版的本质特征。而正是对广义与狭义数字出版概念的厘定，有助于具有"新闻出版总署授权"的传统出版企业在数字出版产业中确定好自己的定位，从而更好地开展数字出版。

数字出版必将取代传统出版这样的断言似乎不曾断绝，但以目前的情势来看，数字出版与传统出版将会在长期内共存，共同推动中国出版业的发展。因此，对大学出版企业进行数字化建设的目的，一是推动传统出版业继续向前发展；二是推动传统出版业与数字出版业的结合，使传统出版企业适应数字化时代的潮流，赢得未来数字出版的先机。

4.2 大学出版企业数字化建设的现状分析

为获得大学出版企业数字化建设现状的有关数据，我们从大学出版企业的类型、规模、地域等方面考量，从 105 家大学出版企业中选取了 48 家

---

① 王勤. 从本质上谈数字出版. 出版参考，2009(10)：17—18

作为研究范本，采取问卷调查和实地采访调查两种方式，以保证所获数据的真实可靠。

4.2.1 大学出版企业数字化建设的现状

根据对问卷的分析以及实地采访调查，我们认为：从整体上来看，大学出版企业的数字化建设仍处于初级阶段，数字化建设进程的快慢与大学出版企业规模的大小呈正相关。在大学出版企业数字化建设的过程中还存在着一系列的问题，大学出版企业要想真正走向数字化还有很长的路要走，还有很多的瓶颈需要克服。

4.2.1.1 对数字出版的认识有了较大程度的提高

在实地采访以及问卷分析中我们发现，大部分大学出版企业对数字出版有了较为清晰的认识，但对数字出版本质的把握仍存在不同程度的差异。由于我国的数字出版是在技术商的推动下发展起来的，因此，对于传统的出版企业来讲，一直处于被动接受的境地。转企改制前的大学出版社主要囿于自身出版体制、机制以及长久以来从事传统出版的思维定式，很难对数字出版发起主动出击，在数字出版面前基本持观望及否定态度。即便是积极开展数字出版的大学出版社，也是"摸着石头过河"，对数字出版没有形成整体的、清晰的认识。

"十一五"以来，随着文化体制改革的深入，作为一种新兴的出版方式，数字出版得到了政府的大力支持。这为数字出版在中国的发展奠定了良好的政策基础。2006 年以来每年一届的数字出版年会，以及 2010 年北京图书博览会和 2011 年北京图书订货会将数字出版单独作为展区，对数字出版在中国的发展起到了积极的推动作用。数字出版技术商如方正阿帕比，数字内容运营商如番薯网、超星，数字终端提供商如汉王、易博士等对数字出版的探索加快了中国数字出版的进程。

大多数大学出版企业对数字出版的理解，已经从单纯的纸书扫描发展到用数字技术实现出版流程的再造；从内容供应商发展到内容运营商或内容服务商；从并吞整个产业链发展到合作共赢……同时，一些实力雄厚的大学出版企业已经开始在这些方面进行尝试。例如，外语教学与研究出版社将自身定位为"教育服务提供商"，推出了面对高校师生群体用户的外研社数字学习资源平台，以及面对个人用户的双语互动网站——悠游网

(www. 2u4u. com. cn)及数字学习平台 FLTRP－Learning。这些平台提供多模态学习方式，以个性化学习方案为线索，为学生提供学习诊断测试、考试题库、多媒体课件、互动电子书刊、音视频等多种学习资源。①

4.2.1.2　思想上提高认识、行动上保持谨慎是大学出版企业数字化建设的主流

首先在管理的数字化建设上，大学出版企业对管理的数字化改造主要集中在网站建设、发行管理信息系统、财务管理信息系统、编务管理信息系统、办公自动化等方面；而对新兴的企业资源管理系统、内容资源管理系统、客户关系管理系统等项目的建设开展较少。见图1：

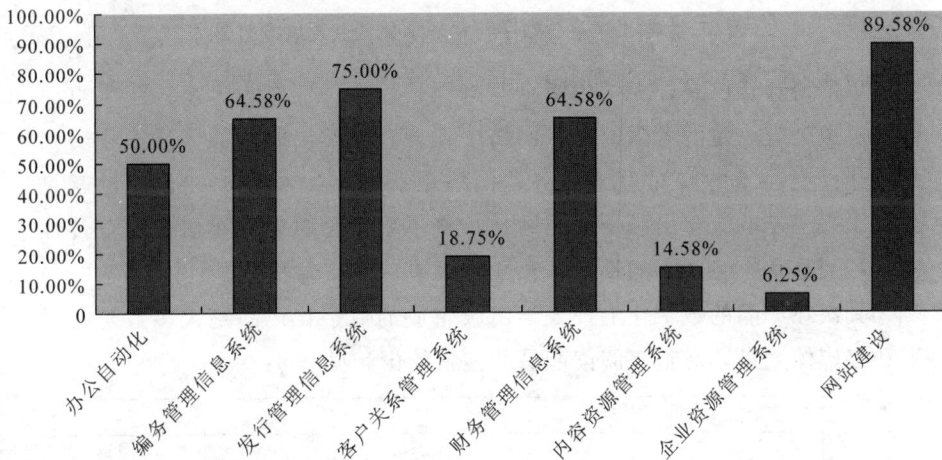

图1　大学出版企业数字化管理项目现状图

虽然对新兴数字化管理系统项目的建设开展水平较低，但大多数大学出版企业都明确表示，今后三年数字化管理将重点集中在企业资源管理系统等方面。见图2：

---

① http：//www. sinobook. com. cn/press/newsdetail. cfm？iCntno＝8513

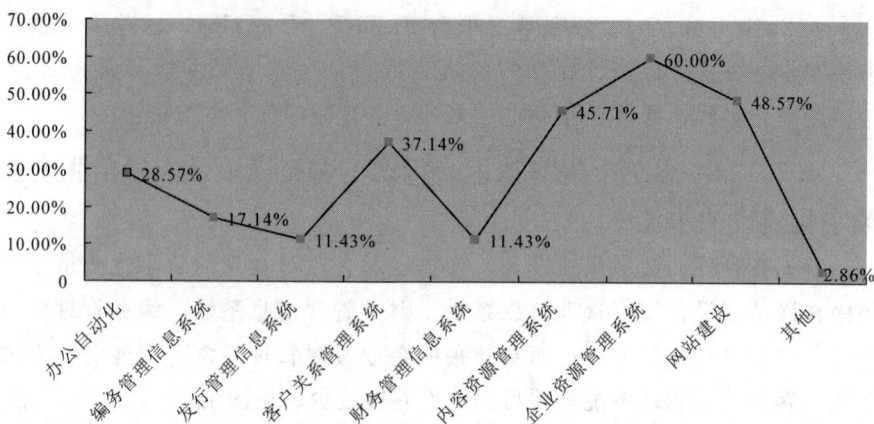

图2 大学出版企业数字化管理项目重点发展方向图

在这里值得注意的是，大学出版企业将网站建设仍然作为未来三年重点建设的对象是有一定的考虑的。在回访中发现，大学出版企业今后三年对网站的建设更注重的是对电子商务、网络出版平台等项目的建设，也就是说，未来三年的大学出版企业的网站，将不单纯是对外发布信息的宣传性窗口，而是集中在图书的销售、在线出版平台等功能的完善上。

其次在产品的数字化上，大学出版企业的数字化产品绝大多数是电子书和多媒体光盘，对新兴阅读产品的涉猎较少。见图3：

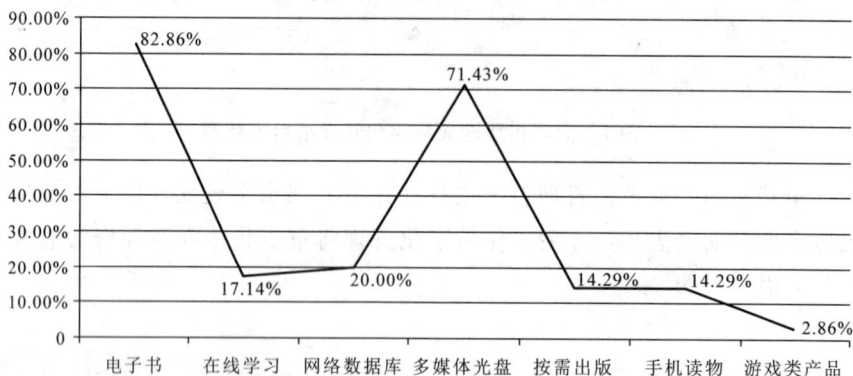

图3 大学出版企业数字化产品建设现状图

但多数大学出版企业又将在线学习和网络数据库作为今后重点发展的方向，大学出版企业已经开始针对自身的资源优势及特点思考自身数字出版的方向。见图4：

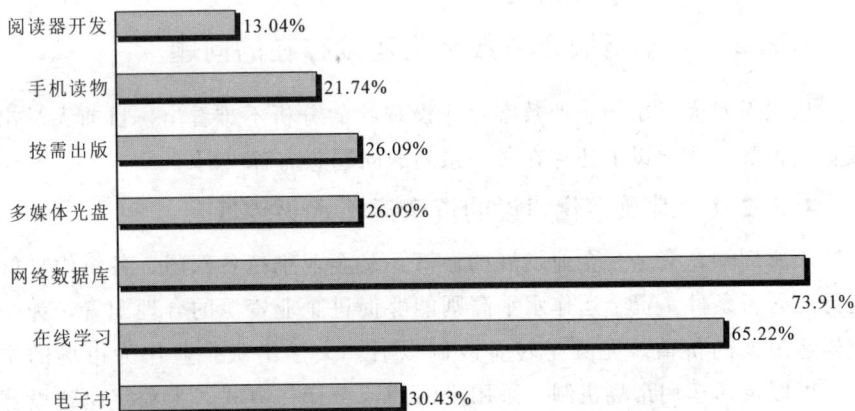

图 4 大学出版企业数字化产品重点发展项目图

再次从投资金额上来看，大部分大学出版企业对数字化建设的投入资金在 50 万元以下，投资的多少与大学出版企业自身规模的大小呈正相关。见图 5：

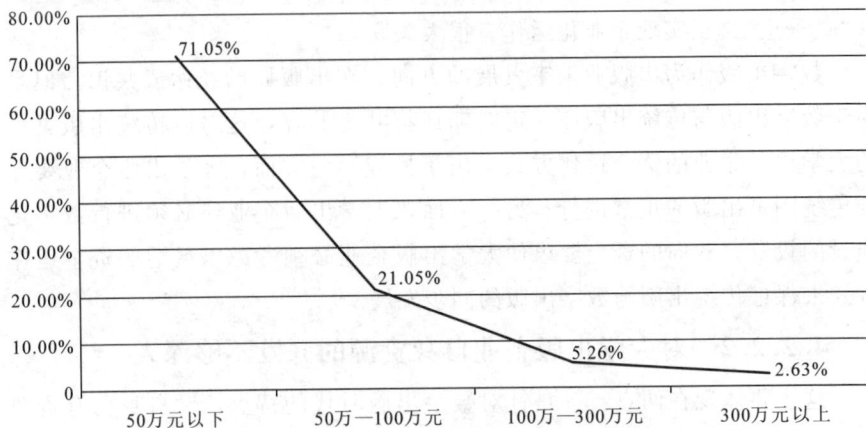

图 5 大学出版企业数字化建设投入图

造成这种现象的原因主要是数字出版赢利模式不清、数字出版复合型人才的缺乏以及资金和技术上的不足等。由于看不到数字出版的赢利，很多大学出版企业选择了暂时将资金投入到与传统图书出版相关的主业上去，这就造成了出版企业资金的分流。

4.2.2　大学出版企业数字化建设存在的问题

从以上对大学出版企业数字化建设现状的分析不难看出，目前大学出版企业在数字化建设上还存在着一系列的问题急需解决。

4.2.2.1　对数字化建设的资金运作水平较低

众所周知，资金是企业发展的血液，是企业维持各部门、各组织良好运行的必备条件。资金运作水平高则能够促进企业资源的合理配置，为企业创造最大的价值。尤其是转企改制以后，大学出版企业作为市场的主体，可以灵活运用市场机制，采用灵活的资金运作方式，为数字化建设募集资金，从而推动本企业数字化水平，为向数字出版的转型做好充足的准备。

然而在调查中我们发现，90.45％的大学出版企业的数字化建设是以自筹经费的形式进行的，采用灵活的资本运作方式来推进数字化建设的水平明显偏低。当然，这与大学出版企业刚刚完成形式上的转企改制，还未从"骨子里"真正实现企业化运作有很大关联。

数字出版作为出版业未来发展的方向，在出版界已经达成共识。但是由于数字出版与传统出版在一定时期还将共生共存，这对以传统出版见长的大学出版企业的资金运作方式提出了挑战。一方面，大学出版企业要保证传统图书出版的正常进行；另一方面，大学出版企业还必须进行数字化建设的投资。双向的资金要求使大学出版企业必须考虑以灵活的资金运作方式来保证传统出版与数字出版的同步发展。

4.2.2.2　对大学出版企业自身资源的开发不够深入

这主要体现在两点：一是针对数字出版时代的特点，对自身已有资源开发不足；二是针对所在大学的特色资源开发不够深入。

上海世纪出版集团总裁陈昕认为数字出版有三个特点：一是具有数字记录、储存、呈现、检索、传播、交易的特点；二是具有在网络上运营，能够实现即时互动，具有在线检索等功能，具有创造、合作、分享的特点；三是能够满足大规模定制个性化服务的需要。[①] 也就是说，数字化时代，要求的是碎片化的信息，这样就可以实现搜索的便捷性以及个性化定

---

① 　陈昕. 美国数字出版考察报告. 上海：上海人民出版社，2008

制，满足不同受众以及不同传播媒介对信息的不同要求。从调查结果来看，大学出版企业在数字内容的建设上，更多的是对已有纸质图书的数字化。这样的数字资源顶多是纸质图书的附庸，缺乏创新。

同时，大学出版企业背靠大学这座富矿，有着丰富的学术资源、作者资源以及教学资源。随着数字化教学在现代教育中的逐渐普及，中小学以及高校对相应的数字教学资源的需求越来越大。如何针对这些需求，开发合适的数字化产品，是每个大学出版企业都应该深入思考的问题。

4.2.2.3　版权问题成为制约大学出版企业数字化发展的瓶颈

版权问题一直是困扰数字出版的瓶颈，这主要体现在两个方面：一是对既有纸质图书作者数字版权的追授困难；二是盗版现象严重。

长尾理论认为，由于成本和效率的因素，当商品储存流通展示的场地和渠道足够宽广，商品生产成本急剧下降以至于个人都可以进行生产，并且商品的销售成本急剧降低时，几乎任何以前看似需求极低的产品，只要有卖，都会有人买。这些需求和销量不高的产品所占据的共同市场份额，可以和主流产品的市场份额相比，甚至更大。[①] 由于大学出版企业在数十年的发展中出版了大量的图书，在数字版权出现之前，与作者的协议中并没有就数字版权的归属进行约定。伴随着数字出版长尾的出现，对以前图书产品的数字化急需与原有作者就数字版权的归属进行约定，而这将是一项浩大的工程，会消耗大量的人力物力。2009年北京图书博览会期间，我们在与剑桥大学出版社中国区"学术，专业 & 期刊"经理那荣起的交谈中了解到，这一问题也是困扰剑桥大学出版社数字出版的一大障碍，他表示，如果这一问题得不到有效的解决，大学出版企业的数字出版也就无法正常开展。因此，探索一种合适的数字版权代理制度或者数字版权集中管理制度，将会对该问题的解决提供帮助。

另外，由于对数字版权保护的相关法律制度还不健全，这在一定程度上造成了数字出版物盗版现象的出现。同时一些互联网企业打着信息免费共享的旗号，给网民提供免费上传和免费下载的平台，吸引用户的点击量，从而赚取一定的互联网广告费用。这种披着免费共享外衣的盗版行为，严重侵害了作者和出版者的合法权益，给他们造成了一定程度的经济

---

① ［美］克里斯·安德森．长尾理论．北京：中信出版社，2006

损失，严重打击了他们从事数字出版的积极性。百度文库等一些互联网企业，允许用户免费上传数字资源，这在一定程度上造成了信息的集合，吸引了众多的点击量，从而带动了该网站互联网广告的增加。这些在没有作者授权的前提下进行的赤裸裸的侵权行为由于缺乏相关的法律制度，到目前为止还没有得到有效的监管和治理。2011 年 3 月 15 日，50 位文学家、艺术家、出版人发表联合声明《这是我们的权利》①，认为"百度文库"侵犯他们的著作权，要求百度文库立即停止侵权的这一事件，正是作者对自己合法权益的主张。因此，政府部门应该加强对数字版权保护的相关立法工作，从而保护作者和出版者的合法权益，促进数字出版产业的发展。

4.2.2.4 数字出版的赢利模式制约了大学出版企业数字化的进程

前面我们提到，数字出版是一场由技术商推动起来的变革，技术商在数字出版的前期自然占据有利位置。因此，传统出版企业对数字出版的理解也一度偏向技术至上。在此阶段，在技术上存在劣势的传统出版企业在与技术商的合作中处于谈判的劣势，定价权、利润分成等问题往往由技术商说了算。再加上大学出版企业的图书品种往往是学术著作或者教材类读物，读者市场相对狭小，赢利自然成为困难。随着数字出版的发展，传统出版企业认识到数字出版时代仍然是内容为王，他们在与技术商的合作中有了内容这张王牌，在谈判中的话语权增强。但是技术商又不甘做技术提供商，他们想要占有更多的内容资源，从而独吞整个产业链。这样就加剧了数字出版产业链上各方之间的博弈。

数字出版的赢利模式说到底是数字出版产品或者服务在销售过程中的价值的实现问题，这就牵扯到数字出版产业链上各方的利益分配的问题。因此，要想构建一个清晰的数字出版赢利模式，就需要数字出版产业链各方的协作。想要独吞数字出版产业链的行为，注定走不长远。

4.2.3 国外教育类出版集团的数字化现状

国外大型出版集团在数字化上起步较早，基本完成了数字化基础设施

---

① 慕容雪村. 这是我们的权利. 新浪博客，2011－03－15，http：//blog. sina. com. cn /s/blog _ 467a3a7f0100pqvs. html

的建设，正在向全新的数字出版商业模式的方向努力。在分析现有资料的基础上，笔者总结了国外教育类出版集团在数字化建设上的几个着力点。

4.2.3.1　加大对内容资源的整合力度

内容管理平台的建设，是目前国外各出版集团正在积极开展的项目。通过内容管理平台，出版集团可以实现对自身资源的有效整合，并能根据不同媒体形态的需要，输出不同格式、不同内容的数字内容，从而真正达到跨媒体出版的目标。汤姆森集团正在委托其下属的 Course Technology、Delmar、Promotric 和 NETg 开发内容管理平台 LLG，计划五年内完成；培生内部已经运行了 WPS，与前台的 Course compass 结合以更加有效的建设模式为学校提供服务；麦格劳－希尔出版集团已经成功地将内容管理平台运用在百科全书的出版上。[①]

4.2.3.2　重视在线业务

由于国外教育技术的发展水平较高，由此形成了良好的网络教学、在线学习的社会氛围，从而带动了教育出版市场需求的变化。因此，在教育出版领域，各教育出版集团都加大了对在线学习平台以及自身数字化资源建设的投入力度。培生开发的 enVisionMATH 平台，将纸本与数字产品相结合，在 2009 年非常畅销，使培生在美国数学教材市场的份额达到 46%；2009 年，为师生开辟的在线学习平台 Successnet，有 400 万的注册人数。而 Poptropica 网站（www. poptropica.com）则成为美国少年儿童最喜欢的虚拟空间，2009 年新增注册人数超过 100%，达到 7000 万人。[②]

4.2.3.3　创新商业模式

数字出版作为一种全新的出版形态，在产品形态、产业链组成、读者阅读需求等各个方面与传统出版有着很大的不同。这就决定了传统的商业模式在数字出版行业并不适用。国外大型出版集团认识到这一点，纷纷根据自身特色，深入研究数字出版的本质和特征，将教育规律与出版规律相结合，推出了适合自身发展的创新的商业模式。

圣智学习出版集团推出了电子教材的租赁业务。2010 年 1 月它们推出了 CengageBrain.com 网站，学生可在这个网站上以 3 折价格租赁教材，购

---

① 覃文圣，周立军. 教育出版数字化的新形态. 出版商务周报，2009－03－23
② 渠竞帆. 英美教育出版商的"新数字化行动". 中国图书商报，2010－03－12

买纸本教材、电子教材、单独的章节和有声教材。该网站还包括圣智学习开发的覆盖面广的家庭作业和学习软件，另外还有免费内容和购买多种产品的优惠。

麦克米伦开启维基式教材出版模式。该公司 2010 年 2 月 22 日启动的 Dynamic Books 数字出版平台，可以称得上是维基式的数字出版模式。出版商允许教授登录网站后，借助于编写工具，对使用教材进行个性化改编，可以重新组织章节，重写或删除部分章节段落，可以上传自己的教学计划、笔记、视频文档、图片或图表。这种模式的最大特点在于，让每一位授课的教授都参与到教材的修订中，集思广益采众家之长，而不单是教材作者的一己之力。①

从对资料的分析来看，每一个出版集团都有自己独特的数字出版商业模式，这是它们在对数字出版本质深入研究，以及对自身资源深刻开发的基础上形成的。这种创新精神，值得国内大学出版企业在数字化建设上进行学习借鉴。

4.2.4 大学出版企业数字化建设的发展趋势

对大学出版企业数字化建设现状的认识，有助于大学出版企业认清当下发展的形式；而对于大学出版企业数字化建设发展趋势的分析，则有助于大学出版企业把握数字化建设发展方向，合理制定数字化发展战略。

4.2.4.1 由技术向内容的复归

回顾一下数字出版的发展历程可以看出，技术商在推动数字出版的发展过程中起着巨大的推动作用，从电子书的制作到电子阅读器的开发，再到 2011 年被大家广泛关注的数字出版平台的建设等，这些都是在技术商的鼓动下而被出版界广泛关注的话题。然而我们认真想一下：当技术发展到一定阶段，数字出版成型，最终起决定作用也就是说被受众最终认可的究竟是什么？

虽然技术的发展使受众在接受信息时产生不同的阅读体验，但最终被受众接受并根植于头脑中的仍然是信息本身而非媒介。例如，人们以书本和电子阅读器阅读同一部著作之后，他们体验到的或许是两种阅读载体给

---

① 渠竞帆．英美教育出版商的"新数字化行动"．中国图书商报，2010－03－12

他们带来的不同阅读感受，但更多的是，他们对纸张和电子阅读器所承载的内容的相同感受。

因此，技术只是数字出版的支撑，而起决定作用的仍然是技术媒介所承载的内容本身。所以，说到底，数字出版的本质仍然是出版，是一项以内容的编辑加工为核心的内容产业。认识到数字出版的本质，有利于以传统出版为主业的大学出版企业探寻自己在数字化建设中的定位，从对技术的追逐开始向对自身拥有内容资源的深层加工，也就是说，大学出版企业的数字化建设最终会走向依据数字时代阅读的变化而开发适合数字阅读的内容产品的轨道上来。

4.2.4.2　由单打独斗到合纵连横

大学出版企业的数字化建设是一项长期的工程，它需要较高的资金投入和较高的技术支持。由于大学出版企业自身在技术上不具有其他技术公司所具有的技术优势，同时，长期以来大学出版社作为高校校办企业承担着为所属高校的教学和科研提供资金支持的任务，对赢利要求较少，因而在资本上也不具有很大的优势。同时，转企改制以后，作为独立企业法人的大学出版企业不再享受财政拨款和税收减免的优惠，并且仍然需要承担向学校上缴利润的责任，因此，大学出版企业在资金上更加紧张。

但是，转企改制以后，大学出版企业具有了灵活的管理机制和运营机制，能够按照市场规律自由开展资本运作，采取兼并、重组、上市、融资等多种市场化运作方式与具有技术优势的技术公司和其他风险投资公司合作，克服自身技术和资本不足的缺陷，采用先进技术改造自身的管理手段以及出版流程，为数字出版的开展奠定良好的基础。

另外，数字出版对信息具有海量的要求。马太效应认为，强者越强，弱者越弱。在出版集团纷纷成立，尤其是中国教育出版传媒集团成立的背景下，这些出版集团的资源将会越来越集中，对大学出版企业造成巨大的冲击。如果大学出版企业放弃单打独斗的发展模式而采取战略联合的策略，通过资源整合汇集的方式，将整个大学出版企业的资源集中到一起，就可以与其他出版集团相抗衡，从而对利用海量的学术资源和教育资源对读者以及其他机构产生吸引力，从而为整个大学出版企业的数字出版带来希望。

4.2.4.3　数字化产品由单一到多元

随着产业融合的加快，网络运营商、无线通信运营商、终端设备商等非出版机构加速了对数字出版产业内容开发的步伐，"泛出版"时代已经到来。相同内容在不同传播介质上的呈现，使得大学出版企业的数字化产品呈现多元化的发展趋势。同时，随着教育技术在教育领域的推广和普及，以及学生对在线学习的适应，开发适合新形势下教育技术和学生学习心理相匹配的数字化教学资源以及在线学习平台，将会是大学出版企业在教育出版上数字化建设的主要方向。

另外，随着电子书包进课堂这样一个政府工程项目的推进，同样使得大学出版企业在中小学教材教辅市场上，必须开发合适的立体教材以及数字教育资源。

在学术出版上，通过将学术著作打散重组，以数据库的形式呈现出来。数据库的出版模式，同时提供按需印刷的服务，从而使绝版书以及因印数不足而无法印刷出版的书籍得到最大价值的发挥。

4.2.4.4　政府行政指导与行业协作并行

数字出版作为传统出版业未来的发展趋势已经被新闻出版总署列为"十二五"重点规划项目。在数字出版赢利模式不清晰、技术标准不统一、平台建设不兼容、版权保护不完善的情况下，仅靠出版行业依靠市场规律的调节无法快速顺利完成出版企业的数字化转型。因此，作为出版业主管部门的新闻出版总署，必然会加强对数字出版的引导力度，尽快制定出科学合理的技术标准以及可以互相兼容的数字出版平台，从而使大学出版企业的数字化建设尽快进入快速健康发展的轨道。

2011年4月20日，新闻出版总署公布了《新闻出版业"十二五"时期发展规划》，"顺应数字化、信息化、网络化趋势，推进新闻出版业转型和升级"被列为"十二五"时期新闻出版业的重点任务。在《数字出版"十二五"时期发展规划》的专项规划中，新闻出版总署提出了"十二五"时期数字出版产业发展的指导思想和基本原则，并对"十二五"时期数字出版业发展的战略重点进行了规划。在这份发展规划中，总署还提出了国家数字出版内容资源建设工程、农家书屋数字化建设工程、电子书包及配套资源数字化工程、《中国大百科全书》数字化工程、少数民族文化数字出版促进工程五项"十二五"时期数字出版业发展的重点项目。另外，总署还提出了推动数字出版业发展的七项保障措施。① 这就为中国数字出版业的发展奠定了良好的政策基础。

4.3 大学出版企业数字化建设的环境分析

环境，是一个企业生存和发展的客观条件。对环境的分析，有助于企业清楚地认识内外部现实条件，从而更加科学合理地制定企业发展策略。大学出版企业的数字化建设是一项系统而复杂的工程，为保证整个数字化建设战略的实施，就必须对大学出版企业数字化建设的内外部环境进行科学的分析，从而为制定科学、合理的数字化建设策略做好铺垫。

4.3.1 外部环境的 PEST 分析

对企业客观环境分析的方法称为 PEST 分析法。PEST 是指 Political（政治环境）、Economic（经济环境）、Social and Cultural（社会文化环境）、Science and Technology（科学技术环境）4 个与企业生存和发展息息相关的环境。

大学出版企业进行数字化建设，自然离不开对外部整体环境的把握，只有将数字化建设的外部环境分析清楚，才能根据现实，采取必要的措施。

4.3.1.1 政治环境

首先，转企改制的成功为大学出版企业开展数字化建设提供了稳定的政治环境。2007 年 3 月 22 日，教育部和新闻出版总署联合下发《关于高等学校出版体制改革工作实施方案》，拉开了大学出版社转企改制的序幕。按照新闻出版总署的要求，到 2009 年年底，全国 100 多家大学出版社已经基本完成了转企改制的任务。这样，大学出版企业就可以将精力投入到市场化运作中来，利用灵活的经营方式和管理方式从事数字化建设。

其次，一系列政策、法规的出台，为大学出版企业进行数字化建设提

① 新闻出版总署. 新闻出版业"十二五"时期发展规划. 2011－04－20，http：//www. gapp. gov. cn/cms/html/21/508/201104/715451. html

供了制度上的保证。2006 年以来,《中华人民共和国国民经济和社会发展第十一个五年规划纲要》、《国家中长期科学和技术发展规划纲要》、《国家"十一五"时期文化发展规划纲要》先后公布,数字出版技术、数字化出版印刷、复制和发展新媒体被列入了科技创新的重点。2009 年,国家相继出台了《关于支持文化企业发展若干税收政策问题的通知》、《文化产业振兴规划》等相关政策;2010 年 8 月 16 日,新闻出版总署下发了《关于加快我国数字出版产业发展的若干意见》,对数字出版产业发展的总体目标、主要任务进行了规划,并且提出了对数字出版产业发展的保障措施;2010 年 10 月 9 日,新闻出版总署又下发了《关于发展电子书产业的意见》,对电子书产业的发展提出了指导思想和基本原则,并就电子书产业发展的重点任务和保障措施进行了规划。

2010 年 7 月 18 日,在 2010 年全国新闻出版局长座谈会召开期间,新闻出版总署署长柳斌杰就新闻出版业"十二五"规划编制等问题接受中央电视台记者的采访时指出:"现在,我们面临两个挑战。一是用现代传媒技术改造传统出版产业,发展新媒体;二是建成比较完善的统一市场体系。其中,促进出版技术升级转化是关键环节。'十一五'新闻出版业规划中,就有一批相关重大项目列入其中,'十二五'规划中还要进一步加大这方面工作的力度。第一,要建设一批数字出版基地,集中优势企业、优势人才、优势技术,将数字出版基地打造成引领产业发展的排头兵。第二,要实施中华字库等一系列促进产业发展的技术工程,通过技术手段提升产业发展水平。第三,要攻克制约产业发展的技术难点,在自主知识产权的技术体系方面取得新的突破。第四,要加强管理,保证主流文化的影响,在政策上扶持新兴产业尽快走进国际先进行列。我相信,数字出版将是'十二五'期间新闻出版工作的一个重点、难点,也将是亮点,数字出版将成为出版产业发展最快的领域之一。"

2011 年 4 月 20 日,新闻出版总署公布了《新闻出版业"十二五"时期发展规划》,其中的数字出版专项规划在基本原则、指导思想、重点战略、重点项目以及保障措施等方面对中国数字出版产业的发展在政府层面进行总体规划。这就成为今后五年中国数字出版产业发展的重要政策依据。

其他一些有关数字出版产业的法律法规等政策也正在酝酿之中,我们相信,对于数字出版产业的政策环境和法律环境将会越来越有利于出版企业数字化建设的开展。

4.3.1.2　经济环境

首先，国民经济的良好发展和第三产业投资规模的增长为数字出版产业的发展奠定了良好的经济基础。2010年整个国民经济经历了金融危机后逐渐复苏，现有统计数据显示，2010年上半年，我国国内生产总值172840亿元，按可比价格计算，同比增长11.1%，第三产业投资增长28.4%，高于第一、第二产业投资增长的17.8%和22.3%。① 这样，大学出版企业就可以抓住有利的经济发展趋势，同时利用灵活的市场机制，加大对数字化建设的投入力度。

其次，风险投资规模在出版领域的扩大为大学出版企业发展数字化建设提供了良好的发展机遇。2010年1月初，新闻出版总署发布了《关于进一步推动新闻出版产业发展的指导意见》（即2010年"1号文件"），这被业内诠释为出版业的"纲领性文件"，它不仅进一步肯定了民营资本出版的主体地位，而且也为风险投资进入这个行业展开了一幅新的蓝图。2009年7月，达晨创投、湖南湘投等5家创投机构联合投资中南出版传媒集团股份有限公司4.55亿元人民币。弘毅投资入股江苏凤凰出版传媒集团有限公司，两者都属于PE（私募股权）投资。② 作为独立企业法人的大学出版企业，完全可以按照灵活的市场机制，吸引风险投资，加快数字化进程。

4.3.1.3　社会文化环境

一个社会的社会文化环境的好坏，是该社会企业文化价值认同的基础，也是该社会进行文化产品创造的直接源泉。作为精神文化产品生产的大学出版企业，它根植于大学，从诞生之日起就与学术出版、教育出版结下了不解之缘。开展数字出版以后的大学出版企业自然也不可能离开自己的本业而转投其他领域。因此社会文化环境的好坏直接决定了大学出版企业数字化建设的未来。

首先，国民阅读率的变化为大学出版企业开展数字化建设提供了读者基础。来自中国新闻出版研究院2011年4月发布的《第八次国民阅读调查报告》的数据显示，2010年我国18～70周岁国民包括书报刊和数字出版物

---

① 以上数据来源于中央政府门户网站：http：//www.gov.cn/wszb/zhibo396/content
② 姜蓉. 出版业拐点出现或成风险投资下一个金矿. 中国经营报，2010－01－30

在内的各种媒介的综合阅读率为 77.1％，比 2009 年的 72.0％增加了 5.1 个百分点。其中，数字化阅读方式的接触率为 32.8％，比 2009 年的 24.6％增加了 8.2 个百分点，增幅为 33.3％。对数字化阅读方式的进一步分析发现，我国 18～70 周岁国民中分别有 23.0％的国民进行过手机阅读，比 2009 年的 14.9％增加了 8.1 个百分点；3.9％的国民在电子阅读器上阅读，比 2009 年的 1.3％增加了 2.6 个百分点；18.1％的国民通过网络在线阅读，比 2009 年的 16.7％增加了 1.4 个百分点；2.6％的国民使用 PDA/MP4/电子词典等进行数字化阅读，比 2009 年的 4.2％降低了 1.6 个百分点；1.8％的国民用光盘取读，比 2009 年的 2.3％降低了 0.5 个百分点。各类数字化阅读方式中，电子阅读器的接触率增长幅度达到了 200％，增幅最大。[①]

其次，国家对教育投入的增加，客观上对大学出版企业的发展起到了促进作用。教育的发展关乎国家的未来，同时也直接影响着教育出版的发展。作为以教育出版、学术出版为主业的大学出版企业的发展，深深地受到教育政策、教育环境的影响。同时教育技术、教育手段的变化，学生对知识获取方式的转变等，都促进了大学出版企业加快数字化建设的步伐。

4.3.1.4 科学技术环境

大学出版企业的数字化建设是一个以技术为依托的项目，因此，技术的发展状况决定了大学出版企业数字化建设的水平。进入新世纪以来，不仅国家加大了对数字出版技术的扶持力度，各技术公司也纷纷开发适合数字出版发展的软件，为大学出版企业数字化建设提供了技术上的保障。

首先，国家级数字出版技术工程正在有序进行。被列入"十一五"发展规划的由新闻出版总署牵头的四大出版工程（国家知识资源数据库工程、国家数字复合出版工程、数字版权保护技术研发工程、中华字库工程）已于 2008 年完成可行性论证，2009 年已有部分工程正式启动。新闻出版总署"十二五"发展规划中，又提出了国家数字出版内容资源建设工程、农家书屋数字化建设工程、电子书包及配套资源数字化工程、《中国大百科全书》数字化工程、少数民族文化数字出版促进工程等多项重点工程，相信

---

① 中国新闻出版研究院．第八次国民阅读调查报告．中国出版网，2011－04－21
http://www.chuban.cc/yw/201104/t20110421_87112.html

这些数字出版工程的完成，将会给我国大学出版企业的数字化建设提供强大的技术支持。

其次，数字技术在出版界的发展取得突破性进展。编务管理信息系统、发行管理信息系统、客户关系管理(CRM)、财务管理信息系统、内容资源管理(CMS)、企业资源管理(ERP)等数字管理技术逐渐成熟，这些管理技术的应用已在部分出版企业中取得良好的经济效益。

再次，数字出版技术商加大了对数字出版技术的研发力度。以汉王为代表的终端阅读器供应商将阅读器的开发进行到极致，并创造了2010年阅读器年的壮举；苹果公司iPhone、iPad系列产品的推出，让一些出版单位将"苹果模式"看做数字出版赢利模式的未来；番薯网、方正阿帕比等公司展开了对数字出版平台的竞争；电信运营商也开始涉足数字出版，移动阅读平台的发起，大有虎视天下之势。

4.3.2 内部环境的 SWOT 分析

SWOT分析法(也称TOWS分析法、道斯矩阵)即态势分析法，20世纪80年代初由美国旧金山大学的管理学教授韦里克提出，经常被用于企业战略制定、竞争对手分析等场合。SWOT分别代表：strengths(优势)、weaknesses(劣势)、opportunities(机会)、threats(威胁)。SWOT分析通过对优势、劣势、机会和威胁的加以综合评估与分析得出结论，然后再调整企业资源及企业策略，来达成企业的目标。

虽然SWOT分析法主要用于某个企业的现实情况的分析，但是我们在此将整个大学出版企业作为一个整体，采用SWOT分析法来分析一下大学出版企业进行数字化建设的优势、劣势、机会和威胁。见表1：

表1 大学出版企业数字化建设的 SWOT 分析表

优势(S)	劣势(W)
◆ 由知名专家教授组成的高水平作者队伍 ◆ 以学生、科研人员为主的稳定的读者群 ◆ 与所在大学相关的优势学科资源丰富 ◆ 数字出版人才培养条件便利 ◆ 发行渠道便利	◆ 资金和技术实力相对薄弱 ◆ 所在大学与新闻出版部门的双重管理 ◆ 出版物特色不明显

机会(O)	威胁(T)
◆ 转企改制带来灵活的体制机制	◆ 大型出版集团在资金、市场等方面的扩张
◆ 网络教育的快速发展	◆ 技术商对数字内容的染指
◆ 国家对数字出版产业的大力支持	◆ 版权保护不力

4.3.2.1 优势

出版企业的数字化建设是一个以内容资源和人才资源为核心的战略行为，背靠大学这座"金山"让大学出版企业在开展数字化建设时具有了其他出版企业所不具备的先天优势。

优秀的内容离不开优秀的作者，大学里集中了一批国内外知名专家学者，这些专家学者熟知各自专业领域的最新发展动态，并且笔耕不辍。他们的学识以及对待学术的敬业精神保证了学术出版的学术品位，往往会使学术著作收到很好的社会效益和经济效益。由于大学出版企业根植于大学，从而就具有了"近水楼台先得月"的先天优势，可以很轻松地与这些专家学者建立起良好的合作关系。同时，由于中华民族对师承关系的天然尊敬，大学出版企业在向那些与该大学有千丝万缕的联系但又不在本大学就职的知名专家学者约稿时，也有了一种身份上的亲近感，自然可以较轻松地获得这些学者的认可。这些学者的作品以及他们在教学科研中总结的教学材料，便成为大学出版企业开展数字出版的重要的内容资源。

数字化建设又是一个对人才要求很高的项目。由于大学是人才密集的地方，不仅有高水平的教师队伍，也有创新能力很强的学生队伍。每年充实到大学出版企业员工队伍中的优秀人才大多来自本校的优秀教师以及优秀学生。这就为大学出版企业开展数字化建设提供了充足的人才储备。同时，大学出版企业可以利用与大学的天然联系，合作培养适应数字出版发展要求的复合型人才，这是其他出版企业所不具备的先天优势。

有了优秀的内容资源和人才资源，再结合大学本身所具有的品牌优势以及学科优势，大学出版企业的数字化建设的优势也就凸现了出来，也就更容易使大学出版企业在数字化建设中取得良好的成绩。

另外，由于学生和科研人员是大学出版企业的主要读者对象，这些人接受新事物的能力要高于其他人群，这就为大学出版企业数字化建设提供了稳定的读者群。在发行渠道上，大学出版企业也有着其他出版企业所不具备的优势。各大教育系统以及高校图书馆与大学出版企业的紧密联系，保证了大学出版企业数字出版产品的销售。

4.3.2.2　劣势

如果说内容资源和人才资源是出版企业开展数字化建设的核心，那么充足的资金和先进的技术便是出版企业数字化建设的保障。由于大学出版企业大多成立于 20 世纪 80 年代以后，发展历程较短，同时又承担着支持所在大学科研教学的重要任务，因此它们的资本累积较少，绝大多数大学出版企业担负不起独自进行大规模技术改造的资金。这就成为大学出版企业开展数字化建设的一个劣势。

大学出版企业在出书品种上同质化现象严重，这在一定程度上制约了大学出版企业数字化产品的建设，使数字化产品特色不明显，给大学出版企业数字化建设造成了资源的浪费。

同时，由于大学出版企业刚刚进行完形式上的转企改制，在很多方面还受原有体制的制约，不能很好地发挥独立企业法人的作用。这为大学出版企业进行合并、重组等灵活的市场运作模式制造了一定的障碍。

4.3.2.3　机会

虽然大学出版企业不具备资金和技术上的优势，但是转企改制为大学出版企业发展数字化建设提供了一个有力的发展契机。

转企改制后，大学出版企业成为独立的企业法人，可以按照现代企业制度完善企业化管理，同时可以作为完全的市场主体参与市场资本活动，通过融资、上市、重组、合并等多种形式扩大企业规模。上市融资可以让大学出版企业获得丰厚的资本投入数字化建设；重组合并可以让大学出版企业与具有技术优势的技术公司合作，壮大本身的技术实力，从而使大学出版企业走上数字化发展的道路。

网络教育的发展，给大学出版企业数字化建设的发展提供了一个良好的机遇。大学出版企业可以结合自身在教育资源上的优势，参与到网络教育的发展中去，从而拓宽自己的数字化建设之路。

互联网技术以及数字出版技术的发展，为大学出版企业的数字化建设提供了技术支撑。来自政府层面的支持，例如新闻出版总署"十二五"发展规划中，将数字出版作为重要任务来抓，并制定了一系列的政策措施，这就给大学出版企业的数字化建设提供了发展的可能。

4.3.2.4　威胁

虽然大学出版企业在进行数字化建设时有很多的优势以及发展的机会，但是摆在大学出版企业数字化建设面前有几个矛盾需要认真对待。

第一，数字出版与传统出版的矛盾。业界对数字出版取代传统出版有两种完全不同的看法，一种认为2018年数字出版将超越传统出版，传统出版逐渐消亡；另一种观点认为，在相当长一段时期内，数字出版和传统出版共存。数字出版已经被业界认为是出版业的发展方向，但这是否就意味着传统出版将就此消亡？所以，大学出版企业在进行数字化建设时，需要对数字出版与传统出版进行合理规划。

第二，网民免费阅读心态与数字版权保护的矛盾。免费，已经成为我国网民对互联网信息获取的一种固有心态，然而大学出版企业的数字出版物究竟以何种方式进行传播，是加大对版权保护技术的开发还是顺应网民的消费习惯，这也是摆在大学出版企业数字化建设面前的重要课题。

第三，单个大学出版企业数字内容的有限性与数字时代对海量信息需求的矛盾。虽然大学出版企业进行数字化建设有很强的学科资源优势，但是把这些资源放在海量的数字资源中，它们又显得那么微不足道。数字出版的一个基本要求就是海量信息。单个的大学出版企业的数字内容资源远远不能满足数字时代读者对海量信息的需求。

另外，随着各省出版集团的成立，它们在资金、资源、技术上的优势要明显高于大学出版企业，再加上数字技术提供商如汉王、方正阿帕比等对数字内容的染指，就加剧了数字出版市场的竞争态势，从而对大学出版企业数字化建设构成了威胁。

4.4　大学出版企业数字化建设的策略探析

数字化浪潮席卷传统出版领域，虽然目前还未见到传统出版消亡的迹象，传统出版与数字出版在很长一段时间内将互生共存，共同推动现代出版产业的发展。但是，作为以传统出版立身的大学出版企业，在教育出版、学术出版方面有着得天独厚的优势，在中国的教育出版、学术出版领域发挥着重大的作用。大学出版企业理应顺应现代化出版发展的规律，找出一条适合自己的独特的数字化发展之路。

前面我们已经对大学出版企业数字化建设的现状以及环境等进行了分析，从中我们明确了大学出版企业开展数字出版的优势以及不足，对数字出版产业的现状有了较为清晰的了解。那么，大学出版企业究竟应该如何开展数字化建设和数字出版，这是本章需要解决的问题。

4.4.1　对外寻求政府层面的大力支持

出版企业的数字化建设是一个系统的工程，这不仅需要出版机构积极参与，努力推进，更需要来自政府部门的政策、法律、制度等的支持。我国政府已经将数字出版列为"十二五"发展规划，这体现了政府对数字出版产业的重视。与此同时，一系列与数字出版相关的法律、制度、标准等也正在逐步制定和完善。为此，大学出版企业应该积极主动利用政府部门为数字出版的发展而制定的一系列的优惠政策及措施，更好地为本企业数字化建设的开展创造有利的条件。

一些大学出版企业在争取政府资金支持上有一些经验值得借鉴。北京师范大学出版集团"建设面向教育的数字化出版基地"项目获国家"2010 年度文化产业专项基金"1000 万元。在 2010 年的江苏省文化产业引导资金中，南京师范大学出版社的"幼儿教育数字出版信息交互平台"项目获引导资金 80 万元，中国矿业大学出版社凭借"煤炭专业出版数字平台建设与利用"获得资金 140 万元。[①] 无独有偶，南京大学出版社的"海外中华民国史数字化史料库与高水平民国史研究出版基地"、"中华传统文化数字交互出版平台"、"中国优秀传统文化传播平台"，浙江大学出版社的"面向家庭的个性化数字出版服务技术研究与应用示范"等项目，均通过一系列与数字出版有关的立项项目，获得了来自政府层面的资金支持。

这些依据本社实际和特色所立项目，一方面为大学出版企业数字化基础设施的建设提供了支持；另一方面，为大学出版企业开展数字出版进行了有益的探索，促进了大学出版企业对数字出版本质的了解，为传统出版向数字出版的转型提供了有力的借鉴。

---

① 梁倩. 大学社数字出版借势项目. 中国图书商报，2010—12—24

资金的支持是一方面，而更多的有关数字出版平台、技术标准、版权保护等问题的解决，更需要依赖政府在行业发展的基础上制定出数字出版行业标准，以此来推动中国数字出版产业积极、健康、有序的发展。为此，大学出版企业应该积极推动政府部门对相关政策法规、行业标准的完善，从而获得政府层面对数字化建设的全力支持。

4.4.2 对内"广积粮、缓称王"的内涵式发展策略

内涵，是指概念所揭示的事物的本质特征，即事物质的规定性；所谓"内涵式发展"就是要抓住事物的本质属性，强调事物"质"的发展。内涵式发展是发展结构模式的一种类型，是以事物的内部因素作为动力和资源的发展模式。具体到大学出版企业的数字化建设的内涵式发展策略，也就是说，大学出版企业应该将注意力集中到对数字出版本质的研究以及对数字出版基础设施的建设和完善上来，以此来推动大学出版企业数字出版平稳健康地发展。

之所以采取内涵式发展策略，是由大学出版企业自身的现状以及我国数字出版行业整体的发展态势决定的。在前面章节的分析中我们已经知道，大部分大学出版企业属于中小规模，在资金和技术上与技术商以及其他大型出版企业有很大的差距。再加上目前数字出版的行业标准不规范、赢利模式不清晰等一系列的问题，大学出版企业如果盲目开展数字出版，大搞数字出版平台、阅读终端等高投资项目，必定会给自身的发展带来损伤。在这种情况下，本着数字出版的本质以及大学出版企业自身的特色资源而开展内涵式发展策略显得非常必要。

4.4.2.1 加强对数字出版本质的研究和对数字出版思想的贯彻

从数字出版概念兴起以来，学界、业界对何谓数字出版进行了长期的研究总结。但目前还未能有一个权威的概念普及开来。在第一章中，我们已经对数字出版的概念作了简单的梳理，并且提出目前对数字出版概念研究的两个误区，即忽视出版的本质以及对广义数字出版与狭义数字出版界定的模糊。这只是从概念的角度进行的分析。然而，作为出版主体的大学出版企业，应该对数字出版的本质进行更为细致的分析和研究，例如对数字出版特征的研究、对数字出版受众的研究、对数字时代阅读体验的研究等。只有对本质有了清晰的了解，在开展数字化建设的过程中才能有针对

性地开展工作、创造产品、增加效益。

从现有的资料统计来看，对数字出版本质的研究成果仍以学界为代表，出版社从业人员对数字出版的研究更多的是一种经验的介绍和总结。这一方面说明了数字出版在我国的发展还处于初级阶段，仍然有很多需要思考的问题；另一方面从侧面说明了我国出版业界内部对数字出版研究的匮乏。照理来说，数字出版作为一项实践性很强的行业，前沿的问题、策略等理应由出版社提出，而目前来看，恰恰相反。传统出版企业缺乏对数字出版的研究和关注，数字出版理念的贯彻还未能深入人心。

要想使大学出版企业决胜数字出版，首要的问题是必须扭转企业员工的思维，用数字出版的理念武装企业员工的头脑，使他们在工作中严格按照数字出版对编辑思维、编辑方式、编辑流程的要求要求自己，为大学出版企业日后向数字出版的转型做好思想上的准备。这一方面，需要大学出版企业加大对员工数字出版理念以及知识的培训；另一方面，也要在员工中树立起危机意识，使员工自觉主动地扭转传统出版理念，用数字出版的思维进行编辑创造。

外语教学与研究出版社、北京师范大学出版社等大学社邀请国内外开展数字出版较好的出版社的专家学者给本社员工开办数字出版讲座，取得了较好的效果。同时，外研社还就数字资源的存储制定了严格的措施。例如，外研社规定，编辑在保存图书电子版时，对文件名的命名、格式、方式(章节拆分)等均需按照严格的标准执行。一旦这种对数字内容保存格式的思想进入员工头脑中，便会产生意想不到的效果。按照这种标准执行以后，外研社的对内容资源的数字化效率大大提高。

4.4.2.2 加大对数字化基础设施的投入

在数字出版赢利模式不清的背景下，对数字化建设进行大量的投入得不到有效的回报，因此很多大学出版企业都望而却步。但是，数字出版是一项发展非常迅速的产业，一旦有合适的赢利模式出现，数字出版产业将获得巨大的提升。由于数字出版是一项长期的系统的投资工程，出版企业不可能在短期内吹响集结号，尤其对那些规模较小的大学出版企业来说更是如此。未雨绸缪应该是每个大学出版企业都应该深深坚持的理念。如果在此之前大学出版企业没有对本企业的数字化基础设施进行必要的投入和完善，那么当走在前面的出版企业在数字出版上获得巨大收益的时候，它们只能望洋兴叹。因此，大学出版企业应该本着本社数字化发展水平的实际情况，进行数字化管理的建设以及出版流程的数字化改造。说到底，没有数字化建设的投入，数字出版只能是纸上谈兵。

在数字化管理基础设施的建设上，主要有以下几个方面：办公自动化系统、编务管理系统、发行管理系统、财务管理系统以及最近几年得到出版社青睐的 ERP 系统、CM 系统等。另外，网站建设也是出版企业数字化建设的重要内容，但此时对网站建设的要求已远非单纯的宣传推介所能满足，它更多的是对网站所具有的搜索功能、电子商务功能、在线学习功能以及在线创作功能等的要求。

在此应该注意的是，对本企业数字化基础设施的投入，一定要本着本社实际情况，不能大搞特搞。另外，在基础设施的建设上，我们提倡每个出版企业都应该成立一个或几个数字资源库，将本社原有的纸质出版物、大学教师的教学讲义以及其他与本社数字出版日后发展相关的特色资料数字化以后，按照数字出版对碎片化信息存储的处理要求，存放在这个资源数据库中，以便日后数字出版赢利模式清晰时，可以有条不紊地开展数字出版产品的建设。

我们看到，目前很多大学出版企业都与方正阿帕比或其他技术公司开展了对原有纸质出版物的数字化项目。这说明大学出版企业正在逐步探索数字出版之路。但是，我们也应该看到，各家技术公司在数字技术上的不同标准，给日后统一的数字出版标准实施后大学出版企业数字出版的发展带来了一定的风险因素。因此，大学出版企业在与技术商合作开展数字化建设时，一定要选择具有行业代表性的技术公司。

4.4.3 明确对自身数字出版的战略定位

定位理论最早源于广告传播领域，它的基本思想是让企业在预期客户的头脑里如何独树一帜。对战略定位理论的奠定，迈克尔·波特教授做出了一定的贡献。他认为企业战略的核心是活的竞争优势，而竞争优势取决于企业所处行业的赢利能力，即行业吸引力和企业在行业中的相对竞争地位。因此，战略管理的首要任务是选择最优赢利潜力的行业，其次还要考虑如何在选定的行业中自我定位。我国学者裴中阳对战略定位理论做出了新的诠释，他认为，所谓战略定位指的是：在对企业所处的外部竞争环境进行正确评估、对自身的资源配置及核心能力进行客观判断的基础上，确定自己的产业边界、商业形态和行业竞争地位，建立战略管理的必要基础。① 可以说，裴中阳的战略定位理论着眼于整个产业的高度，更加符合战略一词所具有的意义，因此本文对大学出版企业数字化建设的战略定位分析是从裴中阳的理论中总结而来的，但是又根据大学出版企业数字化建设的实际情况有所变化。

大学出版企业的数字化建设，是就大学出版企业某一发展方向的运作，是整个企业发展战略中的局部而非整体。因此，对大学出版企业数字化建设的战略定位要比对企业整体发展的战略定位要相对简单。我们对大学出版企业数字化建设的战略定位分析，主要就产业边界定位和产品形态定位展开论述。

由于在第三章中，我们已经对大学出版企业开展数字化建设的内外部环境等进行了系统而全面的分析，在本节，我们将重点放在对大学出版企业数字化建设产业边界和产品形态定位的分析上。

4.4.3.1　大学出版企业数字出版的产业边界的定位

所谓的产业边界定位，也就是确定大学出版企业从事数字出版产业或者数字出版产业链的哪一环节的问题。对于传统出版企业在数字出版产业链中处于哪一环节的问题的讨论一直是业界关注的焦点。产业链的形成是社会分工造成的结果。在传统出版业中，经过数百年的发展，已经形成了完整而固定的产业链，传统出版企业稳居产业链的核心，是名副其实的"链主"。而数字出版时代，这一状况发生了深刻的变化。这主要表现在出版社一家独大的局面被打破，由于数字出版先期对技术的高度集中，使得技术商暂时在数字出版产业链中占据主要地位，而传统出版企业一度被称为"内容提供商"。随着数字出版的发展，内容运营商（内容服务商）、技术提供商、平台运营商、电信运营商、渠道商、终端制造商等纷纷出现，产业链的各个环节都有占山为王甚至并吞整个产业链的气势。

但是，一个完整的数字出版产业链，需要各方的密切配合。而且，对数字出版产业的理解，不能仅仅从自身专业或者技术特性出发，而必须面

---

① 裴中阳. 为战略定位正名——特劳特、波特为什么还是错的? 北大商业评论，2010(6)

向数字出版所服务的广大读者。

数字出版时代读者的需求有了深刻的变化，简单来说也就是对内容以及数字阅读技术的诉求。由于数字技术可以实现高速检索、多媒体呈现等阅读方式，因此与传统出版相比，技术似乎更能满足读者的阅读需求。但是，在根本上，读者阅读的仍然是进行深度编辑加工后的内容，经由技术而呈现出来的产品。所以，不管是内容还是技术，都是数字出版时代不可或缺的重要组成部分。同时，由于我国对出版的严格管理和控制，出版权仍然掌控在由政府授权的传统出版社手中，并且这一问题不可能在短期内得以解决。因此，大学出版企业一方面应该看到这一点所带来的优势；另一方面又要增强忧患意识，数字时代内容是掌控在作者手中而非传统出版企业手中的。

作为以教育出版、学术出版为主业的大学出版企业，一方面有着深厚的教育资源及学术资源；另一方面企业员工绝大多数是具有高水平的编辑人员，能够对自身特色资源进行精心的挑选以及深度的编辑加工。这可以说是大学出版企业可以掌控的优势之所在。结合这一优势对自身的产业边界进行定位，很多大学社都将自己定位于教育服务商、内容服务商或内容运营商等角色。

角色定位以后，就是如何在数字出版产业链中创造价值的问题了。中国数字出版赢利模式不清晰主要是由于产业链各方在利益分配上不能达成一致，各方都想在数字出版中占主导地位。定价权问题、利润分成问题、透明结算问题等一直是内容商与技术商合作过程中的瓶颈。然而，基于"云计算"技术的"云出版"模式给这一问题的解决带来了希望。

中国出版集团数字传媒公司总经理刘成勇认为："云出版"有几层含义——聚合出版内容云，借助出版技术云，面向出版渠道云，提供出版服务云——形成完整的"云出版"。2011年4月盛大文学云中书城店中店平台以及方正阿帕比云出版服务平台的上线，可以算作国内开展云出版服务的两大先驱。盛大文学云中书城店中店平台宣称，将为版权方提供内容录入、自主定价、营销推广、支付结算等一整套数字版权解决方案。方正阿帕比云出版服务平台则声明，该平台将为数字出版产业链上的各环节都带来价值提升：对于出版商而言，通过该平台，可以实现数字资源的自主授权渠道、自主选择商业模式、安全发行和透明结算；对于渠道商而言，通过该平台，可以快速搭建数字资源运营平台，及时获取正版资源并实现为读者提供多终端、跨媒体阅读服务。

虽然技术提供商发布该平台的目的始终是围绕着本企业的核心利益来进行战略扩张，但从这一现象来看，技术商确实已经意识到在数字出版赢利模式中的瓶颈问题，已经着手进行传统出版企业最为关注的定价权、透明结算等问题的解决。这对于中国数字出版产业链的贯通以及清晰的赢利模式的产生具有一定的积极意义。大学出版企业可以参照这种发展模式，为自己数字出版的产业边界进行更加清晰和准确的定位。

当然，产业边界又是动态的，随着大学出版企业数字化建设的发展而变化，当大学出版企业在数字化建设上有一定成绩的时候，可以适当拓宽产业边界或启动产业升级。

4.4.3.2　大学出版企业数字化建设的产品定位

产品是企业的生命。对于大学出版企业的数字出版来说，对数字出版产品准确而清晰的定位是决胜数字出版的关键。读者是产品的归宿。因此，对数字出版产品的定位，首先要认真研究数字出版时代读者的阅读需求，然后结合本社资源特色开发适应市场需要的数字出版产品。

由于大学出版企业面向的读者群相对固定，主要是学生、教师以及科研人员。因此，要想进行准确的定位，必须对这些人群在数字化时代的阅读趋向进行仔细研究，开发适时对路的数字出版产品。

对国外数字出版做得比较好的出版集团的研究发现，它们无一例外都是采取了基于本社特色的产品细分的方式进行数字化内容的建设。在国内数字出版做得比较成功的出版社，也大都是根据本社特色开展的产品细分之路才有了如今的成绩。例如社科文献出版社的皮书系列、商务印书馆的工具书在线等。

大多数大学出版企业是以教育出版和学术出版为产品主线的，因此在开展数字化建设的过程中，大学出版企业必须牢牢把握教育资源和学术资源，深度挖掘，细分产品市场，打造有本企业特色的数字出版产品。

(1)基于本社特色的数据库模式。

数据库技术的发展，使传统出版的产品形态发生了变化。存储于数据库中的信息，是以一种完全不同于传统出版知识存储形式的样式存在的。它不仅仅可以以传统图书形式的形式存在，也可以以单独的篇、章、节的形式存在，而且，它可以以网状的、结构化的、基于知识（或语义）的内容片断存在，这就极大地方便了信息检索以及内容个性化定制的需要。我们这里所说的数据库并非是一个单纯集合本社内容资源的数据存放地，而是一种基于市场的数字出版产品形态。因此，对这种数字出版产品的设计和开发，必须根据读者的阅读需要，结合大学出版企业自身资源以及所在大学的特色优势学科进行规划设计。

外语教学与研究出版社，立足于北京外国语大学在外语学科上的优势，在国内外语教学市场上独树一帜。外研社外语学习资源库，正是外研社根据自身外语教学资源的特色在数据库出版上迈出的重要步伐，如今全国已经有 200 多家大学可以访问使用外研社外语学习资源库。

除了教学资源的应用，大学出版企业还可以联合所处大学的相关知名院系、研究所开展特色专业数据库资源的开发。

（2）基于网络教育的 E-learning 出版。

上海世纪出版集团总裁陈昕认为，教育出版立足于人们的学历教育与教程，主题系列化、规范化、组织化，内容具有专门性、针对性、指定性，读者阅读与购买存在必然性、不可选择性，需求模型也为"必然需求"，但教育机构具有很强的自主研发能力和垄断性，以及较高的市场准入门槛、很强的竞价谈判能力。因此，网络运营中教育出版具备很大的市场空间，但机会成本高，风险较大，一旦获利，起点也高。①

随着以互联网为平台的远程教育的飞速发展，我国涉及网络教育的网站已经超过 5000 家。2007 年我国网络教育市场规模已经达到 175 亿元人民币，同比增长 20.7%；中国网络教育用户规模达到 1220 万人，同比增长 25.1%；2008 年中国网络教育市场规模同比增长 23.9%，达到 352 亿元，网络教育用户达到 1510 万人。预计在 2012 年市场规模将达到 723 亿元。②

大学出版企业的优势资源在教育，要改变以往只关注内容、生产、销售的传统教育出版模式，转而注重为学生的个性化发展提供整体教育解决方案，因此利用 E-learning 模式进行在线教育服务，无论其是收费服务还是无偿的增值服务，都是大学出版企业开展数字出版的一种可行模式。针

---

① 陈昕. 美国数字出版考察报告. 上海：上海人民出版社，2007
② 艾瑞咨询：2007—2008 年、2008—2009 年中国网络教育行业发展报告。

对大学出版企业丰富的教育资源，可供大学出版企业采取的 E-learning 出版的模式主要有以下几种方式：

(1)网络课程：使用视频、音频等多媒体技术，让学生在线学习。这既作为平时课程的一种补充，也可作为远程学校的一种学习方式。现在国内许多大学都开设了现代远程教育，为一般读者创造了大量低成本、高效率、信息化的学习机会和条件，从而为信息时代实现终身学习奠定基础。大学出版企业应充分利用这个契机，利用自己的内容资源(大量的高校教材)，结合学校的技术优势，通过一定的合作模式，共同推进网络课程的设计和规划，或根据学校已有的网络课程定制相关的纸质教材。

(2)家庭作业库：既可以是教材中已设定问题的解答，也可以是根据纸质书的授课内容新设计的课余学习内容，以巩固学习效果。

(3)测试题库及评估系统：利用出版社提供的开放的软件系统对学生的学习效果进行测试，以检验对新知识的掌握程度，并给出合理的评估。

(4)电子书和电子教案下载：学生可在线下载电子书，教师可在线下载电子教案。电子书有两个版本：一是与纸质书完全一样的版本，方便学生在特定的权限内下载后随时翻阅，也方便携带，这个版本可考虑与电子书出版商协商免费提供；二是在纸质书内容基础上配以音频、视频等多媒体元素的版本，这样的设计可以增加课程内容的丰度，增强视觉和听觉效果。免费提供电子教案可以促进纸质书的销售。

(5)互动教学社区：数字化学习离不开互动的答疑活动，建立互动教学社区，在规定的时间段，指定一个内容范围，由相关的教师一对一或一对多地进行课外辅导，实时解决问题。

(6)虚拟的体验材料：比如做游戏作业等，增强学生对课程内容的理解。

在 E-learning 出版上，很多大学出版企业都进行了有益的探索并取得了良好的效果。2006 年，清华大学出版社推出了"新时代交互英语"教学系统，作为新一代数字化的英语教学解决方案，它采用多媒体教材与在线教学辅助系统相结合的形式，并应用了语音识别、人工智能、高清晰度视频与音频传送等技术手段，已在全国 20 多个省市的 100 多所高校广泛应用。E-learning 数字学习平台则是外研社电子音像网络出版分社研发的集合多种功能的智能学习平台。针对一般英语学习者和高校学生，数字学习平台提供了 GPS 学习诊断功能，根据学习者的水平，推荐相应难度的学习资源；针对英语教师，提供了教学管理功能和丰富的教学资源，为教师的教学与科研提供了最大的便利；同时，数字学习平台集成了外研社大量的图书资源、题库资源、视频资源以及网络课程。在高校多媒体教学和自主学习的普及与深入潮流当中，外研社数字学习平台将成为高校英语教学必不可少的资源来源及教学工具。另外北京师范大学出版社、北京语言大学出版社等众多大学出版社都根据本社教育资源开设了一系列的网络学习平台，促进了网络教育的发展。

4.4.4 合纵连横的竞争策略

4.4.4.1 与技术商的合作、兼并或重组

由于大学出版企业在技术上的劣势，在开展数字化建设时单凭一己之力开发数字出版技术难以维持。另外，大学出版企业在市场、资金的运作上也明显不如技术商，难以为发展技术的风险买单。因此，通过与技术商合作、兼并或重组的方式，来提高本企业数字化技术的水平，不失为大学出版企业数字化建设之路的便捷方式。

美国出版集团在推进数字化的进程中，对于新技术采用更多的是通过与 IT 企业合作或收购 IT 企业的方式来进行的。哈珀·柯林斯通过与 Newstand 合作并拥有其 10％的股权来完成数字化基础设施的建设；桦榭美国公司则通过收购 Jumpstart 来完成其网上广告的销售；培生教育出版集团在 2007 年收购了一个远程教育的"电子大学"网站，来拓展自己的产品市场。[①] 在国内，大学社在数字产品的开发上多数是与汉王、方正阿帕比等技术公司开展合作进行电子书的开发工作。转企改制以后，灵活的市场机制为大学出版企业从事更多的市场和资本运作提供了便利的条件，一些大学出版企业也开始与一些技术公司进行了重组、兼并等资本合作模式。

4.4.4.2 与内容商的联盟

数字出版对海量信息的要求，使单个大学出版企业在这一挑战面前必须走向社社联盟的发展道路。数字出版时代另一个颇为值得各大学出版企业重视的问题是内容资源的马太效应将会逐渐显现。在学术期刊领域，已

---

① 陈昕．美国数字出版考察报告．上海：上海人民出版社，2007

经形成了几家垄断性的企业，例如中国知网、龙源期刊、维普资讯等。这些企业分享着传统出版带给数字出版的高额利润，而传统的期刊社只能获得很少的利润。面对此种情形，传统图书出版商要想不重蹈期刊社的覆辙，只能自己联合起来，创建基于利益分享的内容资源库，共同分享数字出版给传统图书出版带来的利润。

作为大学出版企业也是如此，尤其对于中小型大学出版企业来说，自身出书品种有限，如若单纯依靠自身的品种资源，难以达成规模效应，也不符合读者对海量信息检索以及一站式获取信息的要求。

大学出版企业作为以学术图书和教育图书为主要产品的企业，在出书类型上有着高度的相似，因此，这种先天的共性，让大学出版企业具有结成数字内容联盟的良好基础。其实大学出版企业早已在数字出版以外的很多领域开展了联合。中国大学出版社协会作为行业组织，在大学出版企业的合作共赢发展中发挥着重要的作用；每年一届的全国大学出版社图书订货会促进了大学出版社图书的销售，增进了大学出版社之间的信息交流。因此，大学出版企业为今后数字出版的发展，有必要结成数字内容资源或者数字出版发展的联盟，发挥大学出版企业集体协作的优势，增强内容资源的规模效应，共同应对数字出版的挑战。

同样，大学出版企业也可以与大学出版企业以外的出版商进行联盟和合作，在内容资源的集合以及数字出版产品的开发上发挥各自优势，共享数字出版成果。

在浙江大学出版社数字出版中心主任金更达看来，大学出版企业的联合可以分两步走。第一步，先成立一个资源建设中心。主要负责出版资源的整合、汇集工作，将各大学出版社的优质出版资源汇集在一起，形成大学出版社精品出版资源总库，并按专业和市场需求，形成若干个精品子库。第二步，建立战略联盟，成立数字出版运营中心。大学出版社建立战略联盟，成立数字出版运营中心的基础建立在第一步目标实现的基础之上，由原来的授权模式转变为自主运营模式，从而实现价值的一体化。[①]

---

① 金更达. 关于在大学出版社间成立资源建设中心的设想. 新浪博客，2009−10−30，http：//blog.sina.com.cn/s/blog_5c0175790100g5si.html

4.4.5 博采众长的人才策略

人才是大学出版企业开展数字化建设的关键。数字出版是一个以互联网技术、计算机技术与传统出版的融合为特征的新兴出版形态，因而这一新兴行业对人才的需求是既懂计算机技术、互联网技术，又对出版行业有深入了解的复合型人才。然而，由于数字出版在我国的发展时间较短，教育界对该类人才的培养也处于初始阶段，所以造成了数字出版复合型人才的匮乏。

目前各出版社从事数字出版工作的人员大多是从其他部门抽调过来，一些是有着计算机专业背景的人员；另一些则是对新事物接受较快的编辑人员。这体现了出版社博采众长的人才发展策略。除此之外，出版社还应该加强对人才的培养和专业的数字出版人才的引进工作。

前面我们已经说过，要对大学出版企业员工进行数字出版理念的培养和教育，但落实到专门从事数字出版的员工身上，则更加需要对这些员工进行专门的、系统的数字出版知识的培训，同时要激励这些员工积极投身数字出版知识的学习，努力掌握新技能，以适应数字出版对复合型人才的需求。

另外，大学出版企业还应该积极主动与大学开展数字出版人才的培养工作。大学出版企业与所在大学开办数字出版专业人才的培养具有得天独厚的优势，一方面大学可以发挥在教育领域的特长；另一方面大学出版企业可以发挥在实践领域的优势，强强联合，从而培养出符合社会需要的数字出版复合型人才。

在数字出版面前，大学出版企业与其他出版企业站在了同一起跑线上。所以，不管是亿元码洋以上的大社还是几百万码洋的小社，只要将数字出版的内涵领悟透彻，同时真正认识到自己独特的发展优势，再结合数字出版时代读者的阅读需求，开发合适的数字出版产品，采用灵活的数字出版赢利模式，那么，就一定能在数字出版中有所成就。

大学出版企业的数字化建设不是一蹴而就的，其发展模式也不是独一无二的。其成败的关键不在于资金的多少，而在于对数字时代读者阅读需求的把握、对自身资源的深度开发以及对成熟的数字出版赢利模式的探索。技术固然是大学出版企业数字化建设不可或缺的条件，但技术毕竟只是工具，"唯技术至上"的观点是时候向"唯内容至上"和"唯读者需求至上"转移了。毕竟数字出版面对的仍然是实体的读者，提供给读者的仍然是实体的内容以及服务。

虽然大学出版企业的数字化建设还有许多问题急需解决，但是，随着政府在数字出版领域的积极参与，各大学出版企业以及数字技术商投身数字出版热情的逐渐高涨，大学出版企业在教育出版以及学术出版的数字化上一定能够发挥出应有的水平，做出应有的贡献。

受中国数字出版产业发展客观环境的限制，本文仅对大学出版企业数字化建设的现状和策略进行了探讨，结合业界学界前辈已有的研究成果对中国大学出版企业数字化建设的策略提出了自己的意见和建议。由于数字技术的发展日新月异，业界和学界对数字出版的探讨也会不时出现新的拐点，因此，对大学出版企业数字化建设的研究要随着数字技术的发展以及整个中国数字出版产业政策及产业实践的发展而继续向前推进。

第五部分

我国大学出版企业的组织结构优化建设

对于转制后的大学出版企业来说，组织结构在整个企业内部管理系统中起着一种基础性的支撑作用，可以称之为企业的"骨骼"或"架构"。有了它，企业内部管理系统中的各种元素才能正常、自由地流动，在这种流动中，系统才能达到均衡、稳定的状态，企业各部门才能作为一个整体以较高效率同步运转。因此，组织结构的建立和优化是为了提升企业内部的管理效率，从而更有效地实现大学出版企业的宗旨和目标。

5.1　我国大学出版企业的组织结构建设概述

5.1.1　大学出版企业组织结构的内涵及作用

所谓大学出版企业的组织结构，是指企业全体员工为了实现企业发展的总体目标，在日常经营活动中进行必要的分工协作，从而在职务范围、责任、权力等方面所形成的结构体系。从本质上来讲，出版企业的组织结构实际上是企业各部门成员彼此之间的分工协作关系，既然有分工，则必然会出现相应的职务、责任以及权力限定。因此，出版企业组织结构的内涵是企业成员在职、责、权方面形成的一种正式的框架体系，组织结构因此也被称为权责结构。

对于转制后的大学出版企业来说，组织结构在整个企业内部管理系统中起着一种基础性的支撑作用，可以称之为企业的"骨骼"或"架构"。有了它，企业内部管理系统中的各种元素才能正常、自由地流动，在这种流动中，系统才能达到均衡、稳定的状态，企业各部门才能作为一个整体以较高效率同步运转。因此，组织结构的建立和优化是为了提升企业内部的管理效率，从而更有效地实现大学出版企业的宗旨和目标。

5.1.2　大学出版企业组织结构建设的现状分析

在我国出版业体制改革的浪潮中，各出版社以往一直沿用的计划经济时代陈旧、僵化的组织结构模式被革命性地颠覆，转制后的出版企业纷纷根据企业自身的规模、资源优势、发展战略等条件因素，对企业的组织结构进行了大刀阔斧的改革，并根据市场形势和政策的变化不断调整和完善，使其逐步达到最优化，在出版企业内部管理系统中发挥最大效用，从而提高了出版企业的内部管理效率，增强了企业的市场竞争力。

大学出版企业在我国出版产业中一直具有较为特殊的身份和地位。转制后，大学出版社的单位性质由事业单位转为企业，并建立了法人治理结构，开始以市场主体的身份参与日益激烈的出版市场竞争。但改制后的大学出版社并没有完全脱离隶属的高校，仍然是学校产业发展整体的一部分，因此在改革的过程中，也往往会不同程度地受到学校主管方的一些限制或影响。各个大学对所属出版社的发展期望与自身办社的目标密切相关，有的学校期望出版社的发展以服务教学科研为主，对其是否赢利和未来发展规模问题并不太重视；有的学校则期望出版社的发展以提高赢利能力、扩大规模或提升社会地位为主等，办社宗旨的差异导致了各大学出版社转制后的发展战略目标、经营模式、经营规模、资源配置等条件因素出现了很大差别，而这些因素正是决定企业组织结构的基础条件，因而也就直接导致了我国大学出版企业内部组织结构形式的多样化。

目前，我国一些中小型的大学出版企业主要走"专、精、特"的发展道路，而一些规模较大、实力较强的大学出版企业已经开始尝试探索集团化发展的模式。无论采取何种发展战略，我国的大学出版企业都在根据自身内部条件和外部环境，实事求是地构建并优化各自的内部组织结构，形成了多种不同的组织结构类型（具体的类型分析见下文）。

我国大学出版企业的组织结构建设受到多种因素的共同影响。一方面，或多或少承受着来自学校主办方的压力；另一方面，大学出版企业还面临着极其复杂的竞争局势。随着中国出版市场的进一步开放，国外强势出版力量的进入对国内出版企业造成了极大威胁。在这种压力的刺激以及国家文化体制改革的推动作用下，我国出版业遵循市场经济发展规律，坚持走集团化发展道路，实施资本扩张经营战略，扩大企业规模，实现规模效应。我国出版业的集团化趋势对大学社的生存和发展提出了巨大的挑战，因为就目前情况来看，即使是一些实力较强、已经实现集团化发展的大学出版企业，其实力与社会上的大型出版企业集团相比，也仍存在着一定的差距，而现有的众多中小型大学出版企业本身规模就不大，经营范围也相对狭小，赢利空间更是受到了不小的冲击。因此，在严峻的现实面前，大学出版企业更应该加快改革的步伐，坚持体制创新，积极探寻适合自身发展的组织结构，苦练内功，使其在内部管理系统中发挥更大的效用，迎接来自市场的挑战。

5.1.3 大学出版企业优化组织结构的必要性

由美籍奥地利理论生物学家 L. V. 贝塔朗菲首创的现代系统论曾提出，结构性原则是系统论最重要的基本原则之一，即复杂系统的功能是否达到最优化，直接取决于系统的内部结构。大学出版企业自身就是一个较为复杂的系统，要使系统各部分形成合力，就需要建立最优化的内部组织结构，为系统作为一个整体而实现高效率运转打好坚实的组织基础。

随着文化体制改革的进一步深入，出版市场的竞争日益加剧，大学出版企业也面临着更为严峻的挑战。要想适应复杂多样且瞬息万变的市场形势，并作出及时、有效的反应，大学出版企业必须建立起层级分明、主次有序的内部组织结构，才能够为企业战略的实施提供运作平台和制度保障。换句话说，大学出版企业的发展战略只有与结构性强的组织结构相匹配才能得以有效实施，而结构性强的前提是对企业组织结构进行与时俱进的不断优化。

目前，由于大学出版企业经营业务的拓展和规模的扩张，增加了企业内部层级机构之间、员工之间关系的复杂性，从而加大了企业协调与管理的难度，导致企业内部、外部的交易成本不断提高。因此，根据出版市场交易特征的变化，以及出版企业自身规模的复杂程度、未来的战略目标和发展方向，优化大学出版企业内部管理结构，使企业的内部组织结构与企业的发展规模相匹配，与其内部的交易成本、外部的市场交易特征相契合，是转制后我国大学出版企业经济管理的一项重要任务。

5.1.4 大学出版企业优化组织结构的原则

正如著名管理大师德鲁克在《卓有成效的组织管理》一书中所说："管理的首要课题是确保组织存活的能力、确保组织结构的强度和韧性以及适应冲击、适应变局与善用新机会的能力。"优化组织结构是大学出版企业经济管理工作中最重要、最核心的一个环节，它着力于建立一种最有效的组织结构框架，对企业成员在实现企业目标过程中的分工协作关系做出正式、规范的安排与引导。概言之，优化组织结构的实质就是要形成实现大学出版企业的发展目标所需要的正式框架。

在实践中，对大学出版企业的内部组织结构进行设计与优化，在大体上往往要坚持以下原则：

第一，目标至上原则。这是一条总的指导原则，这一原则说明两点，一方面，组织结构优化是一种手段，"组织是达到目的的一种手段，而不是目的本身"，其根本目的是为了更好地实现大学出版企业的发展。另一方面，大学出版企业的发展目标的实现程度，又是检验与衡量组织结构是否达到优化的最终标准。

第二，动态原则。大学出版企业的管理决策层要根据企业自身发展的历史阶段、战略目标、规模大小，以及出版物的品种类型与市场定位、企业员工的整体素质、出版市场的变化形势等因素，实事求是地构建适合本企业发展的组织结构，使企业组织结构具有良好的适应能力，并能够根据企业内外部环境的变化适时做出有效的调整，避免僵化与刻板，求新求变，在动态中保持企业内部秩序的稳定，在变化中维持与企业外部环境关系的平衡。

北京师范大学出版社对市场营销体制的改革，就充分体现了组织结构优化的动态性原则。为了弥合长期以来编辑与发行环节之间存在的断裂，顺畅衔接整个出版流程，解决市场信息滞后问题，从根本上改变现行的图书发行体制，扩大市场占有率，2007 年 8 月，北师大出版社对出版社市场营销体制进行了大刀阔斧的改革。具体措施是将市场营销部内的部分营销功能移至相应的分社，并在三个分社中分别成立自己的营销中心，进行各分社图书的营销策划、市场推广、信息搜集、订单收取、书款催收等工作。原市场营销部则更名为营销管理部，进一步加强营销管理职能，主要负责全社图书的销售与物流等服务管理工作。分社营销中心实行部门管理、全社统一领导；在运作模式上实行部门营销策划与实施，市场营销管理部集中发货、统一结款。[①] 这种模式建构了市场营销管理部同各分社营销中心的合理关系，同时也意味着北师大出版社的市场营销开始向专业化和精细化转型。建立分社营销中心以后，各分社能够更加敏锐地捕捉到市场形势的变化，根据自身的资源优势和发展定位，从选题策划环节开始就牢固树立市场意识，充分满足目标受众的阅读需求，为市场营销的成功打好基础。这个案例说明大学出版企业的组织结构不应是一成不变的，企业应根据现有体制的运行情况，对组织结构进行持续性的调整与完善，才能契合企业的实际运营需要，提升内部管理效率。

第三，效率优先原则。大学出版企业组织结构的设计要尽可能精简，削减不必要的层级与职务，以保证组织结构能够高效地利用有限的资源，

---

① 冯文礼.北京师范大学出版集团，改出活力实力竞争力.中国新闻出版报，2008—07—09(10)

降低企业内部协调与管理的成本。同时，机构的精简还有利于加快企业内部的信息流通，使上层的决策更快地得到传达与贯彻，也使基层的意见建议能够迅速上传并得到合理采纳，使大学出版企业的日常管理工作更加机动灵活。

北师大出版社在发展壮大的过程中，曾经出现过机构和人员过度膨胀、管理费用居高不下的状况，一度影响了出版社的进一步发展。为了提高管理水平和生产效率，出版社转企改制以后，针对机构膨胀、人浮于事的状况，社领导决策层果断地进行了精简机构和人员分流。经过精简，中层建制由原来的 26 个削减为 13 个，削减数量达到 50％。经过此次组织机构调整，层次不清、职责不明、因人设岗、条块分割的现象得到相当程度的改观。① 机构得以精简，更重要的是，职能得以转换。例如，原出版科更名为印制管理部，职能定位从重在生产职能转变为重在管理职能，撤销印制管理部原校对室、制图室的编制，对校对和插图绘制工作进行市场化、社会化运作和管理②，改变了人浮于事的局面，在降低管理成本的同时也大大提高了工作效率。

第四，责权结合原则。大学出版企业的组织结构应制订明确的岗位责任，要严格确保各个管理层级、部门、职位所拥有的权力都与其所承担的责任相对等，避免出现权大责小或权小责大两种偏差现象，同时，责任制度的实施也必须与相应的经济利益结合起来，因为这是发挥员工能力及主动性的重要前提。

5.2　大学出版企业的组织结构类型与分析

大学出版企业的内部组织结构主要存在以下三种类型：即 U 型出版企业、M 型出版企业和混合型出版企业。

---

① 冯文礼 . 北京师范大学出版集团，改出活力实力竞争力 . 中国新闻出版报，2008－07－09(10)

② 开出大学出版集团化发展道路——京师巨变 . 中华读书报，2010－09－15

5.2.1　U型出版企业

5.2.1.1　U型出版企业组织结构

U型出版企业又被称为直线职能制企业，也是我国绝大多数大学出版社目前仍在沿用的传统结构模式。所谓U型出版企业（Unitary Form），是指根据整个出版运营流程，按照不同的专业职能而相应设立组织层级结构，并由这些职能部门对企业实施具体管理的出版企业。

U型出版企业组织结构主要的功能特点在于分工负责，每个部门都是出版企业的一个专业职能单位，部门之间职能各异，相对独立而又相互关联、相互影响。如总编办公室、编辑部、出版部、市场营销部、物流配送中心、社办公室、人力资源部、财务部、后勤管理部等。所有这些职能部门构成出版企业完整的运营系统，它们所开展的不同经济活动共同构成出版企业的价值链。这种出版企业的权力集中于企业领导决策层，总经理（社长）为出版企业领导决策层的主要负责人，各职能部门负责人直接接受企业领导决策层的领导，并负责集中组织管理本部门员工在各自的职能范围内履行职责。

这种组织结构的管理方式为社长（或兼总编辑）全面负责，他们既对企业的长期战略性决策和发展方向负责，也要负责企业日常的经营管理活动。副社长（副社长或副总编辑）主要负责经营，分管两个或两个以上的职能部门。各职能部门任命一个或两个负责人（正、副职），对本部门的业务绩效负责，同时负责收集与本部门职能相关的信息，并与企业分管领导进行有效的沟通。

5.2.1.2　U型出版企业组织结构的优势

U型组织结构的运转机制是将整个出版运营流程按先后顺序分解成单项任务，再分派给各个职能部门，各部门各司其职，形成分工负责的局面，并由负责人直接向企业高层分管领导汇报本部门的职能工作情况。

由此可见，U型组织结构的最大优势是职能部门任务专业化，部门负责人和员工都在某个业务领域内从事某项专门工作，目标明确具体，任务单一，有利于发挥职能专长，也能够避免人力和物资资源的重复配置。并且便于部门负责人统一指挥，进行业务指导以及集中管理与监控，负责人与员工之间便于按照职能关系进行具有针对性的工作交流。比如，编辑部主任主要与编辑人员交流选题策划、组稿、发稿等情况信息，而不需要更多关心和了解出版物的印制、销售、成本、盈亏等方面的具体信息。

随着企业的不断发展，U 型组织结构的这种优势将使出版企业在某个业务范围内保持高效率，并且由于信息传递的直接与便捷，相对来说不容易出现失真或受阻的状况。企业管理层的决策能够迅速下达到各个职能部门；而基层员工对企业建设的意见、建议以及搜集来的行业、市场、社会甚至政策信息也能够及时地反映给上层领导。组织层级结构的简单化也在一定程度上保证了组织决策的科学化、民主化。

5.2.1.3　U 型出版企业组织结构的劣势

U 型组织结构在出版业已运行实践多年，随着文化体制改革进一步深入，一些大学出版社的生产力得到解放，企业的经营规模不断扩张，U 型出版企业的组织结构逐渐暴露出以下弱点：

首先，权力集中于大学出版企业的高层领导，分散了高层领导对企业长期战略性计划的探索精力。出版市场竞争程度的日益加剧，推进了出版物产品的多品种、多样化发展，为了争取更大的市场份额，大学出版企业也在不断拓展业务范围，扩大企业规模，企业日常运营管理的难度和复杂性由此增加，各职能部门之间需要更加密切地合作。而当大学出版企业的高层领导将大量精力放在日常运营决策以及协调不同部门之间的工作上时，必然会影响到其对企业长远战略性计划的考虑。

其次，对出版运营流程的简单化分解，削弱了各职能部门之间的横向联系。由于各部门相对独立，很容易在运营过程中产生脱节与矛盾。比如，编辑部的职能是对稿件进行文字加工，往往容易忽略前期的市场调研和后期的发行销售。再比如，出版企业为了应对市场竞争，对图书结构进行调整，新增了许多图书品种，则会超越职能部门现有的业务范围和运作技能，并且需要编辑、出版、市场销售等部门更加紧密地联系协作。但是由于不同的职能部门可能由企业高层不同的领导分管，彼此之间信息传递的周期较长，直接联系和沟通的机会较少，并且容易出现信息的重叠或延误、反馈滞后等诸多问题，不仅容易限制职能部门经理协调和控制本部门的行动能力，也给企业高层管理决策者协调不同部门工作造成更大困难。

再次，不利于大学出版企业优化资源配置。要解决以上两个问题，一个最有效的解决办法是增加大学出版企业结构的层级，设置更为专业的次级职能部门。但是，增加企业层级结构，就意味着企业内部交易成本的增加，也意味着信息在上传下达的过程中增加了更多的步骤和环节，有可能导致信息的不对称和失真，限制控制范围，削弱控制权限，甚至导致战略性决策的改变。在这种层级结构下，企业的利润目标难以分解到各职能部门，在整个经营过程中，各职能部门也就不可能有任何赢利的压力和动力，从各职能部门负责人的动机出发，他们也不会去追求企业整体利润的最大化。交易成本的存在使他们有任意决策的权利，某些职能部门负责人将会不顾出版社整体利润率的高低，只热衷于追求本部门的规模扩张，以达到提高自己的地位、声望、权力等目的，其结果必然要增加部门内部人力、财力的投入，最终导致企业内部交易成本的增加，企业资源配置不能达到最优。

U 型出版企业中固有的集权与信息问题将不可避免地抑制大学出版企业的成长与扩张，因此，U 型组织结构一般适用于出版物品种不多、经营规模较小或是尚处于发展初期的小型大学出版企业。

5.2.1.4 U 型大学出版企业的典型案例分析

中国传媒大学出版社是较为典型的 U 型出版企业，全社现有员工 36 人，最高领导层包括社长、总编辑、副社长，下设以人力资源管理为中心的办公室、以图书的生产管理为中心的总编室、五个编辑部（新闻传播编辑部、语言艺术编辑部、影视文化编辑部、媒体管理编辑部、电子音像编辑部）、出版部、财务部、市场中心、储运部、读者服务部等机构。

从机构团队的组成可以看出，中国传媒大学出版社是严格依照出版运营流程，根据专业化、标准化的要求，按照不同的专业职能而设立的组织结构层级。社长主持全面工作，主管图书经营，分管办公室、出版部、财务部、市场中心，对企业日常行为决策全面负责，并主要负责协调以上职能部门之间的工作。总编辑协助社长工作，主管图书选题，分管总编室、媒体管理编辑部、影视文化编辑部、音像出版事业部。副社长协助社长、总编辑工作，分管新闻传播编辑部、语言艺术编辑部、各专题编辑室及生产经营委员会。

中国传媒大学出版社采用 U 型组织结构，与其企业规模、发展定位有很大关系。这是一个只有几十个人的小社，这一特点就决定了出版社要想在自己的业务范围内和日常的管理工作中保持较高效率，必须将有限的人力资源进行专业分工，保证每个人都在自己的岗位和职权范围内发挥最大的作用，并且要尽量减少企业的层级结构，使企业内部信息能够较为直接、迅速地传递和沟通。

中国传媒大学出版社的企业规模虽然很小，但是由于依托中国传媒大学的学科优势，因此有着丰富的专业资源，这样的背景更适合于利用专业资源、依托学科优势背景做出特色，在特定的专业领域里做强，即在战略上走"精、专、特"的发展道路。现任社长蔡翔正是对中国传媒大学出版社的发展方向有着清醒而深刻的认识，因此从 2001 年上任之初，就结合当时出版社的实际情况，明确提出"走专业化出版之路"的战略定位，确定了"致力专业化教育出版，打造传媒类精品图书"的特色出版理念。中国传媒大学出版社出版的图书 90％以上都是专业图书，蔡翔社长曾在一次采访中提出："传媒大学出版社从事专业出版有几大好处：首先，因为专业产品有生命周期较长、印数不多、市场竞争稍弱等优点，所以做专业出版风险小；其次，专业出版有利于出版社搞好与学校的关系；再次，专业出版容易储备人才；最后，专业出版受政策支持。而这些好处对于一个规模不大的大学出版社来说都很重要。"

由于定位于专业出版的发展战略，因此，中国传媒大学出版社的图书品种相对来说就比较单一，各职能部门即使规模有所扩张，但其业务范围在较长一段时期内的浮动范围却很小，出版物的市场份额也相对具有稳定性，由此降低了企业日常运营管理工作的难度。中国传媒大学在广播、电视、电影、报刊、出版、网络及新媒体领域拥有很强的学科优势，中国传媒大学出版社的各职能部门和员工长期在传媒专业领域从事工作，对这一领域的最新学术动态和受众群体也有着深入的了解，U 型组织结构更有利于他们在目标明确的情况下，发挥各自的职能专长，并在各自的职能部门内进行高效而有针对性的工作交流。

中国传媒大学出版社是运用 U 型组织结构比较成功的大学出版企业，他们的经验也说明，U 型组织结构虽然存在一定的劣势，但企业如果充分发挥主观能动性，实事求是地结合自身情况，将这种模式的优势尽可能地发挥出来，U 型组织结构也不失为一种适合规模较小的大学出版企业的结构模式。

5.2.2 M 型出版企业

5.2.2.1 M 型出版企业组织结构

M 型出版企业(Multidivisional Form)是指依照分权的原则,采取将战略决策职能与日常运营决策职能相分离的方法,在总部集中领导下,设立多个相对独立、具有较完整职能机构的业务运营部门的出版企业。

M 型出版企业的最简单形式是由一个出版企业(集团)总部和一些半自治的出版分社、分公司等业务运营部门组成。出版企业(集团)总部主要进行企业战略规划,控制各运营部门,是出版企业进行总体协调的主体,总经理(社长)为总部主要负责人。对于较大型出版集团公司来说,总部上面还要设立董事会,董事长为董事会主要负责人。人力资源部、财务部、总编办公室等属于服务部门,所面对的服务对象既有总部领导层,又包括企业各个相对独立的业务运营部门,所以应归总部直接领导。而企业的运营业务则可按不同专业出版领域,全部并分别分配给下属的分社、分公司等运营部门。这些运营部门都具有编辑、出版、营销等系统生产经营的功能,都是相对独立的经营个体或利润中心,总部授予他们一定的经营权力,负责各自出版业务领域的经营决策,控制所属领域的系统的出版经营活动。比如,在一定权限范围内,各分社可独立负责出版物的选题策划、选题决策(重大选题除外)、编辑、印制、营销等作业链流程的连续行为。

这种组织结构的最大特点是企业总部集中决策,分社、分公司分散经营,这就意味着将企业的长期战略规划和日常经营运作相分离,企业总部只掌控企业的长期战略规划和重大问题决策权,将日常经营生产工作全部交给各分社、分公司等职能部门的负责人处理。

5.2.2.2 M 型出版企业组织结构的优势

对于大学出版企业来说,与 U 型组织结构相比,M 型组织结构具有以下优势。

第一,有利于总部高层决策者从日常的行政与经营等繁杂事务中解脱出来,集中精力研究全局问题,专心进行企业战略规划的制订和战略实施的监控。M 型组织结构大大减少了总部高层管理者的工作量,他们可以不必像 U 型出版企业的领导者那样,对企业的日常经营工作事必躬亲,而是有了更多的时间和精力从长远来考虑企业发展的战略决策问题。

第二，有利于各经营部门建立市场导向的经营理念，增强市场竞争力。各分社、分公司的编辑、印制和发行人员对所在部门生产的出版物的市场表现完全负责，并实行独立核算，因此在利润指标的驱动作用下，他们会自觉地以市场为导向，以绩效为考核目标，且具有较强的成本效率意识，都试图使自己的利润达到最大化。而这种努力既有利于发挥经营管理的积极性，最终也将使大学出版企业总体资源配置达到最优的期望成为可能。

第三，减少了中间管理环节，极大地提高了工作效率。M 型出版企业各经营部门都有明确的出版方向，更利于组织专业化生产，形成规模经济和品牌效应。而在专业化生产的过程中，为了应对激烈的市场竞争，各经营部门负责人与一线员工的内部协作会比较紧密，以应对市场瞬息万变的发展形势，并做出及时、有效的反应。一般情况下，与本部门相关的经营信息也不再需要层层上传到总部，这就减少了许多烦琐的中间环节，有利于各经营部门负责人抓住稍纵即逝的市场时机，直接做出决策，从而极大提高本部门的运营工作效率。

第四，各运营部门独立有利于优化出版资源配置。在 M 型出版企业组织结构中，总部最高领导决策层可以很容易地考核各职能部门的运营能力和市场赢利情况、出版物产品的价值及市场潜力。通过对各分社或分公司之间的效益比较，可以优先考虑将出版资源（包括书号、资金、人力等）投放在效率高、发展潜力大的部门或某种出版物产品上，由此可以极大地提高出版资源配置效果，同时也可以激励那些低效率的经营部门通过努力提高效率，去争取更多的出版资源。各运营部门之间有比较、有竞争，才能激发大学出版企业的整体活力，推动企业发展。

总之，分权是 M 型出版企业组织结构的根本原则，适度的分权能够很好地激发各经营部门的生产积极性，最终达到优化出版企业总体资源配置的目的。因此，当大学出版企业集约化经营规模达到一定程度时，有必要用 M 型的企业组织结构取代 U 型的单一职能部门的企业组织结构。当然，真正属于 M 型出版企业的必要条件是应具有严格的分权，即将经营运作权力下放到各基层经营部门，并且存在一套科学规范的内部控制和监控体系，否则很难发挥 M 型出版企业应有的优势。

5.2.2.3　M 型出版企业组织结构的局限性及破解策略

在实际运作中，如果对 M 型组织结构的优势运用或控制不当，这些优势也有可能转变为局限性，阻碍大学出版企业的发展，主要表现如下：

第一，当按照多职能关系组织起来的企业半自治部门的规模日益膨胀时，有可能出现个人目标，即基层经营部门负责人过分追求本部门的规模和影响，以提高自己的地位、声望、权力等。在这种情况下，如果不根据 M 型组织结构模型对其再次进行多部门划分和分权，则 U 型组织结构企业中的所有问题将会重新出现在 M 型出版企业基层部门一级的层面上。

第二，如果出版企业高层领导对某一部门过分偏爱，将会破坏企业资源分配的客观性和有效性，也不利于对基层经营部门进行客观评价和严格控制。当大学出版企业实现期望的利润水平后，企业高层领导可能会转移目标重心，比如更注重于企业快速成长、谋求更大的市场份额、追求企业规模扩张。为了加强在某些地域或某个出版领域的市场力量，排挤竞争对手，实现企业的潜在增长，大学出版企业总部高层领导可能会有意在不同经营部门之间进行交叉补贴或提供优惠政策，如增配书号、多投入资金、多设置人员岗位、倾斜分配政策等；同时，对企业内部某些限制部门之间竞争的行为也可能会容忍和鼓励。这些行为可能有利于大学出版企业的总体发展，但也有可能导致企业的资源配置无法实现最优化。

第三，以利润为中心的管理方式更强调短期效应，容易使各经营部门产生"以业绩论英雄"的急功近利心理，为了完成任务或追求利润，各经营部门负责人往往把精力放在能够快速产生经济效益的选题上，忽略能够产生长期社会效益、具有文化积累价值的选题。为了尽量将市场风险降到最低，各经营部门还倾向于在比较熟悉的文化领域策划选题，对开拓新市场的积极性不高。各经营部门之间也容易只考虑自身利益，如果缺乏有效的协调机制，将会出现各分社、分公司相互争夺作者、发行渠道以及企业的公共资源，形成共享壁垒。而在各经营部门发展到一定阶段后，也会出现选题范围交叉、目标市场重叠的现象，造成内部损耗和资源的浪费。

想要破解 M 型出版企业组织结构的局限性，关键在于企业总部高层领导必须要高屋建瓴，总揽全局，努力追求企业资源配置的最优化。对于出版企业发展战略规划的制订和重大问题的解决，应充分发挥领导集体的作用，发扬民主精神，进行集体论证与决策，避免将个人情感掺杂到工作当中。考虑企业内部半独立运营部门的设置，应按照集中专业学科、出版业务范围实行专业对口的原则，分工明确，职责清晰。

同时，M 型大学出版企业的总部高层领导还应重视不断完善企业内部控制制度，加强对企业各个基层经营部门的领导和管理，调动其经营管理的积极性，理顺关系，规范与监控其经营行为，提高其执行力，密切企业各部门之间的业务合作，建立科学规范的部门协调机制，使其经营目标与企业总体目标始终保持一致，降低企业的内部交易成本和经营风险，提高企业的整体运营效率，增强市场竞争力。

M 型组织结构一般适用于大中型经营规模的大学出版企业（集团公司），或是具备优势出版资源且具有很强的经营管理能力与巨大的发展潜力，正在进行资本扩张经营，处在快速发展阶段的大学出版企业。

5.2.2.4　M 型大学出版企业的典型案例分析

中国人民大学出版社以出版人文社会科学类图书为主，多年来已经形成鲜明的品牌特色，人文社科类图书产品享誉海内外。

人大社的内部结构模式属于较典型的 M 型组织结构，其现有的分社模式由编辑部发展为事业部，再由事业部脱胎而成，其发展成熟是一个经营自主性逐渐强化的过程。据人大社社长贺耀敏介绍，该社各分社的最终形成经历了很长时间的探索：2000 年取消了原有编辑室，成立了选题策划部和书稿审读部两个部门；2002 年年初，成立了经济管理、人文、法律、教育培训和外语 5 大事业部；2003 年年底，又对部分专业覆盖面过大的事业部进一步拆分，细化了出版的领域，组建了 10 个专业事业部和 2 个出版中心；2007 年年初成立了现在的 8 个出版分社（经济分社、工商管理分社、公共管理分社、法律分社、人文分社、教育分社、考试分社、外语分社）；并分别于 2007 年年初和 2009 年年初成立了学术出版中心、大众图书出版中心；为了全面进军华东地区高等教育教材市场，又于 2009 年 9 月在苏州成立了华东分社。

从组织结构发展变化的历程来看，人大社在进行内部结构建设时主要以优势出版资源为基础，以市场为导向，不断再造和调整企业内部组织结构。人大社本着"出教材学术精品，育人文社科英才"的办社宗旨，依托中国人民大学人文社科的学科综合优势，始终坚持以财经、政法、人文、外语和教育类图书作为"五大支点"，长期以来形成了人大社的拳头产品，也实现了经济效益和社会效益的双丰收。8 个分社所涉及的专业出版领域很好地说明了这一点。同时，分社的设立还可以使总部对不断变化的图书市场迅速做出反应，及时提供满足市场需求的、更有针对性的出版物产品，并且便于随着读者需求的专业化程度提升，对企业的出版领域进行深入细分，从而有效避免了大中型经营规模的出版企业"船大难掉头"的管理弊端，使企业经营更具有灵活性。

目前，一些实力较强的大学出版企业探索集团化发展的趋势日益显著，人大社也不甘落后，他们在集团化建设中走的是独具特色的内涵式发展道路。早在 1998 年，人大社就确立了以财经、政法、人文、外语和教育类图书"五大支点"为依托，走内涵式发展道路的战略，计划最终使人大社成为具有集团规模的现代出版产业。[①] 曾任人大社社长的王霁先生曾提出"基因理论"，形象地说明了组织结构对于出版企业集团化发展的作用和影响。他认为"把出版企业内部机构、结构做好，就是构建了一个较好的'基因'，一个人或组织是否强大，取决于它内在的基因构成，如果基因是好的，就能不断分裂出良性细胞"。可见，不断再造内部组织结构，是中国人民大学出版社内部管理和产业化运作的工作重点，也是人大社进行集团化建设的组织基础。

从人大社 8 个分社的最终设定可以看出，人大社由"列车模式转变为舰队模式"的关键举措是进行内部自我裂变，通过"内部膨胀、纵向发展"实现规模化、集团化发展，走出一条先做强再做大，先内涵后外延的发展创新之路。而自我裂变所构建出的 M 型组织结构反过来又推进了人大社的内涵式集团化发展战略，现有的 8＋1 个出版分社、2 个出版中心、市场营销部、网络信息系统以及出版物管理部、人力资源部、财务部等公共管理部门构成了出版社的各个子系统，成为人大社集团化构架中的重要"细胞"和"孵化器"。

人大社的这种分社模式也使大量出版人才的主观能动性得到解放，他们有足够的机会和空间在分社里施展拳脚，在将自己具有建设性的想法变为现实的过程中，不断磨炼提升自己的个人能力素质，从而使企业涌现出更多的出版人才，为人大社未来领导队伍的培养奠定了基础。

由此可见，对于像中国人民大学出版社这样，发展到一定规模且仍具有巨大潜力、掌握优势出版资源、处于快速发展阶段的大学出版企业来

---

① 焦清超．从 3 千万到 3 个亿——中国人民大学出版社走内涵式发展道路纪实．中国新闻出版报，2002—03—11

说，M 型组织结构可以有效地发挥效用，优化企业内部的出版资源配置，增强企业经营管理工作的灵活性，提升企业的整体市场竞争力。

5.2.3　混合型出版企业

5.2.3.1　混合型出版企业的特点

大学出版企业除了 U 型组织结构和 M 型组织结构两种类型外，还存在另外一种类型，即综合了 U 型和 M 型出版企业组织结构的共同特征而设置职能部门的混合型出版企业。

在混合型出版企业中，有些部门职能单一，但与其他职能部门业务相互关联，只有通过联合才能构成完整的运营系统。比如，几个出版分社的出版物全部为纸质产品，则出版企业可统一设置一个生产印制部门，一个物流配送服务中心，集中为这些分社提供印制和发货服务，从而降低企业各经营职能部门的交易成本。而有些职能部门自身在某一业务领域具有连续运营的功能，经营相对独立，有着出版作业链流程的连续行为。比如，出版企业的音像出版、数字出版等部门则可设置成相对独立、运营功能较全的职能部门。

混合型出版企业组织结构综合吸取了 U 型与 M 型组织结构的优势，改善了它们的弱势，可极大提高大学出版企业的运营效率，改善内部出版资源配置的效果。

混合型组织结构适用于出版物品种类型相对集中、经营特征相似，或企业规模发展较快，但在集约化经营程度上或是在经营管理能力上尚未完全具备建立 M 型组织结构条件的出版企业。或者说，混合型组织结构可作为大学出版企业发展进程中介于 U 型与 M 型出版企业之间的一种过渡性组织结构。

5.2.3.2　混合型大学出版企业的典型案例分析

2007 年 7 月，以北师大出版社为核心企业，北京师范大学正式宣布组建北京师范大学出版集团。目前，北师大出版集团的成员单位包括：北京师范大学出版社，安徽大学出版社有限责任公司，北京师范大学音像出版社，北京京师普教文化传媒有限公司，北京京师印务有限公司。集团的成员企业均拥有独立法人地位，自身具有连续运营的功能，并且具有总部授予的一定的经营权力，负责各自出版业务领域的经营决策，是相对独立的经营个体和利润中心。

在整合各成员企业的资源方面，北师大出版集团摒弃了仅仅依靠行政力量进行捏合的方式，而是主要通过资本运作，使成员企业之间在业务上直接对接。比如，出版社的图书印刷首先满足京师印务公司，出版社图书的衍生品资源，包括音像制品、电子制品、数字产品等资源优先满足北京师范大学音像出版社使用。成员企业之间在实现业务对接的同时，全部实行市场化运作，从而形成业务互动和优势互补，形成资源有效整合的文化产业格局，初步实现企业的集约发展。① 因此从整体来看，北师大出版集团已经具有 M 型出版企业的组织结构和运作模式。

但是，如果就北师大出版社内部来看，则又吸取了 U 型组织结构的一些优势。比如，出版社原有编辑部门经过撤销建制、合并、重组，最终调整为 3 个出版分社：高等教育分社、职业教育分社、基础教育分社。除涉及政治、民族、宗教等重大选题或投资金额较大的选题须经出版社总编办公会讨论通过外，3 个分社可以自主决定选题计划、营销方案、人员选用、装帧设计、印刷单位，是独立运营的业务单元的集合体，是集某类图书产品产、供、销于一体的利润中心。而这三个出版分社的出版物大部分都为纸质产品，如果每个分社都各自设立印制部门，显然是没有必要的，会大大增加企业内部交易成本和管理成本。北师大出版社因而设置了一个印制管理部，集中为 3 个分社提供印制和出版服务，从而构成完整的出版运营流程，不仅降低了企业内部交易成本和管理成本，也在印制等业务范围内保证了较高的工作效率。

---

① 北京师范大学出版社：平稳改制 涅槃重生．中国图书商报，2009—04—03

第六部分

我国集团化大学出版企业内部控制研究

　　所谓集团化大学出版企业的内部控制，是指大学出版企业为了实现集团化发展的经营目标，而对企业整体及各成员企业的经营活动进行监视并纠偏矫正，确保企业集团的计划与实际运行状况动态相适应的行为，是由企业集团董事会、监事会、经营管理层和各成员企业全体员工实施的、旨在实现控制目标的过程。

6.1　集团化大学出版企业内部控制概述

6.1.1　集团化大学出版企业产生的背景及特点

6.1.1.1　集团化大学出版企业产生的背景

自党的十六大提出文化体制改革以来，大学出版社作为出版行业中一支特殊的生力军，充分利用自身的教育和学术资源优势，应对市场的竞争和挑战，取得了长足发展。根据新闻出版总署和教育部有关规定，2009年年底，全国103家大学出版社已经全部完成转企改制，从而为大学出版社深化改革，进一步解放生产力，重塑市场主体奠定了坚实的基础。目前，转制后的各大学出版社正在按照社会主义市场经济体制的客观要求和现代企业制度的要求，改革内部管理体制，逐步建立起现代企业制度，真正以独立市场主体的身份参与日益激烈的市场竞争。

随着中国出版市场进一步开放，境外国际竞争资本大量输入，对国内出版企业的发展造成了极大威胁。为了应对国际资本的激烈竞争，适应我国出版产业结构调整的需要，加快出版集团化建设，推动出版产业尽快做大做强，培植一批有较强竞争力的大型出版集团，使其具有相当的国际竞争力，是我国出版业迫切需要解决的重要问题。在国家文化体制改革强大动力的推动下，我国出版业遵循市场经济发展规律，坚持走集团化发展道路，实施资本扩张经营战略，扩大企业规模，努力实现规模效应。1999年2月，中国第一家出版集团——上海世纪出版集团正式成立，预示着中国出版业开始走上集团化发展之路。随后，全国各部委、各省市的出版集团、发行集团如雨后春笋，纷纷组建，成为中国各细分市场、各地域引领市场竞争的主力军。

就在国内出版业的集团军通过兼并重组、上市融资，进行跨地域、跨行业、跨媒体、跨所有制资本经营的同时，一些已经顺利完成转制的实力较强的大学出版社也纷纷行动起来，积极探索，大胆实践，整合资源，实施集团化发展战略。有的通过"内部膨胀、纵向发展"实现规模化，先做强再做大，走先内涵后外延的集团化发展之路，如人大社和外研社；有的在内涵式发展的基础上，探索跨地区、跨媒体、跨行业、跨所有制的集团化发展模式，如北师大出版社；有的二者兼而有之，以"内涵发展，自我裂变加外部拓展"形式实现跨地域、跨领域的集团化发展模式，如广西师范大学出版社等。在激烈的市场竞争中，这些大学出版企业很快显示出强劲的市场竞争力。由此可见，走集团化发展之路，是转制后的大学出版社做大做强的一种重要发展战略模式，也是应对日趋白热化的市场竞争的战略举措。

6.1.1.2 集团化大学出版企业的特点

从目前来看，集团化的大学出版企业在整个出版产业中仍然属于一支新生的力量，一些实力较强的大学出版企业已经成为大学社集团化发展的领跑者，也有一些大学出版企业正处于积极探索阶段。归纳目前集团化大学出版企业的特征，主要有以下三点。

第一，企业规模大型化。大学出版企业组建出版集团的初衷之一，是为了将其作为调整自身产业结构的突破口，使企业实现规模效益。而扩大企业规模，通过跨地域、跨领域、跨所有制的资本经营，可以将存在较高交易成本的市场交易转化为企业内部交易，从而降低成本，提高企业的效益与效率。因此，一些大学出版企业以核心企业为中心，通过自我裂变或外部拓展将众多成员企业联合在一起，形成一个多层次的内部组织结构，无论是资产、收入还是生产规模等都比较大。积极实施资本扩张经营战略，扩大企业规模，这也是大学出版企业做强之后的自然选择。

第二，产权结构复杂化。在核心企业与成员企业之间，实行以资本为纽带的资源整合，固然有利于充分发挥协同整体效能和规模经济效益，但也使得大学出版企业的产权结构趋于复杂，企业的产权所属呈现多元化格局。如果不能及时有效地理清企业与各成员企业之间的产权关系，就会直接导致企业控制权分配的混乱，无法调动各成员企业的生产积极性，从而降低企业的内部管理效率。

第三，资本经营多元化。大学出版企业集团凭借其雄厚的财力和优势的出版资源，普遍采用多元化投资经营战略，注重产品的系列化和产业的多元化，实行经营层次和经营产品的多元化，通过进入市场经济的多种领域，增强竞争发展能力，提高抵御不同市场风险的能力，从而加速整个集团的资本扩张与资产增值速度。显然，大学出版企业集团为了追求市场竞争的优势，实施出版物品种多样化、服务项目多元化的经营策略，必然带动企业的扩张式发展，导致企业规模扩大，进而增加了企业的内部管理成本，加大内部控制的难度。而实施多元化经营战略导致的多元化投资，也使得企业在开发新项目、开辟新市场时增加了更多潜在的风险点，企业管理层的精力也会因此而分散。因此，如果企业高层领导在多元化经营过程中对企业内部控制不当或不力，都可能对大学出版企业集团的发展产生负面影响。

6.1.2　集团化大学出版企业内部控制的作用

所谓集团化大学出版企业的内部控制，是指大学出版企业为了实现集团化发展的经营目标，而对企业整体及各成员企业的经营活动进行监视并纠偏矫正，确保企业集团的计划与实际运行状况动态相适应的行为，是由企业集团董事会、监事会、经营管理层和各成员企业全体员工实施的、旨在实现控制目标的过程。

集团化大学出版企业的内部控制目标，是合理保证企业集团经营管理合法合规，资产安全，财务信息真实完整，提高经营效率和效果，促进企业实现发展战略。

在集团化大学出版企业内部恰当地运用内部控制，有利于改善企业的经营活动，提高工作效率与经济效益。内部控制是否健全，能否得到严格的贯彻执行，是企业集团化发展运营成败的关键。集团化大学出版企业实施内部控制主要有以下三个方面的作用。

第一，整合统领作用。在大学出版企业集团中，虽然存在诸多成员企业或职能部门，但要达到集团的总体经营目标，必须全面配合，以发挥整体作用。内部控制正是基于系统论的基本思想方法，将出版集团看做一个系统，认识系统的特点和规律，并利用这些特点和规律去控制、管理、改造系统，使它的存在与发展合乎人的目的需要，使系统达到优化目标。大学出版企业集团的内部控制正是将各成员企业的生产、营销、物流、财务、人事等工作整合在一起，同时又对它们进行必要的控制，具有统领全局的作用。

第二，约束激励作用。内部控制着眼于企业的各项经营活动是否符合集团利益和既定的规范标准，而予以督察评价和适当的控制，由此可见，内部控制对管理活动能发挥制约作用；而严密的考核与监督，能真实地反映各成员企业的经营绩效，激发员工的工作热情和潜能，从而提高工作效率。因此，内部控制又具有激励作用。

第三，反馈监督作用。反馈是控制论中的基本概念，是指系统输出信息返回输入端，经过处理，再对系统输出施加影响的过程。内部控制利用这一原理，通过企业经营信息的传递，对经营过程进行正确反映，并对控制目标的完成情况和企业各种经营决策行为是否偏离内部控制的要求进行监督，从而及时调整对企业集团发展不利的行为，提前预见并将风险降到最低。

6.2　集团化大学出版企业的内部控制要素分析

6.2.1　集团化大学出版企业内部控制的构成要素

企业的内部控制主要包括内部环境、风险评估机制、控制活动、信息与沟通制度和内部监督五个基本要素。

6.2.1.1　内部环境分析

所谓内部环境，是指对建立、加强或削弱特定政策和程序效率发生影响的各种因素。任何企业的内部控制活动都存在于一定的环境之中，也都必须基于既有的内部环境来进行。大学出版企业集团的内部环境是指各成员企业内部环境的有效整合。在大学出版企业集团内，由于集团总部和各成员企业都有自己的企业文化、管理哲学和组织结构等环境因素，因此集团总部要按照规章制度为各成员企业建立控制环境和相应的控制框架，由此形成集团的内部环境，从全局上保证各成员企业的运行服从，并和集团总部的整体策略保持一致，最终保证集团战略目标的实现。由此可见，集团化大学出版企业的内部环境要比一般的出版社更为复杂，可变因素更加多元化。

内部环境的优劣直接影响到大学出版企业集团内部控制制度的执行，以及企业经营目标与整体战略目标的实现。大学出版企业集团的内部环境主要包括高层管理者的经营管理理念和经营风格、企业集团及其成员企业组织结构的合理设置、企业科学规章制度的建设、董事会职能的发挥、企业责任的分配与授权、人力资源政策及实务、员工的爱岗敬业精神和价值观、员工对工作的胜任能力、企业的执行力、影响企业业务的各种外部关系等。内部环境构成了大学出版企业集团经营与发展的整体氛围。

　　大学出版企业集团只有建立良好的内部控制环境，才能保证各项制度的全面落实，才能实现内部控制的目标，进而增强集团整体的核心竞争力，为企业集团的健康可持续发展创造良好条件。

6.2.1.1.1　企业文化

　　所谓大学出版企业集团的企业文化是指企业集团在经营管理过程中形成的、影响企业内部环境和内部控制效力的精神、意识和理念，主要包括企业集团的整体价值观，高级管理人员的管理理念、经营风格与职业操守，各成员企业员工的行为守则等。

　　海尔集团总裁张瑞敏曾说过"企业的竞争说到底是文化的竞争，唯有高扬万众服膺的企业文化大旗，才能在市场竞争中立于不败之地"。这句话也同样适用于今天的大学出版企业集团，企业文化作为一个组织运转必不可少的精神保障和观念保障，渗透于企业的一切经营活动中，是出版企业经营活动的无形资产。

　　企业文化是无形的，但其优化作用和激励功能却是巨大的。出版企业的员工要成长、发展和自我实现，都需要一个健康和谐的工作环境和积极向上的企业文化氛围。因此，加强企业文化建设，是大学出版企业集团加强集体凝聚力与核心竞争力的必由之路。

　　出版企业的领导往往是先进企业文化的创立者，他们的个人特质、工作风格和经营理念等均对塑造企业文化有重大影响。因此，大学出版企业集团总部的高层管理者应当在企业文化建设中发挥主导作用，创造条件，调动各方面积极因素，发动全体员工组织开展各种形式的有益活动，在企业内部营造良好氛围，激发员工的工作热情和竞争意识，使企业文化潜移默化地根植到员工的精神和思想观念当中去。

　　华东师范大学出版社社长朱杰人高度重视出版企业文化建设，他始终坚持以做学问的精神做出版的理念，在华东师大社内建立勤恳踏实、理性睿智的企业文化，时刻铭记出版企业作为文化传承载体的社会责任和担当。据报道，朱杰人注重在企业内部进行中国传统文化的教育，把朱子的

"读书起家之本，和顺齐家之本，循理保家之本，勤俭治家之本"作为社训；鼓励员工学习朱子的"静我神"和"敬"，即希望员工在工作和学习中心无旁骛、不浮躁的意思。在这样的企业文化的熏陶下，华东师大社逐渐培育起"讲精神、不唯利"的企业文化。出版企业的领导往往是先进企业文化的创立者，他们的工作风格和经营理念在塑造企业文化方面有着举足轻重的作用，朱杰人社长这种锐意进取、具有强烈社会责任感的个人特质也在无形中感染了华东师范大学的员工，在出版企业内部营造出无私奉献的良好氛围，为企业带来了卓著的社会效益和经济效益。

华中科技大学出版社社长阮海洪在企业文化建设上也有着独到的见解，他明确提出改制最重要的事情是"洗脑"和"修身"，因此，社里一方面通过培训、考察等工作活动向员工灌输现代企业观念，在实践中不断强化员工的市场意识，强调与关联产业的融合互动，比如把管理人员送到海尔、东风汽车等企业去观摩学习现代制造业的先进管理模式，把数字出版人员全部融入软件园，使他们能与 IT 行业的工作人员充分接触并交流，即所谓"洗脑"；另一方面通过建立规范完备的法人治理结构，进行薪酬体系、机构设置、人力资源管理、编辑工作和发行营销等一系列的改革和制度建设，使员工转变行为方式，即所谓"修身"。① 通过以上两方面工作，员工不仅在观念意识上跟进现代企业的思维，在行为方式上也逐步向职业化、专业化方向转变，加强了企业内部的凝聚力，同时也强化了企业的整体执行力。

6.2.1.1.2 人力资源政策

所谓人力资源是指一定时期内，组织中的人所拥有的能够被企业所用，且对价值创造起贡献作用的教育、能力、技能、经验、体力等的总称。由于出版业是一个集知识选择、加工、传播于一体的行业，每个生产环节都离不开人的精神创造，因此，人才资源是出版企业最核心的资源。

大学出版企业集团要充分发挥人才的主动性、创造性，发掘人才的潜能，凝聚人才的合力，实现人与企业的共同发展，就要坚持人力资源是第一资源的指导思想，建立统一的、可持续发展的人力资源政策。《企业内部控制基本规范》第十六条规定，企业应当制定和实施有利于企业可持续

---

① 绳蕴，段勇．纵横发力　舞动产业——访华中科技大学出版社阮海洪社长．新华书目报，2010－12－16

发展的人力资源政策。人力资源政策主要包括以下内容：（1）员工的聘用、培训、辞退与辞职；（2）员工的薪酬、考核、晋升与奖惩；（3）关键岗位的员工的强制休假制度和定期岗位的轮换制度；（4）掌握重要商业秘密的员工离岗的限制性规定；（5）有关人力资源管理的其他政策。

人力资源政策是影响企业内部环境的关键因素，它所包括的雇佣、培训、评价、考核、晋升、奖惩等业务都在向员工传达着有关诚信、道德行为和胜任能力的期望水平等方面的信息，这些业务都与集团员工密切相关，而员工正是企业中执行内部控制的主体。良好的人力资源政策，能够有效地促进内部控制在企业中的顺利实施，并保证其实施的质量。

外语教学与研究出版社从 2010 年开始进行全社评估工作，人力资源部将外研社的所有员工按照国际化管理模式进行岗位的合理规划。一些员工在编辑岗位上工作多年，在某一专业领域已经具有专家级水平，但是却始终没有机会晋升到管理层，考虑到这种情况，外研社为员工提供了两条发展通道，一条是向管理层发展，即由编辑晋升为项目编辑，再到项目组组长——项目主管乃至分社社长或业务总监；另一条是在相关领域里的分级机制，即由助理编辑升格为编辑——高级编辑，最后再到资深编辑，资深编辑享受的待遇几乎和分社社长或社长助理相同。各部门主管和人力资源部的领导在会议上对每一名员工进行共同评估，确定其在人力资源架构上的定位，每个级别都有相应的评估标准，评估分数较高的员工可以很快晋升到下一级别，社里也会重点培养这些绩优员工，为他们特别提供一些机会，比如参加一些培训课程或写作项目，培养其写作能力、团队沟通能力，使其加深对行业的了解。对于一些有管理潜能的人才，社里还会推荐他们去参加一些管理的课程，进行系统科学的培训，为员工未来的发展提供良好平台。

在转制的具体实施过程中，对于大学出版社来说，人事改革的难度相当大。解决了人事改革问题，就是解决了改制的后顾之忧。据了解，转制后的北师大出版集团根据《新闻出版总署关于深化出版发行体制改革工作实施方案》的精神，从待遇上逐步消除了事业编制、企业编制、临时聘用人员的差别，工资、奖金、福利一视同仁，而临时聘用人员经过考核，也可以享受正式编制待遇。北师大出版集团从自身实际出发，正是由于按照新人新办法、老人老办法的原则，采取了事业和企业编制等多种用工制度并行的人事改革模式，并辅以科学、规范的运行机制，才妥善处理了人事改革和劳动关系调整问题，成功完成了转企工作。另外，集团为了员工的长远发展，也经常组织讲座等培训活动；而集团下属的出版科学研究院作为新闻出版总署的培训基地，其培训课时还可以直接计入编辑每年必须完成的72学时的培训课时。这些措施都说明了企业对人力资源的重视。

6.2.1.1.3 法人治理结构

由于大学出版企业集团是一个独立的法人经济实体，且资本经营正在向国有、民营等资本领域扩张，所以必须建立以股东大会、董事会、监事会、高级管理层等为主体的法人治理结构。法人治理结构的作用主要在于：通过明确出资者、董事会、监事会、经理层和一般职工的决策、管理、执行、监督各层面的地位、职责与任务，在企业内部形成分工和制衡机制，切实发挥相关机构职能作用，为大学出版企业集团内部控制的建立和实施提供强有力的组织结构保障和工作机制保障。企业集团内部控制的具体职责分工是：董事会负责内部控制的建立健全和有效实施，监事会对董事会建立与实施内部控制进行监督，经理层负责组织领导企业内部控制的日常运行。

目前国内大学出版企业集团的法人治理结构主要有三种模式。模式一是通过学校设立的经营资产管理委员会代表学校履行出资人的职责，行使股东权力，对高校下属的资产公司之一——大学出版企业进行监管。出版企业重要干部的任免以及重大经营性资产处置，均需上报学校经资委研究决策。北师大出版集团目前采取的正是这种法人治理结构模式。学校经资委作为学校经营性资产监督管理的决策机构，其组成人员层次相对较高。经资委主任通常由学校主要领导兼任，成员由学校分管产业、科技、财务、资产、人事工作的校领导及资产公司主要领导等组成。

模式二是由学校专门组建出版企业董事会，董事会成员包括学校资产、产业、科技、财务、人事、出版社等相关部门的主要负责人，董事长由分管校领导担任。

这两种模式的人员结构层次造成了法人治理结构模式不可避免的缺陷，即大学出版企业最高决策部门的成员或董事会成员并非出版业内人士，对出版业的形势、出版企业的经营目标和整体战略目标可能缺乏深入的了解，在日常监管和重大决策时就容易由于信息不对称而导致监管效率降低，甚至出现决策失误的问题。

应对这种结构缺陷的对策是，大学出版企业作为独立的企业法人，应按照《公司法》的规定规范日常运营，校方和学校经资委应保证所属出版企业按照公司章程规定，独立行使管理职能，不随意干预大学出版企业的日常运营和决策。

模式三是大学出版企业董事会成员主要由学校相关部门负责人组成，但出版社社长任董事长。复旦大学出版社目前采取的正是这种法人治理结构模式。这种法人治理结构模式可以避免外部力量过度干涉出版企业的生产经营，但存在的缺陷是，法人治理结构的四个组成部分的职责权限容易模糊不清，或者彼此之间产生交叉重叠，不利于发挥法人治理结构的真正作用。

应对这种结构缺陷的对策是，将股东大会、董事会、监事会、经理层的权力、职责与任务加以明晰，真正将投资者、决策者、经营者、监督者分开，各自分工明确，在此基础上各司其职，各负其责，避免职责不清、分工不明而导致的混乱，影响各部分正常职责的行使，以致整个法人治理结构体系功能的发挥。

由于大学出版企业在我国出版业中的特殊性，其法人治理结构的完善受到诸多因素的制约，因此是一个循序渐进的过程。校方及大学出版企业的主要领导也应不断加深对此的认识，才能真正发挥法人治理结构在建设现代企业制度中的重要作用，让体制改革真正成为推动大学出版企业发展的强大动力。

6.2.1.2　风险评估机制分析

实践证明，一家企业的经营规模越大，产业链延伸得越长，潜在的风险点就越多。对于拥有众多成员企业，经营规模庞大，产业链逐渐向上下游延伸的大学出版企业集团来说更是如此，因此，主动防范风险是企业内部控制一项非常重要的任务，对风险点的管理控制成为大学出版企业集团自身及成员企业内部控制的基本要求。

由于大学出版企业组建企业集团后，经营规模扩大，经营产品和主体多元，企业集团很难形成统一的控制模式或控制手段，也不可能建立统一的风险预警机制。因此，大学出版企业集团要提高风险防范意识，设立专门的风险管理机构，配备专业的风险管理人员，根据企业设定的战略目标，指导成员企业制定不同的风险评估体系，并结合企业不同发展阶段的经营任务和业务拓展情况，全面、系统、持续地收集相关信息，结合实际情况，及时进行风险评估。

风险评估是分析和发现那些影响企业集团目标实现的风险的过程，主要包括目标设定、风险识别、风险分析和风险应对等方面。大学出版企业集团必须要准确识别与实现战略目标相关的内部风险和外部风险，确定相应的风险承受度，并采用定性与定量相结合的方法，按照风险发生的可能性及其影响程度等，对识别的风险进行分析和排序，确定关注重点和优先控制的风险，尤其是对重大经营项目的投资决策和经营战略的实施或调整，要权衡风险与收益，确定风险应对策略，制订强有力的风险防范措施。

风险应对策略一般包括风险规避、风险降低、风险分担和风险承受等策略。风险规避策略是指企业对超出风险承受度的风险，通过放弃或者停止与该风险相关的业务活动以避免和减轻损失的策略。比如出版企业计划开辟某个出版领域的市场，经分析，该领域正是某些强势出版企业重要防守的阵地，一旦进入，可能会遭受到强势竞争对手的强烈反击，存在巨大风险。在"敌强我弱"的情况下，出版企业一般应采取风险规避策略，而不要轻易采取直接抗衡的做法。风险降低策略是指企业在权衡成本效益之后，准备采取适当的控制措施降低风险或者减轻损失，将风险控制在风险承受度之内的策略。比如，出版企业集团实施资本扩张经营战略，准备并购某些企业时，应对并购对象的资产结构、产品结构、经营能力、赢利潜力等情况进行全面的考察，对兼并该企业可能带来的风险与集团可能获得的战略发展优势进行充分的权衡论证，从中选择风险成本小、收益潜力大的企业作为企业集团的并购对象。风险分担策略是指企业准备借助他人力量，采取业务分包、购买保险等方式和适当的控制措施，将风险控制在风险承受度之内的策略。风险承受策略是指企业对风险承受度之内的风险，在权衡成本效益之后，不准备采取控制措施降低风险或者减轻损失的策略。比如对某些版权引进、专利权的收购投资项目等。大学出版企业集团在经营过程中，面对复杂多变的市场竞争形势，只有综合运用风险规避、风险降低、风险分担和风险承受等风险应对策略，才能够实现对风险的有效控制。

大学出版企业集团的风险评估，除各分社或分公司对自身的风险进行评估外，还包括总部从集团角度对各分社或分公司进行评估，这对于各经营部门而言就属于双重风险评估。因此，它要求集团总部以更广阔的视野和更长远的时间来关注风险，保证企业集团战略规划的顺利实施。具体来说，集团总部应主要从筹资、投资和经营等方面加强企业集团风险评估。筹资方面的风险评估主要是总部应评估各经营部门的融资额度，缩小各经营部门独立对外融资和提供担保的权力，防范乱贷款和乱担保，以降低企业集团筹资风险；投资方面的风险评估主要是总部根据集团的投资战略，评估各经营部门投资风险，掌握重大投资的审核权；经营方面的风险评估主要是集团总部对各经营部门在采购和销售方面的风险进行评估。

6.2.1.3 控制活动分析

控制活动是针对企业风险采取的控制措施。大学出版企业集团进行内部控制，要运用相应的控制措施，将风险控制在可承受度之内。作为集团的掌舵者，总部为了控制各经营部门，应考虑在各部门内部设立哪些内控政策和程序，根据集团的战略规划，协调各经营部门的经营策略和风险管理策略，并督促各部门制订相关业务经营计划、风险管理程序。除协调和督促各部门制订控制措施外，集团总部更要制定对各经营部门的业绩考核与激励约束制度，制定集团总部与各部门之间的业务竞争、关联交易等方面的政策和程序，以及制定各经营部门重大事项的报告制度。

为了加强对成员企业的控制，集团总部应该采取授权审批控制，正确实行在适当集权基础上适度分权的内部控制方法。

大学出版企业集团必须对成员企业具有强大的控制力，正确协调内部各成员企业之间的关系，并在一些重大问题的决策上拥有相当程度的集权。主要包括：(1)出版企业集团的战略性决策；(2)出版物重大选题规划项目的论证与决策；(3)出版企业集团成员企业年度财务预算、决算的审批和资金流的集中监控；(4)重大的投资决策，包括成员企业重大有形资产与无形资产的产权买进、收购、兼并、合并和改组等；(5)重大的筹资决策；(6)为其他有业务往来关系的企业做重大经济担保；(7)重要、关键资产处置权；(8)重大的人事权；(9)对出版企业集团成员企业的业绩评价体系建立。

权力的集中与统一固然可以使集团总部与各成员企业步调一致，有利于企业集团整体战略及决策的贯彻实施。但是，随着大学出版企业集团规模的不断扩张，管理层次和职能部门逐渐增多，经营管理的复杂性日益增强，使得企业集团的总体协调难度不断加大，甚至是力不从心。在这种格局下，大学出版企业集团总部很难及时全面地掌握成员企业所有的运营信息。决策权的过分集中，将会延误决策时间，降低决策效率，有时还会因情况不明、信息不对称而影响决策的准确性，甚至导致决策的失误。同时，企业集团的成员企业是独立的法人单位，享有自主经营权，过度集权将不利于充分调动他们自主经营与分担责任的积极性。因此，大学出版企业集团在适当强调集权的基础上还要实行适度的分权。具体地说，可考虑将一些权力分解给成员企业的管理者。主要包括：（1）一般的出版物选题策划与出版决策权，一般的产品开发与产品经营决策权；（2）一般经营性财务审批权；（3）一般投资权；（4）一般筹资权；（5）一般人事权；（6）企业内部的工资奖金分配权；（7）一般资产处置权。

通过建立分社实现内涵式增长，进而组建出版集团这种发展模式常见于目前的大学出版企业，分社制通过集团总部下放管理权限，企业机制显得较为灵活，能够有效调动分社员工的积极性，但也存在一定的运营风险。例如华中科技大学出版社北京分社在建社伊始，就面临诸多问题，比如策划人才短缺、渠道辐射力亟待提升、全流程运行不够高效、产品规模不够强大、市场品牌不够明确等，这些都阻碍了其发展的脚步。针对这种现状，北京分社提出了建设"市场图书运行体系"。据了解，"市场图书运行体系"是以经济效益为核心，构建和完善研发、制造、产品、品牌、渠道、分销、物流、宣传、服务的运行体系。随着"市场图书运行体系"建设的逐步展开，分社在包括营销宣传、销售、渠道等在内的发行环节中都安排了专人负责。具体而言，分社还会通过目标读者特点、渠道调查和分析来制订渠道建设的指导方案，并根据产品的特点来指导发行部门具体的操作。① 北京分社社长杨志峰在接受我们采访中提到，改制后总社对北京分社在日常经营管理上的适度放权，以及在资金、人力资源等方面的大力支持，成就了分社今天的成绩。"大家都是摸着石头过河，如果用绳子捆得死死的，还怎么放开手脚改革呢？"杨志峰社长还对目前实行分社制的大学

---

① 白玫. 华中科技大学出版社　三大板块抢占市场. 出版商务周报，2010—07—07

社提出建议，指出总社应该转变传统的管理观念为服务转念，为分社的发展打造一个总的服务平台；同时在对分社的目标制定上也应立足长远，这样有助于总社与分社发展战略的一致性。

6.2.1.4　信息与沟通制度分析

大学出版企业集团拥有众多的成员企业，需要在集团内部建立有效的信息与沟通制度，明确内部控制相关信息的收集、处理和传递的程序，确保信息及时沟通，促进内部控制有效运行。所谓信息与沟通，是指及时、准确、完整地收集与大学出版企业集团及成员企业的经营管理相关的各种信息，并使这些信息以适当的方式在企业集团有关层级之间进行及时传递、有效沟通和正确运用的过程。

在信息时代的今天，大学出版企业时刻面临着出版业务信息化的挑战，加强出版企业集团内部的信息与沟通制度建设，其重要性对于企业的发展不言而喻，具体可以从以下几个环节入手。

首先，要从观念和制度上加强大学出版企业的信息化建设。出版企业的信息化建设不仅仅意味着先进的信息技术和信息管理系统，更是一种全新的、先进的管理理念，是管理模式上的彻底变革。面对日益激烈的市场竞争，大学出版企业必须转变思路，确立全新的管理理念，并通过完善相关制度对信息系统进行规范化、程序化、标准化，以量化的指标体现激励机制，最终实现出版业务办公自动化和资源数字化。

其次，要设立专门的组织机构和信息管理人员，保证并规范大学出版企业集团内部信息系统的正常运转。信息时代对大学出版企业提出了挑战，同时也提供了技术上的可能性。企业集团应设置专门的信息管理部门，并设专人搜集、筛选、整合、传播与企业经营发展有关的内、外部信息，从而实现这些信息的及时性和有效性。大学出版企业集团还应在成员企业或各部门之间构建起集团内部信息网络，使各运营部门的市场开发情况和所占份额、生产运营情况、财务情况等信息能够实时反映在内部局域网上，实现集团内部信息的高度共享和及时沟通。

目前，已经实现集团化发展的大学出版企业都非常重视信息与沟通制度的建设。北师大出版集团就曾几次更新网络管理系统，完善系统功能，并不断引进网络技术人才，充实数字化管理队伍，并且专门成立了网络管理部，负责集团内外的信息系统运作和网络平台建设。北师大出版集团目前采用了云因信息研发的编务系统、出版系统和发行系统，发稿、印制、发行等流程已经完全实现了数字化管理和无纸化办公，大力推动了集团的信息化建设，提高了企业的管理水平和管理效率。

再以外研社为例。随着外研社员工和部门层级的不断增加，企业内部协调变得越来越困难。据了解，为了走出这一困境，从2010年起，外研社开始采用新的办公自动化(Office Automation，OA)系统，在这个系统中有很多利于企业内部沟通的专栏，每个分社还可以根据具体需要，建立自己的专区，在上面及时发布内部信息。如果有一些信息被认为有必要和全社进行沟通，发信人可以在发布消息时进行勾选，将信息发送到某个具体的部门甚至某个具体的人，改变了以往数字化部门在全社范围内发布海量信息的情况，使信息的传播更有针对性，也减少了个人因处理海量信息而导致时间、精力的浪费，甚至出现延误或错过信息收取的情况。

再比如，华中科技大学出版社北京分社的管理层和员工可以根据各人相应的权限，登录总社的内部信息系统(包括发行系统和财务系统等)和企业资源数据库，能够及时查询或填报有关数据，增进了与总社之间的信息互动。同时，北京分社也早已实现网上申报选题，保证了选题的市场时效性，大大提高了工作效率。

6.2.1.5　内部监督分析

内部审计是内部监督的一种有效形式。大学出版企业集团通过加强内部审计，对集团和成员企业各种财务资料的可靠性和完整性、企业资产运用的经济有效性等进行审核，并评价企业集团及其成员企业的内部控制是否有效，可以帮助集团最高管理层评价子公司管理当局的管理业绩，监督子公司和其他成员企业管理当局的行为，有利于及时发现出版企业在经营管理过程中存在的各种缺陷，进而采取有效措施，发动全体员工，防范经营风险，降低运营成本，提高管理效益，促进出版企业健康、可持续发展。

内部审计机构的设置、人员配备和工作应具有一定的独立性，不得置于财会机构的领导之下，或者与财会机构合署办公，而是应独立于其他任何部门。内部审计机构对出版企业集团总部和核心企业、成员企业的财务、生产、销售、人力资源等各个部门进行内部审计，其工作范围不应受到人为的限制，不仅是对企业的财务收支的现金流量、经济效益进行审计评估，还要涉及企业的管理领域各方面，包括合同审计、内部控制制度评估、投资风险评估等，直接对企业(集团)最高决策领导层负责。

出版企业集团内部审计的主要内容包括：(1)成员企业对财务计划或者单位预算的执行情况和定期决算情况；(2)出版企业(集团)和成员企业对外财务报表和内部财务报告的真实性；(3)成员企业财务收支及其有关的经济活动的合法性；(4)出版企业(集团)和成员企业的融资、投资项目的经济可行性和有效性；(5)出版企业(集团)和成员企业内部控制制度的有效性；(6)出版企业(集团)和成员企业经营过程中的风险预测和管理；(7)出版企业(集团)人力资源配置的科学性；(8)成员企业经营管理者的经济责任。

为了有效进行内部监督，提高内部审计效果，出版企业要制定内部控制缺陷认定标准。所谓内部控制缺陷，是指内部控制的设计存在漏洞、不能有效防范错误与舞弊，或者内部控制的运行存在弱点和偏差、不能及时发现并纠正错误与舞弊的情形。企业内部控制缺陷包括"设计缺陷"和"运行缺陷"两种。出版企业对监督过程中发现的内部控制缺陷，要分析缺陷的性质和产生的原因，提出整改方案，采取适当的形式及时向董事会、监事会或者经理层报告。企业要跟踪内部控制缺陷整改情况，并就内部监督中发现的重大缺陷，追究相关责任单位和责任人的责任，以维护内部控制的严肃性和权威性。

此外，集团总部还要对成员企业内部控制制度的实施进行不定期监督检查和再评估，以防微杜渐，将监督工作真正落到实处。

6.2.2 与大学出版企业集团内部控制相关的外部环境因素

虽然外部环境因素对于大学出版企业集团而言几乎是不可控的，但是如果能对它们适当加以利用，对于提高企业内部控制的效果仍然有着不可忽视的作用，因此有必要对与内部控制相关的外部环境进行具体分析。

6.2.2.1 经济环境

大学出版企业集团的经济环境主要由社会经济结构、经济发展水平、经济体制等要素构成。

社会经济结构指国民经济中不同的经济成分、不同的产业部门以及社会再生产各个方面在组成国民经济整体时相互的适应性、量的比例及排列关联的状况。社会经济结构主要包括产业结构、分配结构、交换结构、消费结构、技术结构，其中最重要的是产业结构。随着我国软实力的不断增强，文化产业在国民经济发展中的地位日益提高，已成为我国经济的重要增长点和我国经济结构调整、社会可持续发展的原动力之一，而新闻出版产业作为文化产业的基础和核心组成部分，在文化产业发展全局中发挥着不可替代的作用，在全面建设小康社会战略全局中也凸显出越来越重要的地位。从产业经济的角度讲，它是发展文化产业的主阵地，正在日益成为我国经济发展新的增长点和经济结构调整的着力点。因此，大学出版企业集团作为新闻出版产业中一支新生的力量，应该充分利用自身在国民经济产业结构中所处的地位优势，不仅要认真分析和研究与之密切相关的产出需求市场、投入供应市场，还应充分研究企业所处的市场竞争环境。因为企业效益与市场竞争程度密切相关，竞争将促使大学出版企业集团的内部控制向效益改善的方向转变。

经济发展水平是指一个国家经济发展的规模、速度和所达到的水准。随着我国社会经济的快速发展、人民生活水平的逐步提高以及消费结构的改变，人们的生活品位、质量更多地来源于对文化艺术的需求，这种需求就成为了带动出版业发展的重要的内在动因。经济发展水平的提高也使全社会越来越重视教育事业，大学出版在高等教育事业的发展中具有得天独厚的优势，因此大学出版企业集团应该将企业自身的发展植根于社会文教事业的发展之中，通过利用教育资源上的优势对未来发展方向进行准确定位，从而有效规避、降低或控制市场风险，牢牢抓住为市场服务的宗旨，自觉顺应教育事业的发展，在服务中求生存求发展，实现健康、可持续的发展目标。

经济体制是指国家经济组织的形式。社会主义市场经济体制的建立、完善，也使出版业逐步融入市场经济体系，将有力地激发出版业的活力，从而促进大学出版企业集团的发展。

因此，大学出版企业集团的经济环境分析就是要对以上各要素进行分析，运用各种指标准确分析宏观经济环境对企业的影响，从而制订出正确的企业经营战略和内部控制建设措施。

6.2.2.2 法律法规

内部控制是为大学出版企业集团取得经营效果、遵循适当的法规等而提供合理保证的一种过程。因此，所有对企业经济行为有约束力的法律法规及规范都应成为内部控制的法律环境的组成部分。

大学出版社转制成为企业之后，性质发生了根本转变，最突出的表现是建立起了法人治理结构和现代企业制度。因此，转制后的大学出版企业要根据《公司法》制定企业内部管理章程，明确出版企业的决策、执行、监督机构。依据法定程序设立股东大会、董事会、监事会和经理层。

除了《公司法》，《企业内部控制基本规范》对加强和规范大学出版企业内部控制，提高企业经营管理水平和风险防范能力，促进企业可持续发展，进而维护社会主义市场经济体制下的出版物市场秩序和公众利益也起着指导作用。

除此之外，教育部刊发的一系列关于高校出版社转制工作的指导意见中，也对建立并完善大学出版企业的内部控制体系提出了明确要求或间接扶持。如《教育部办公厅关于高校出版社转制工作有关规程的通知》就对大学出版企业的人员安置和劳动关系调整、资产管理、法人治理结构等做出了规范要求，并要求大学出版企业按照现代企业制度并结合出版行业特点，制定全面、科学的内部管理规章制度，形成现代公司管理体系，保证出版企业管理的规范、科学、高效。

再如《教育部关于积极发展、规范管理高校科技产业的指导意见》提出重点推进高校产业规范化建设，其中"建立新型的高校产业管理体制"一章明确了学校作为国有经营性资产的责任主体，要求依法理顺高校与企业的产权关系，明确高校企业出资人代表，建立起科学、规范的高校产业管理体制，这也为大学出版企业建立法人治理结构和理顺产权关系提供了法律依据。

总之，内部控制有关法规的制定和执行直接影响着内部控制的效果，只有相关法规完善了，内部控制才能真正变成一个有法可依的过程，才能使内部控制本身更加严谨有效。

6.2.2.3　科技进步

社会科学技术的进步，对大学出版企业集团的内部控制制度、控制手段、控制内涵以及各项控制工作都产生了巨大的影响，并引发了相关领域的变革和创新。科技进步带来了控制业务的创新以及控制系统的信息化，集团化大学出版企业能够利用先进的信息技术，促进信息的集成与共享，充分发挥信息技术在企业集团内部控制中对整体的协同、控制作用。数字化管理已经成为大学出版企业发展的大势所趋。

以清华大学出版社为例，清华社通过信息化提高业务流程的数字化管理程度，根据出版业务流程有计划、分步骤地实施信息化系统改造与升级，主要包括办公自动化系统实现内部信息的实时交流，实现全社全出版周期的实时动态数据智能管理、检索与分析。从选题与编辑加工环节，到印制出版环节，再到发行营销环节，整个出版流程都完全实现了数字化管理、无纸化办公。

由此可见，数字化管理促进了出版流程再造与内部控制制度建设，解决了传统出版企业信息闭塞、管理滞后的顽疾，保证了企业经营评估与决策、成本监控与按需生产、数字营销服务等创新经营模式的实施，促进了企业管理水平的极大提高。因此，如何将科技进步所导致的新业务、新流程全部纳入控制体系，应该成为大学出版企业集团内部控制建设的重要课题。

6.3　集团化大学出版企业内部控制建设的案例分析

6.3.1　集团化大学出版企业内部控制建设的成功探索

6.3.1.1　内涵式集团化发展模式的内部控制建设——中国人民大学出版社

所谓内涵式发展，是指以事物的内部因素作为动力和资源的发展模式。在出版企业集团化发展中主要表现为企业以自我为发展主体，通过目标定位、体制机制变革、品牌构建、企业文化建设等手段加强内涵建设，经由自我积累、核心裂变、由内而外的途径，实现出版企业的可持续和集团化发展。中国人民大学出版社在集团化建设中走的就是独具特色的内涵式发展道路。

作为一家以出版人文社会科学图书为主的大学出版社，人大社依靠走内涵式发展道路，在竞争日益激烈的图书市场脱颖而出，实现了跨越式发展，步入了名牌大社行列，在经济与管理、人文与政治、教育培训、法律等人文社科类图书出版领域享有盛誉。

由于出书范围几乎涵盖了人文社会科学的所有领域，为了避免选题分散，打造自己的品牌特色，人大社秉承着"突出特色、强化优势、打造品牌"的经营理念，将自身优势和市场需要相结合。在此过程中，企业未来的发展思路也逐渐明晰起来，即通过内涵式发展先把自身的特色品牌树立起来，以品牌占领市场，把自身做强，规模做大，然后再通过品牌扩张、规模扩张、效益扩张，实现自我膨胀裂变，纵向发展。

曾任人大社社长的王霁曾对记者这样阐释他打造内生式传媒集团的内在逻辑："先打造学术品牌，通过内涵式发展做强做实；然后自我裂变，纵向扩张，由列车模式，转变为舰队模式，构架内生式传媒集团，这是我们的发展思路与扩张逻辑。人大社这些年的品牌战略、产业布局、组织结构、人力资源战略、市场营销战略等等，都围绕着这么一个逻辑原点展开。"

围绕着内涵式发展的明确思路，人大社在集团化发展的过程中一直非常重视对内部组织结构的打造。在内部组织结构的建设上，社里近年来已进行多次改革和重组。

早在1998年，人大社就确立了以财经、政法、人文、外语和教育类图书"五大支点"为依托，以点带面，走内涵式发展道路的战略，计划最终使人大社成为具有集团规模的现代出版产业。2000年，人大社取消了原有编辑室，成立了选题策划部和书稿审读部两个部门。2002年年初，社里出台重大改革，成立经济与管理、法律、人文、外语与音像、教育培训五大出版事业部。各事业部以策划、编辑和产品宣传、推广为主体，以责任为中心，是责权利相统一的授权经营实体；事业部实行主任负责制，以公开招聘、竞争上岗的方式产生。五大出版事业部、市场营销部、网络信息系统以及出版物管理部、人力资源部、财务部等公共管理部门构成了出版社的各个子系统，显现出人大社集团化构架的雏形。2003年年底，社里又对部分专业覆盖面过大的事业部进一步拆分，细化了出版的领域，组建了10个专业事业部和2个出版中心；2007年年初，在充分调研的基础上，人大社对出版事业部施行新的出版分社管理体制，组建了现在的8个出版分社(经济分社、工商管理分社、公共管理分社、法律分社、人文分社、教育分社、考试分社、外语分社)，并组建了新的学术出版中心和音像研发中心。

分社是以选题策划和编辑业务为主体，以利润考核为核心，并非独立核算的运营模式。

人大社的上述种种调整，实际上是基于内涵式发展战略的结构再造和管理创新，从企业内部组织结构的最终设定也可以很明显地看出，人大社由"列车模式转变为舰队模式"的关键举措是进行内部自我裂变，通过"内部膨胀、纵向发展"实现规模化、集团化发展，走出一条先做强再做大，先内涵后外延的发展创新之路。经过多年的探索和体制机制改革，中国人民大学出版社已经初步显现出一个专业出版集团的规模与实力。

从人大社今天所取得的辉煌成就来看，其所坚持的内涵式发展战略无疑是正确的。事实告诉我们，像人大社这样，以优势学术资源打造品牌，以品牌占领市场，通过"内部膨胀、纵向发展"实现规模化，先做强再做大的大学出版企业，在内部控制建设方面要重视内功的修炼，不断调整再造内部组织结构，使其与企业的发展战略定位相匹配，与市场的形势变化相适应。这是大学出版企业实现集约化、集团化发展的一条行之有效的道路。

6.3.1.2　外延式集团化发展模式的内部控制建设——北京师范大学出版集团

所谓外延式发展，是指以事物的外部因素作为动力和资源的发展模式。它强调的是数量增长、规模扩大、空间拓展，主要是适应外部需求所表现出的外形扩张。在出版企业集团化发展中则往往表现为"跨媒体、跨地区、跨行业、跨所有制"的战略思路，北师大出版集团采取的主要是外延式的发展模式。

对于外延式发展的出版企业集团来说，由于企业规模庞大，成员企业众多，规范内部管理体制和机制，建立现代企业制度就显得尤为重要，而完善的法人治理结构则是其中最重要的组织架构，是现代企业制度的核心。法人治理结构主要是指公司内部股东、董事会、监事会以及经理层之间的关系，这四个组成部分在出版企业集团日常运营活动中各司其职、各负其责，分工明确，相互协调配合又相互制衡，共同保证集团整体的高效运转。

近年来，北师大出版集团不断加快改革创新的步伐，在集团化发展中不乏惊人之举。2010年3月，北师大出版集团与安徽大学合资重组安徽大学出版社有限责任公司，这是国内高校出版社的首例跨地域、跨高校重组，震动出版业界，被柳斌杰署长高度评价为"高校出版社跨地区重组的突破"，也使业内人士认识到"长期以来受体制所限，高校出版社各自为战、无法通过重组联营实现整合威力的尴尬局面告破，高校出版社整合大幕将启"。

根据双方协议，北师大出版集团以增资入股的形式，投资安徽大学出版社，并持有新成立的安徽大学出版社有限责任公司50％的股权，余下的50％股权由安徽大学持有。重组后的安徽大学出版社有限责任公司成为北师大出版集团的成员单位，全部业务纳入北师大出版集团的整体规划。北师大出版集团派员对新公司实施管理，公司董事长由北师大出版集团派员担任；同时，公司法人代表仍由安徽大学出版社派员担任。在安徽大学出版社有限责任公司的干部任命上，经北师大出版集团与安徽大学事先协商、决定推荐人选后，通过公司董事会任命，并上报北师大和安大党委组织部备案。这种方式既坚持了党管干部的原则，也符合公司法人治理结构的要求，是对干部任用方式的创新。

在谈到合资重组的动因时，北师大出版集团党委书记张其友表示，集团考虑到安徽大学出版社在高校教材和学术著作出版方面有一些明显优势，但总的来说，无论是经济实力、社会影响力还是对出版资源的整合利用能力都相对较弱，且企业管理能力水平较低，内部经营制度很不规范，从观念到实际运作都还没有跳出计划经济的框架，人员创新意识不强，安于现状。同时，安徽大学出版社也希望借助北师大出版社一流的品牌影响力和企业经营管理能力，吸收先进的出版理念、管理经验和优势出版资源，改善自身状况，加快改革的步伐。鉴于这种情况，北师大出版集团和安徽大学经过长达两年的谈判、协商和准备，最终成功组建安大出版社有限责任公司，实现了合作双赢。

除了要完善法人治理结构，外延式发展模式的工作重点还包括对企业风险点的管理控制，这是一个动态的过程，要结合企业不同发展阶段的经营任务和业务拓展情况，全面、系统、持续地收集相关信息，及时进行风险评估。

仍以师大社与安大社合资重组为例。在此过程中，北师大出版集团始终贯彻风险防范意识，体现在具体工作中首先表现为对安徽大学出版社进行资产审验，验资过程中集团派出专人督察，以避免不良资产混入，保证资产的真实性和有效性；其次是在资本运作中对每个投资项目都进行详细的风险评估和效益审计工作。以投资盖楼为例，北师大出版集团在这次跨地域重组中，一共向安徽大学出版社投入了 2300 余万元的资金，安徽大学曾提出利用其中一部分资金在校内为新公司盖一幢出版大楼，从表面上来看，这个建议如果得到实施，能够为新公司节省一大笔购买地皮的资金，但集团领导经过周全考虑后认为，这个项目的最大风险在于，大楼这种校内固定资产并不属于合资公司，而属于安徽大学，而大学的一切资产都属于国有资产，因此，日后如果出现合资公司解体的情况，资产分割就会变得非常困难。北师大出版集团和安徽大学经过协商，最终决定在校外购买地皮盖楼，这样一来，这一固定资产就完全属于合资公司了。北师大出版集团通过对潜在的风险点进行管理控制，主动并预先防范了企业日后可能出现的风险，这也是企业内部控制中一项非常重要的任务。

转企改制只是一种发展的契机，而不是最终目的。改革的关键在于大学出版企业集团的体制机制能否创新，能否符合实际需要。正是由于深刻认识到这一点，北师大出版集团在实施外延式发展的同时，也非常重视修炼内功，在企业内部加大监督力度。具体做法是，在日常运营活动中，将内部监督的职能分解到各个有关部门。比如，设立财务部对日常运营进行财务预算管理，科学控制成本，强化财务审核与监督力度，制定有关经费支出标准，实行财务支出预警制；设立审计部对重大投资项目的投资情况、运营情况、最终效益进行严格审计，集团领导在决策重大投资项目时一定要看到审计部的意见才能同意签字。用党委书记张其友的话来说，目前国内出版企业的内部审计正在与国际接轨，审计不应局限于排查违法违纪现象，也不能仅仅是"秋后算账"，而是应该以规避风险为主旨，进行事前审计、事中审计和事后审计，将内部监督的预算和监控功能充分发挥并落实到每一个项目上，并定期审计各单位的管理情况。此外，集团还设立了运营管理部，负责集团整个生产流程，保持市场运转。据了解，近几年来北师大出版集团为了加强内部监督，完善企业制度建设，已经出台了上百条规定。

6.3.1.3 内涵裂变加外部拓展模式的内部控制建设——广西师范大学出版社

在新闻出版总署 2010 年 7 月发布的《2009 年新闻出版产业分析报告》中，广西师范大学出版社在我国图书出版单位总体经济规模综合评价中排名第六，在大学图书出版社中排名第二。

广西师范大学出版社地处西南边陲，其所属的广西师范大学也只是一所普通高校，在品牌、渠道、地域、资源各方面并不具有天然优势。可就是这样一家出版社，却成为我国人文社科出版的重镇，并在出版社的体制改革、机制创新方面走在全国同业的前列。其以"内涵发展，自我裂变"形式实现的跨地域跨领域的发展模式——"广西师大社模式"已成为业内人士研究的重点。

广西师范大学出版社在集团化发展中选择的是内部裂变的内涵式发展之路，在条件成熟时此种发展就转变为外部扩张，"贝贝特模式"就是典型的"自我裂变加外部拓展"模式。为了解决地理位置偏远带来的资源局限问题，并考虑到固守教辅图书市场对企业造成潜在的巨大风险，广西师大社决定采取跨领域、跨地域的发展战略，强势进入人文学术图书和珍稀文献的出版领域，并在经济发达的省市与民营出版合作设立办事处，一旦图书出版规模和销售码洋达到预期，销售渠道稳定，就及时裂变为贝贝特文化公司①成为独立策划选题、发行、营销的出版机构。

自 2000 年 9 月起，该社先后在北京、广州、南京、南宁、上海等地成立了 5 家贝贝特公司，形成了"一个主体、五个车轮"的发展格局，跨领域、跨地域的综合性出版集团架构逐渐形成。五家贝贝特公司使出版社突破了身处西南的地理劣势，将工作平台延伸到了祖国的政治经济文化中心、图书市场的最前沿，充分利用当地的作者、媒体、渠道等资源，迅速打开了出版社的外向发展局面。② 同时，五家"贝贝特"统一挂分社牌，也使之能够最大限度地共享广西师大出版社的出版资源，共同提升人文社科图书的社会影响力，不断放大品牌效应。

---

① 王智.打包式 裂变式 合作式——大学出版社发展和扩张模式探析.新华书目报，2010－07－05

② 李静，刘昆.转型的背影——广西师范大学出版社转企改制初探.光明网，2010－06－23

这种在企业内部先进行自我裂变的内涵式发展，待时机成熟后就转为跨地域的外部拓展模式中，由于成员企业在地域上具有分散性，增加了管理部门的管理难度，集团潜在的风险点随之增多，集团总部对成员企业的控制活动就尤为重要。在这个问题上，广西师大出版社采取了适度放权的原则，五家贝贝特公司从创立初期就采取市场化的形式，既保证了体制内的稳定性，又充分体现了体制外的灵活性，独立经营，独立发展，在与广西师大社本部的整合互动上始终保持着现代企业的管理模式，因此企业在发展过程中没有多余的负担，所有员工也都是通过招聘得来的企业编制身份，从一开始就没有困扰众多大学社的事业编制的问题。企业的管理者和员工都处在一种相对宽松、和谐的工作环境和人性化的企业管理模式中。担任北京贝贝特公司总经理的刘瑞琳女士在一次采访中骄傲地说："如果我觉得要快，拿到某个选题，我会立即召集大家开会讨论，不必像很多出版社那样走很多程序。有人说，北京贝贝特是北京的出版社中选题决策最快的。"①

可以说，"贝贝特"战略的意义不止于为一个广西师大社贡献码洋，更重要的是在体制上的大胆突破，为大学出版企业的集团化摸索出了一条独特的发展道路。

6.3.2　国外大学出版社内部控制建设的借鉴

我国集团化大学出版企业的内部控制建设正面临着全新的发展机遇，在这个过程中，观察研究国外大学出版社的实践经验，有益于我国大学出版企业集团规范内部控制，加强制度建设，提升企业管理水平。

6.3.2.1　剑桥大学出版社

随着多媒体时代的全面到来，全球出版行业正面临着从内部到外部的整体数字化风暴，经历着从传统出版印刷到数字出版的痛苦而华丽的蜕变。然而，传统出版行业在探索数字化发展的同时，也开始暴露出管理机制滞后、数字化管理人才匮乏、缺乏有效的市场回馈系统等诸多问题。因此，建立数字化企业信息管理系统，对于转型中的出版企业来说是非常重要的。

---

① 黄志杰.解密贝贝特：出版的未来？瞭望东方周刊，2010－09－26

剑桥大学出版社的数字化企业信息管理系统堪称内部控制建设的成功案例。该社亚太区行政总裁包睿思在 2008 年的一次演讲中指出："一个公司的信息管理系统直接影响着该公司将来的经济发展走向。"他认为首先应明确出版社需要哪些种类的信息系统。在实际运营中，剑桥大学出版社已经构建起了复杂精妙的数字控制平台，内部信息系统多达 197 种，主要包括作者资料数据库、作者合同数据库、市场销售预测数据库、电子内容数据库、库存管理系统、订单管理系统、销售跟踪系统、电子出版系统、制作流程管理系统等。这些系统能够有效和准确地帮助出版社管理所有的公司数据。

2010 年 7 月 26 日，剑桥大学出版社全球首席信息官马克·马多克斯（Mark Maddocks）在外研社做了题为"如何创建多媒体时代下的数字化企业管理系统"的主题演讲，他同样表示，出版社在数字化转型时，必须了解自身的业务发展方向和技术趋势，这样才能推动业务发展。另外，出版社还应预先设计好未来的企业框架，了解在这个框架中需要哪些关键性的 IT 技能，确保这个框架能够将各个 IT 系统进行整合。对于不同的对象，应使用不同的系统，但应将这些不同的系统整合到一个大的技术框架中。例如，对于产品交货方式、编辑、市场等都应该有各自的系统，而这些系统都需要一个基础架构，并且由一些硬件、基础软件、数字中心等给这些系统提供支持。

6.3.2.2　牛津大学出版社

牛津大学出版社在内部控制方面最值得国内大学出版企业借鉴的，是其独特的经营模式。据了解，牛津大学出版社主要根据市场成熟度的不同，在不同时期和地域交互采用传统经营模式和虚拟经营模式。在出版领域，传统的经营模式采用的是选题策划、编辑、印刷和发行一体化的机制，其竞争方式是成本与规模的竞争。而所谓虚拟经营，是指以信息技术为基础，由多个具有高度独立性，但在某一特定时期内有着共同市场利益的企业集团通过非资本纽带媒介而形成的一种相对稳定的或者临时性的产品生产、营销和服务的分工协作关系，这种利益共享、风险共担的网络型企业联合体要比靠资本纽带联结起来的企业集团更加灵活。在出版社成本与规模占据优势的市场，传统的经营模式更有赢利的优势；而在新开辟的异地市场，由于出版社投入的成本与企业规模与当地的竞争对手相比并不具有优势，此时传统经营模式的地区垄断、渠道不畅、资源和经营分散等弊端就凸显出来，因此采用虚拟经营的模式更有效。

牛津大学出版社采用的主要是虚拟经营中的战略联盟形式，在暂时不具有市场优势的地方，运用虚拟经营战略，通过和当地有实力的出版商合作，控制投资，开创市场；当市场培育成熟后，就加大投资，接管市场，转向传统经营的图书生产与营销零售一体化战略。① 目前，牛津大学出版社已在 50 多个国家和地区建立分支机构，进行海外图书投资生产与营销零售一体化，成功实现其跨国出版战略。

借鉴两家国外大学出版社的信息化建设和经营模式，可以为我国大学出版企业集团的内部控制建设提供两点重要的战略思想。

其一，大学出版企业集团应根据自身的业务发展方向和技术发展趋势，前瞻性地设计未来的企业框架结构和企业发展所需要的各种信息系统，在经营实践中不断建设和完善数字化企业信息系统，以保证企业各项经营活动的正常运转和信息的及时沟通反馈，同时也为企业的数字出版打造坚实的组织基础。

其二，在保证出版物产品质量的前提下，大学出版企业集团应进一步强化自己的市场定位，探索多元营销模式，打造新的产业链及价值链，形成新的现代出版产业背景下的工作机制，这是大学出版企业集团在市场浪潮中求得长远发展的根本方略。

6.4 集团化大学出版企业内部控制建设面临的挑战

6.4.1 我国集团化大学出版企业内部控制建设的现状分析

与结构层次相对单一的出版企业相比，集团化大学出版企业的企业规模扩大了，经营领域和业务范围不断拓宽，产权结构也更为复杂化，一些实施异地开拓战略的企业还面临着地域分散化的问题，因此，集团化的大学出版企业加强内部控制更为重要，难度也相对增大。目前，已经实施集

---

① 孙如枫. 牛津大学出版社产权关系与经营模式研究. 出版发行研究，2008(6)

团化发展战略的大学出版企业在规范内部控制的过程中，常常会碰到以下几种障碍。

一是法人治理结构方面的障碍。由于大学出版企业集团具有产权结构复杂化、股权所属多元化的特点，为加强内部控制，大学出版企业集团应该完善法人治理机制，通过委派董事长、财务总监参与下属成员企业的决策与监督。而如何强化董事会的决策职能和监事会的监督职能，完善与现代企业制度要求相一致的投资管理模式，是大多数大学出版企业集团在实施内部控制时面临的难题。另外，一些大学出版企业集团单纯追求企业的扩张速度，在整合成员企业的资源时，仅靠行政力量加以捏合，或只存在形式上的简单资本关联，加之体制改革、人事变动、企业文化重塑等方面的障碍，往往导致成员企业彼此之间的链接脆弱。在这种情况下，实施企业集团内部控制变得更加困难。

二是风险评估及控制手段方面的障碍。由于企业经营规模较大，经营产品和主体多元化，大学出版企业集团很难在众多成员企业之间形成统一的控制模式或控制手段，也不可能建立统一的风险预警机制，这就使企业发展过程中潜在的风险点增加，给企业集团实施内部控制、加强风险控制带来了诸多困难，如果不能得到及时有效的风险排除，可能会给大学出版企业带来不可估量的损失。

三是信息沟通方面的障碍。由于存在组织结构复杂化、决策多层化的特点，与一般的出版企业相比，大学出版企业集团中存在着更严重的信息阻塞和信息不对称现象，给企业集团实施内部控制带来更大挑战。虽然有一些企业集团已经引用先进的信息控制系统以消除信息障碍，并且取得了不错的效果，但还有一些大学出版企业集团仍然存在内部缺少统一的信息系统、各成员企业的信息化水平参差不齐的现象，给集团总部实施信息共享和及时沟通带来不少困难。

四是内部监督方面的障碍。大学出版企业集团的内部监督往往通过设立内部审计机构来实现。集团领导层对内部审计机构的重要性认识不一，可能导致有些内部审计机构并未具有高度的独立性，对集团总部领导或各成员企业管理者的监督作用较小，削弱了内部审计的效果和企业集团的内部控制能力。

实践证明，如果大学出版企业在集团化发展过程中，对上述实施内部控制存在的障碍处理不当，将会导致内部控制体系失效，失去对成员企业或各职能部门的约束控制能力，给企业集团造成巨大损失。

6.4.2 集团化大学出版企业面临的竞争形势

大学出版企业的集团化发展和内部控制建设在恰逢难得机遇的同时，也面临着严峻的挑战。新闻出版总署署长柳斌杰在 2009 年 8 月 15 日全国文化体制改革经验交流会上明确提出"打造航母，淘汰小舢板"。他提出新闻出版业改革要实现"三个一批"的改革目标：一要"做强做大一批"，选择那些体制机制改革到位、整体实力较强、基础条件较好的出版企业集团，通过上市融资、资本重构、重点项目支持、出版资源倾斜等措施重点加以培育，力争在三到五年内，重点培育六七家资产超过百亿、销售超过百亿的大型新闻出版企业，组成国家的主力"舰队"。二要"整合重组一批"，鼓励业务相近、性质相同、产业相通的新闻出版企业跨媒体、跨行业、跨所有制并购、联营、重组，形成一批主业突出、实力雄厚、管理规范、运行高效、竞争力强的新闻出版企业集团和专业性新闻出版企业集团。三要"停办退出一批"。这样的战略目标对于现有出版业格局来说是革命性的。

我国出版业目前的集团化发展趋势对于大学出版企业来说是巨大的挑战，即使是那些已经实施集团化发展战略的大学出版企业，其实力与地方上大规模的出版集团也还存在着较大差距。面对如此激烈的竞争形势，集团化大学出版企业只有加快改革步伐、规范内部管理体制，才能从容应对挑战，在时代的浪潮中昂首屹立。

6.4.3 集团化大学出版企业内部控制建设的特殊性

对于地方出版社来说，由于直接接受地方政府新闻出版部门领导，因而整合相对容易；而大学社虽然也接受新闻出版部门的统管，但主管单位还是所属的高校，还有待于更深入的、从上至下的观念变革和体制机制变革。大学社作为高校教学科研成果的传播窗口，很难得到所有校方领导的支持去走一条所谓"产业"的道路，因为校方领导更在意的是出版社对所属大学的教学服务功能。同时，对于绝大多数大学而言，校方都把出版社看做自己名下的资产，纵使经营困难，也不能被别人兼并收购。因此，在大学社之间整合重组出版集团的问题上，除了涉及校方领导的思想观念和态度问题，还涉及资产划分和利益分配等问题，这些问题既敏感又复杂，操作起来有着一定的实际困难。

目前大学出版企业之间的成功整合案例基本上都是以合资重组模式为主，比如北京师范大学出版集团与安徽大学合资重组安徽大学出版社有限责任公司。而对于大多数大学出版企业来说，更主要的方式则是依靠内涵式裂变实现集团化发展。但无论是哪一种集团化发展模式，大学出版企业的内部控制建设都无法回避的问题是投资主体的单一。产权多元化已经被证明是最有效的规范和激励手段，而大学社所进行的转制仅仅是由事业单位转变为单一投资主体的企业，唯一的股东就是学校，这种所有制企业的公司治理结构本身就不够完善，加上服务教学科研为主的目标又使得这唯一的股东缺乏进一步改制的动力，造成了改制后大学社的尴尬地位和进退两难的处境。由此，集团化大学出版企业的内部控制建设也相应受到影响，大学社中人员身份和观念转变过程缓慢，与日益激烈的市场竞争存在明显的不适应状况。因此在出版体制改革过程中，国家通过政策引导为出版企业提供的种种优惠政策和发展机遇，大学出版企业并不能完全无障碍地享受。所以，大学社下一步的改革和发展仍然面临着巨大的压力，企业的体制还需要进一步改革，变单一投资主体为多元投资主体，加快股份制改造，形成规范化的现代企业制度，这样才能够在集团化发展的联合重组中突破体制性障碍。

6.4.4　集团化大学出版企业内部控制建设的局限性与阻力

大学出版社在我国出版业中占有的特殊地位，导致其转制后的内部控制建设存在一定的局限性与阻力，加大了内部控制的难度。

首先，大学社与大学存在体制上的冲突。大学属于事业单位，而转制后所有大学社的单位性质均为企业，从经营方式、竞争规律到评价标准等都应遵循企业的标准，作为独立的市场主体参与竞争。但是，大学社与一般出版社又有很大不同，转制后的大学社虽然形式上是市场主体，但它同时更是学校发展整体中的一部分，它的发展战略、经营目标也只与股东即学校有关。然而，目前大学出版社各自具有不同的主办单位，每个学校办出版社都有不同的目标，或以赢利、名誉为主，或以服务教学科研为主，并不完全按照企业的标准要求出版社，也不是所有大学都愿意支持出版社走集团化发展之路。因此，学校的考虑和大学社自身的发展要求并不一定完全同步，这是导致大学社在转制中的定位矛盾日益凸显，并始终没有得到妥善解决的主要原因。定位无法明确，企业性质就不能得到充分的体现，基于现代企业制度的内部控制的效果也必然会大打折扣。

对于集团化的大学出版企业而言，内部控制最大的挑战在于集团总部对下属或成员企业的控制力度。如果集团总部对成员企业控制不力，整个集团将变成一盘散沙，无法发挥协同效应，形成整体合力。因此，大学出版企业集团必须对成员企业具有强大的控制力，如果没有必要的集权，就可能会导致成员企业利用与总部信息不对称的条件，从各自的利益出发进行相关决策，甚至为了获得企业的局部利益而不惜损害企业集团的整体利益或其他成员企业的利益，从而造成企业集团预期的总体目标无法实现。因此，大学出版企业集团总部应当正确地协调内部各成员企业之间的关系，并在一些重大问题的决策上拥有相当程度的集权。然而这种集权如果偏离了初衷，造成决策权的过分集中，又会导致延误决策时间、降低决策效率的后果。同时，各成员企业都是独立的法人单位，享有自主经营权，过度集权也不利于充分调动他们自主经营与分担责任的积极性。因此，集团总部在适度集权的同时也要适度放权，要坚持做到"抓大事，放小事"。

目前，集团化大学出版企业的内部控制建设仍然存在种种问题，除了上述提到外部环境带来的局限性与阻力之外，企业内部对此在思想认识层面上的忽视也是症结所在。内部控制是现代企业制度的重要组成部分，是显示企业经营管理水平的重要指标之一。然而，由于我国内部控制的实践和理论研究起步均较晚，加之出版企业在资本扩张经营时，决策管理层往往把主要精力放在资源整合、企业并购上，思想上未对企业的内部控制问题引起足够的重视，导致在企业各部门员工中也普遍缺乏内部控制观念，造成企业内部控制不规范，甚至缺失。主要表现有：集团法人治理结构不健全，对成员企业的日常经营控制不力，内部审计机构缺失或职责权限模糊，风险评估机制效率低下，内部信息沟通渠道不畅等。由此可见，我国集团化大学出版企业的内部控制建设依然任重而道远。

6.5　加强与规范集团化大学出版企业内部控制建设的措施

大学出版企业集团通常可以采取以下方法和程序建立健全内部控制：

6.5.1　加强企业内部控制环境建设

6.5.1.1　加强企业集团文化建设

要加强企业集团文化建设，形成企业全体员工共同遵循的信念、价值观念、经营理念等，为集团各成员企业内部控制制度的设计和执行提供共同的理念支撑。大学出版企业集团要通过多种途径广泛宣传企业内部控制，建立高级管理人员职业操守准则和员工行为守则，引导管理层和全体员工掌握企业内部控制的本质要求，促进管理层和全体员工加强职业道德修养、提高业务素质和工作能力，自觉遵守企业内部控制的各项规定，充分发挥其在完善内部控制制度方面的主观能动作用。

集团所属各成员企业中的员工是企业中执行内部控制的主体，员工的群体行为决定着企业集团的整体精神风貌。因此，大学出版企业集团要培育员工积极向上的价值观和社会责任感，倡导诚实守信、爱岗敬业、开拓创新和团队协作精神，树立现代经营管理理念，强化风险意识。

大学出版企业集团的全体员工，尤其是集团总部及成员企业各级决策管理层还应当自觉树立内部控制理念，增强自觉实施内部控制的意识，而不是被动地控制或流于形式。内部控制能否取得实效，关键是要看大学出版企业集团全体员工有没有内部控制观念，特别是企业集团总部及成员企业的各级经营决策管理层是否重视内部控制制度的建设，是否有切实可行的行为策略。因此，企业还应当通过编制内部管理手册等一系列具体措施，使全体员工掌握内部机构设置、岗位职责、业务流程等情况，明确权责分配，正确行使职权，将内部控制真正落到实处。

6.5.1.2　建立统一、可持续的人力资源政策

大学出版企业集团应秉承以人为本的原则，制定符合企业自身实际情况的人力资源政策，创建企业集团的激励机制，提升企业集团员工的合力

和向心力，为内部控制打好基础。除了创造企业内部规范完善的规章制度环境之外，还应设计合理的薪酬体系，并建立起科学公正的绩效考评体系。

除此之外，集团也要充分重视成员企业最高管理者的任免，集团总部有必要控制成员企业最高管理者的人事任免权，按照任人唯贤的原则选用诚实守信、公正无私、业务素质好的人担任最高管理者，每年对其进行定期考核。另外，可派驻董事、监事等协助并监督其工作。

6.5.1.3　实行产权多元化，完善法人治理结构

目前我国所有大学出版企业虽已基本完成转制，但仍为"一人"公司，学校仍是大学出版企业唯一的资产所有者，而《公司法》中专门针对一人有限责任公司做出了特别规定："一人有限责任公司的股东不能证明公司财产独立于股东自己的财产的，应当对公司债务承担连带责任。"这就要求高校与高校资产公司必须实行人员、资产、财务分开，机构、业务独立，各自独立核算、独立承担责任和风险，从而规避学校可能为资产公司承担连带法律责任的风险。因此，作为出资者的校方无法对大学出版企业的经营负责，为其风险买单，其国有产权所有者的身份实际上是虚拟的。在这种单一的产权结构下，大学出版企业的市场主体地位无法得到有力保障，因此，只有在实行产权多元化，各投资主体对自身利益切实关注的情况下，才能建立起真正完善的法人治理结构，并在大学出版企业的日常经营和重大决策中发挥正确的作用。

产权多元化还有助于大学出版企业以资本为纽带不断做大做强。在这方面，一些实力较强的大学出版企业已经在集团化的战略思路指导下进入"试水"阶段。如前文中提到的北师大出版集团就吸收民营资本，控股成立了京师印务公司和京师普教文化传媒有限公司，在跨所有制方面实现了重要突破。

6.5.2　建立健全企业内部协调、控制机制

大学出版企业集团应成立专门机构或者指定适当的机构具体负责组织协调内部控制的建立实施及日常工作，目的是运用相应的控制措施，将企业风险控制在可承受度之内。具体来说，就是对企业集团的组织体系、机构设置、营业范围、经营方式、主要业务、运营情况、管理水平、员工情

况、财务状况、经营成果以及所处的外部环境等进行全面总结和分析。按照一定的方法，合理归集、构建适应企业经营管理状况和内部控制要求的相关系统，包括职责确定、内部机构设置、职能划分、人员配备等决策管理系统；选题资源、编辑、印制、销售、物流等经营系统；质量监督、会计、统计、审计、计算机信息技术等支持保障系统。对相关系统进行认真研究和梳理，确定各系统运行过程中的主要风险，关键环节和关键控制点，并针对每一个关键环节和关键控制点制定有效的控制措施。采用文字、流程图、风险控制文档等多种形式将各相关系统及其业务和事项的风险类型、控制目标、关键控制点、控制措施等加以说明，形成与经营管理制度有机结合的内部控制。

大学出版企业集团应在企业集团董事会下设置专业审计机构。审计机构负责审查集团成员企业内部控制的有效实施和内部控制的自我评价情况，协调内部控制审计及其他相关事宜。

此外，大学出版企业集团还应在企业内部建立突发事件应急管理机制，针对经营管理和内部控制中的潜在隐患以及可能发生的突发事件，制订应急预案，明确责任人员，规范处置程序，确保突发事件能够得到及时、妥善的处理，切实将不利影响和损失降低到最小程度。

6.5.3 加强集团内部的信息系统建设

建立和加强大学出版企业集团的信息与沟通制度的具体要求有：

第一，大学出版企业集团收集的信息必须要保证真实、准确、完整、及时、相关，为内部控制的有效运行提供信息支持。因此，要求企业集团及成员企业必须要准确识别、全面收集来源于企业外部及内部、与企业经营管理相关的财务及非财务信息，并进行合理筛选、核对、整合，提高信息的有用性。企业集团除要求成员企业定期报送财务报告和管理报告外，还应独立收集成员企业的重要信息并建立独立沟通渠道，以减少信息遗漏现象。

第二，大学出版企业集团要将内部控制的相关信息在企业内部各管理级次、责任单位、业务环节之间，以及企业与外部投资者、债权人、客户、供应商和监管部门等有关方面之间进行沟通和反馈。对于信息沟通过程中发现的问题，要及时报告并加以解决。对于重要信息要及时传递给董事会、监事会和经理层。

第三，大学出版企业集团要利用先进的信息技术促进信息的集成与共享，充分发挥信息技术在信息与沟通中的客观、便捷、快速、完整的作用。要加强对信息系统的开发与维护、访问与变更、数据输入与输出、文件储存与保管、网络安全等方面的控制，保证信息系统安全稳健地运行。

参考文献

1. 张其友. 现代出版经济管理学. 苏州：苏州大学出版社，2007

2. 蔡翔. 大学出版发展战略研究. 北京：中国传媒大学出版社，2008

3. 徐二明. 企业战略管理. 北京：中国经济出版社，1998

4. 芮明杰. 中国企业发展的战略选择. 上海：复旦大学出版社，2000

5. [美] 迈克尔·波特著，陈小悦译. 竞争战略. 北京：华夏出版社，2005

6. 周建华. 转企改制后大学出版社中心定位的思考. 出版参考，2010(10)

7. 伊静波. 出版社异地机构管理模式研究. 出版广角，2009(5)

8. 王建辉. 出版产业资本运作有关问题浅析. 广东新闻出版局
   http://www.xwcbj.gd.gov.cn/news/html/cbyj/article/1243324331635.html，2009-05-27

9. 聂震宁. 漫谈出版企业多元化经营趋势. 出版广角，2007(12)

10. 田丽丽. 出版集团多元化样本考察. 中国图书商报，2010-05-31

11. 陆银道. 试论改制时代背景下的中小型专业出版社发展之路. 现代出版，2010(9)

12. 孟宪忠. 利基战略——中小出版社成长的有效途径. 科技与出版，2009(6)

13. 刘辉，黄道见. 出版物市场细分与创立出版品牌. 编辑之友，2005(2)

14. 朱勇. 牛津大学出版社及其经营特色探析. 出版科学，2007(5)

15. [英] 潘仕勋. 如何以出版在西方推介中国——以剑桥大学出版社中国主题图书出版
    项目为例(一). 出版广角，2010(2)

16. [英] 保罗·理查德森著，李雅宁译. 全球 10 大出版集团(四)——兼顾商业与科研
    的牛津大学出版社. 出版商务周报，2006-11-13

17. 吴培华. 后改制时代出版业科学发展观的再思考. 出版发行研究，2011(1)

18. 赖政兵，廖进球. 试论出版集团构建法人治理结构的难题及对策. 出版发行研究，
    2009(7)

19. 杨嘉荣. 战略规划走进出版社. 中国图书商报，2006-04-21

20. Oxford University Press annual report 2009. 牛津大学出版社
    http://www.oup.co.uk/，2010-01-01

21. Cambridge University Press annual report 2008. 剑桥大学出版社
    http://www.cup.cam.ac.uk/，2009-01-01

22. 刘益. 出版社经营管理. 北京：中国书籍出版社，2009

23. 朱静雯. 现代书业企业管理学. 苏州：苏州大学出版社，2003

24. 博玫. 中国出版体制创新. 广州：南方日报出版社，2007

25. 于友先. 现代出版产业发展论. 苏州：苏州大学出版社，2003

26. 孙宝寅，崔保国. 准市场机制运营——中国的出版集团发展与现状. 北京：清华大学出版社，2007

27. 杨贵山. 海外出版业概述. 苏州：苏州大学出版社，2007

28. 吴培华. 后改制时代出版业科学发展观的再思考. 出版发行研究，2011(1)

29. 张其友，高东风，杨莹. 集团化的大学出版企业内部控制研究. 经济研究导刊，2010(31)

30. 贺耀敏. 如何加快大学出版社的改革与发展. 现代出版，2010(9)

31. 顾金亮. 完善法人治理结构——大学出版社进入后改制时代要补的第一课. 出版广角，2010(4)

32. 郭静，李菊. 以市场化的方式实现学校的目标——专访浙江大学出版社社长傅强，出版广角，2010(4)

33. 孙如枫. 牛津大学出版社产权关系与经营模式研究. 出版发行研究，2009(5)

34. 张其友. 出版企业内部组织结构的类型及分析. 出版发行研究，2008(6)

35. 史艳晓. 企业集团内部控制的成功逻辑. 新理财，2007(6)

36. 王东. 大学社改制考验分社模式. 中国图书商报，2008-09-26

37. 中国大学出版社协会. 中国大学出版社概览1997—2005. 桂林：广西师范大学出版社，2007

38. 教育部社会科学研究与思想政治工作司. 中国高校出版社发展报告(2001—2004). 北京：中国人民大学出版社，2005

39. 贺耀敏. 让大学出版社的发展更加辉煌. 大学出版，2009(1)

40. 张宏. 中国大学出版：去从两相知. 出版广角，2010(4)

41. 陈先元. 张元济与南洋公学译书院. 联谊报，2010-07

42. 江蕾. 大学出版关键词. 出版商务周报，2009-10

43. 王明舟. 在高校出版社纪念改革开放30周年座谈会上的报告. 大学出版，2008(6)

44. 蓝有林，刘颖. 大学社之最——认识大学出版社的11个角度. 中国图书商报，2005-11

45. 符建湘. 大学出版社在高校建设中的作用. 湖南师范大学学报，1987(2)

46. 于超. 对我国大学出版社发展的探讨. 出版发行研究，1987(3)

47. 朱杰人. 大学出版：风云变幻三十年. 出版商务周报，2009-08

48. 何格夫. 大学出版社在文化体制改革中的应对措施. 大学出版，2008(4)

49. 曹巍. 30年：高校出版实现历史性跨越. 大学出版，2008(5)

50. 吴兆强. 大学出版社的现状与对策. 中山大学学报论丛，2004(3)

51. 戴联荣．大学出版社与大学文化的共生关系．出版发行研究，2010(2)

52. 朱杰人．对大学出版社体制改革中一些问题的思考．大学出版，2008(6)

53. 汪晓军．丰富出版产业的生态景观．出版广角，2010(4)

54. 郭静，李菊．以市场化的方式实现学校的目标——专访浙江大学出版社社长傅强．
出版广角，2010(4)

55. 韩建民．高校出版社对母体大学的功能与作用．大学出版，2008(4)

56. 彭松建．古老事业焕发青春的改革之道——谈谈我国大学出版社的转企改制工作．
编辑之友，2009(11)

57. 赵继英．浅谈转制背景下大学出版社的财务管理．教育财会研究，2007(2)

58. 杨军．教材建社学术立社特色强社——浅谈中小型理工科大学出版社的选题发展
方向．出版科学，2009(5)

59. 李淑红，王若军．国外大学出版社在大学中的地位与作用．清华大学教育研究，
2003(10)

60. 胡学敏．以科学发展观领跑科学人文出版——访上海交通大学出版社社长韩建民．
出版发行研究，2010(6)

61. 韩建民．理清高校出版社与母体大学关系，推动双方共赢．教材周刊，2008(10)

62. 曹巍．大学教授谈大学出版．大学出版，2004(4)

63. 范军．大学出版的学术使命．大学出版，2004(4)

64. 梁志．对大学出版社体制改革方向的思考．大学出版，2007(1)

65. 金平，佚鸥．安于淡泊平以致远——访西南师范大学出版社社长周安平．大学出
版，2008(3)

66. 李彬，袁国女．蔡翔：按出版规律发展大学出版社．中国出版，2009(9)

67. 顾永才．试论大学出版社产权制度的构建与产权关系的处理．中国出版，2007(6)

68. 王洪春．大学出版社转制重点探析．科技与出版，2008(12)

69. 张宏，钱明丹．美国大学出版社的历史、定位和宗旨．大学出版，2005(1)

70. 张宏．美国大学出版对我们的启迪．大学出版，2005(4)

71. 杜峥．对改制大学出版社校社关系的认识．大学出版，2009(2)

72. 王化兵．对话宗俊峰——探索有特色的大学出版社转制之路．出版参考，2009(1)

73. 宗俊峰．走改革发展之路建设世界著名大学出版社．大学出版，2009(1)

74. 李水仙．大学出版与专业化．大学出版，2009(3)

75. 辛烨．大学出版：与大学变革同行．大学出版，2004(4)

76. 刘拥军．大学出版面临六大转型．大学出版，2008(2)

77. 吴培华．大学出版人不能忘记自己的根．大学出版，2008(1)

78. 周玉波，刘苏华．大学出版社的体制改革和机制改革．出版科学，2005(6)

79. 蒋东明．大学社改制三题．科技与出版，2008(11)

80. 左健，金鑫荣．大学学术出版要守望大学精神．科技与出版，2008(1)

81. 刘健斌．加强领导班子建设 努力办好大学出版社．大学出版，2002(1)

82. 范家巧．浅议大学出版社两大关系问题．科技与出版，2006(2)

83. 周蔚华．30年大学出版变局之数据解读．中国新闻出版报，2008－11

84. 邬书林．学术出版——中外大学出版社共同的历史使命．中国编辑，2007(5)

85. 韩建民．高校出版社对母体大学的功能与作用．大学出版，2008(4)

86. 李淑红，王若军．国外大学出版社在大学中的地位和作用．清华大学教育研究，2003(5)

87. 杨爱东．江苏地区大学出版社人力资源现状调查．科技与出版，2009(6)

88. 黄孝章，张志林，陈丹．数字出版产业发展研究．北京：知识产权出版社，2011

89. 郝振省，魏玉山，张立．跨媒体出版调查与测试报告．北京：中国书籍出版社，2009

90. 郭亚军．基于用户信息需求的数字出版模式．北京：世界图书出版公司，2010

91. ［加］莫斯可．数字化崇拜：迷思、权力与赛博空间．北京：北京大学出版社，2010

92. 金更达，袁亚春，傅强．高水平大学出版社数字出版定位研究——兼论数字出版内涵．大学出版，2008(5)

93. 乔东亮．数字出版时代"读者中心"论．中国出版，2010(22)

94. 张晋升，杜蕾．数字出版产业链融合的价值和路径．中国出版，2010(16)

95. 曹巍．新出版业态下大学出版如何定位．中国出版．2009(1)

96. 任殿顺．数字出版的平台竞争初探．编辑学刊，2010(6)

97. 邵乐韵等．哈佛耶鲁网络公开课走红 清华北大生优越感不再．新民周刊，2010(47)

98. 汤鑫华．专业出版社数字出版模式推测．科技与出版，2011(1)

99. 陈洁．数字出版赢利模式报告．求索，2009(7)

100. 张新华．数字出版产业的经济特质分析，科技与出版，2011(1)

101. 新闻出版总署．2009年新闻出版产业分析报告．北京：新闻出版总署，2010

102. 中国图书商报社．中国电子图书发展趋势报告．中国图书商报，2010

103. 中国互联网络信息中心（CNNIC）．第25次中国互联网络发展状况统计报告．北京：中国互联网络信息中心，2010

104. 任殿顺．中国出版业数字转型的困境与出路．苏州：苏州大学，2008

105. 王丹．大学出版社的改制瓶颈研究．北京：中国政法大学，2010

106. 李晓敬．外语教学与研究出版社特色化出版道路研究．保定：河北大学，2010

107. 宋婵．纸质出版向数字出版延伸下的大学出版社价值链研究．兰州：兰州大

学，2010

108. 李易 . 2011 中国数字出版产业十大预测 . 中国新闻出版报，2010－12－30

109. 周翼双，王坤宁 . 大学出版社数字出版趋势与方略 . 中国新闻出版报，2010－11
－22

110. 大学社拟与方正阿帕比建立"数字资源分发中心". 新华书目报，2010－12－02

111. Pham A. Company town: Amazon ups the ante for e－books: juicy digital royalties
could tempt authors to bypass traditional publishers altogether. *Los Angeles Times*.
2010 Jan 21; Sect. B: 3.

112. Hall W, Gupta A. Barnes & Noble, Inc. : maintaining a competitive edge in an ever-
changing industry. *J Bus Case Stud*. 2010; 6(4): 9 - 22